L'Etat nourricier
MEXIQUE/ALGERIE

BIBLIOTHEQUE DU DEVELOPPEMENT

Collection dirigée par Elsa Assidon
et Pierre Jacquemot

Fidèle à sa volonté de maintenir vivant l'ensemble du catalogue et de continuer à rendre accessible à tous la richesse de son contenu, Les marques du groupe L'Harmattan proposent les ouvrages, même s'ils sont épuisés dans leur premier tirage, et les impriment à la demande.
Au vu de l'ancienneté de ce titre, un exemplaire original a été numérisé pour être réimprimé, ce qui pourrait altérer légèrement la qualité de certains passages.

ISBN: 2-7384-0153-8

André CORTEN
Marie-Blanche TAHON

L'ÉTAT NOURRICIER

Prolétariat et Population
MEXIQUE/ALGÉRIE

Editions L'Harmattan
5-7, rue de l'Ecole-Polytechnique
75005 Paris

BIBLIOTHEQUE DU DEVELOPPEMENT

L'évolution de la pensée radicale ou «tiers-mondiste» sur le sous-développement et la dynamique qui a prévalu au niveau international vingt ans après Bandoeng, ont conduit à la constitution d'un corps théorique globalisant. Toute l'analyse s'est organisée autour d'un raisonnement simple: le Tiers-Monde, bloqué dans son développement par l'impérialisme, n'a d'autre choix que de rompre avec le marché mondial pour construire des économies autocentrées, évoluant irrésistiblement vers le socialisme. Telle est la thèse du «dépassement nécessaire du capitalisme par sa périphérie».

Depuis une décennie, le morcellement du Tiers-Monde est devenu patent. Ce morcellement donne matière à de nouvelles classifications qui se reflètent dans les publications des organisations internationales (pays producteurs de pétrole, semi-industrialisés, au seuil de la pauvreté absolue...). Unité et diversité du Tiers-Monde sont devenues des réalités projetées dans des luttes politiques et idéologiques dont les enjeux sont en perpétuelle redéfinition. Toutefois, quelle que soit l'appartenance d'école, la référence à des «modèles» (chinois, algérien ou brésilien, par exemple), est en recul.

Le renouveau de l'analyse sur le développement semble désormais passer par un «retour au terrain» et la prise en considération des spécificités regionales ainsi mises en lumière. Le cadre rigide des spécialités scientifiques (économie, sociologie, anthropologie, écologie...) éclate et, par tâtonnements successifs, les recherches les plus intéressantes s'enrichissent de nouvelles synthèses qui dépassent le simple recensement des données factuelles.

Cette nouvelle collection consacrée au développement privilégiera, en dehors de tout préalable dogmatique, les travaux:

- portant sur l'analyse des mutations internes des diverses régions du Tiers-Monde,
- portant sur la méthode des sciences sociales appliquée au développement, avec une prédilection pour les études qui, partant du terrain, contribuent à la reformulation de l'appareil analytique dominant, tant dans les organismes d'études et d'intervention que dans l'enseignement universitaire.

Ceux qui pensent que leur recherche pourrait s'exprimer par le canal de cette collection peuvent prendre contact avec:

Elsa ASSIDON et Pierre JACQUEMOT
c/o L'Harmattan
7, rue de l'Ecole-Polytechnique
75005 PARIS

à
Marcel C.
Alice D.
Irma D.
Marcel T.

Avant-propos

Il se pourrait que les sociétés ici analysées n'existent plus. Six ans pour une recherche est pourtant une durée raisonnable. Au retour du premier séjour de recherche dans les zones pétrolières du Golfe du Mexique, comme un coup de tonnerre dans le ciel - il est vrai, chargé de la récession mondiale -: la déclaration unilatérale de cessation de paiement de la part du gouvernement mexicain. Bien avant donc la chute brutale du cours du pétrole de 1985 qui touche maintenant de plein fouet l'Algérie. Pays dans lequel, par ailleurs, on n'en finit pas d'attendre le changement de cap vers une plus grande libéralisation. Mais des mutations semblent bien s'opérer sur d'autres terrains.

L'Etat nourricier et ses prolétaires: un objet d'analyse des années 70? On peut difficilement prétendre à beaucoup plus de contemporanéité, ne fût-ce qu'en raison du retard des statistiques. D'un autre côté, il n'est pas certain que l'analyse s'applique aux années 60 tant pour l'Algérie que pour le Mexique. En Algérie, difficiles lendemains économiques de l'indépendance puis "redressement révolutionnaire" du 19 juin 1965. D'abord perçu comme coup de barre à droite, il est ensuite senti comme projet d'étatisation de la société. Au Mexique, les années 60 constituent un peu une exception à la mesure des grands paramètres économiques: une période de faible création d'emplois et de productivité industrielle supérieure aux autres décennies.

Le lecteur et la lectrice s'apercevront rapidement que cet ouvrage n'est pas une étude historique des années 70. La prolétarisation est un phénomène rebelle aux dates trop précises et l'Etat nourricier n'est pas nécessairement appelé à distribuer de la manne pétrolière. Le Mexique est précisément un bon exemple d'Etat nourricier fonctionnant plutôt sur la rente agricole. Par ailleurs, ce qui est ici étudié pour deux pays n'est pas généralisable aux autres pays du tiers monde, pas plus qu'à ce qu'on appelle les Nouveaux Pays Industriels. Pourtant, cette analyse de l'Etat nourricier permet certainement d'éclairer la nature d'autres sociétés. Elle pourrait, par exemple, être complétée par une étude de l'Iran et de l'Irak.

En choisissant la population et le prolétariat comme objets principaux de cette recherche, il va de soi qu'on place l'analyse dans une temporalité lente. Les caractères retenus se trouvent peut-être concentrés dans la période retenue mais - à l'exception de la baisse de la natalité au Mexique, à partir de 1975, qui atteint maintenant ses effets au niveau de la population scolaire mais qui ne les atteindra qu'en 1995 au niveau de la population active - aucun des grands paramètres de cette temporalité ne se trouve perturbé. De toute façon, c'est plus autour de la concentration d'un certain nombre de caractères que d'une ressemblance que l'on peut rapprocher le Mexique de l'Algérie. Et c'est à partir de cette concentration plus que d'une histoire commune - qui ne l'est sans doute que sur un point mais non négligeable: l'expérience révolutionnaire fondatrice de l'Etat - qu'un autre profil de formation du prolétariat est dégagé.

Plus fondamentalement encore, face à la complexité des situations sociales, seule une condensation des traits, plutôt qu'une série de critères, permet de se démarquer de manière décisive de la vision traditionnelle du prolétariat. Il y a certes, au Mexique comme en Algérie, des paysans expulsés de leurs terres, des gens réduits à accepter n'importe quoi pour survivre, une majorité de salariés, des ouvriers sur machines en usine, des syndicats puissants appelant (parfois) à des grèves qui ébranlent le pouvoir, des programmes de sécurité sociale. Il y a tout cela mais tout cela ne fait pas ce qu'on appelle, au moins dans la pensée marxiste, le prolétariat. Nous sommes remontés à des facteurs qui, traditionnellement mais parfois différemment, embarassent la réflexion: l'explosion démographique, alors que la libération des femmes est censée passer par la diminution drastique du nombre d'enfants; les relations entre hommes et femmes habituellement évacuées de l'attention parce que trop visiblement machistes; la turbulence urbaine, avec son pragmatisme d'organisation et de résistance. Cinq années (1975-80) à Oran, pétries d'étonnement, de sensations et de frustrations, d'extranéité et de complicité, de discussions avec des ami-(e)-s algérien-(ne)-s et avec les étudiant-e-s, ont contribué à nous faire voir autrement ces phénomènes. Deux séjours de terrain moyennement longs au Mexique en 1982 et 1983 nous ont permis de réaliser des enquêtes par questionnaire et des biographies sociales. La forme classique d'investigation ne nous a pas empêchés de saisir l'occasion de confronter les (nos) idées reçues avec le monde chatoyant de la réalité.

Dans cette inquiétude sensible qui anime toute recherche, ces rencontres avec les personnes interrogées parfois dures, souvent cordiales, douces quelquefois, sont une source inestimable de compréhension. Il est vrai que nous n'étions pas seuls à enquêter. Avec les enquêteurs et enquêtrices aussi, étudiants et étudiantes mexicain-(e)-s à l'UAM et à l'UNAM - Catalina Coronado, Marco Antonio Gómez, Victor Martínez, Marco Antonio Peréz, Ramiro Rodríguez, José Luis Barrera, Beatriz Pelcastre, Cristina Pérez, Estela Sánchez, Marta Esperanza, Araceli Rodríguez, Rosalinda Sáenz, Alejandro Pérez - des confrontations, toujours exigeantes et souvent amicales, se sont produites. Enfin, la coopération entre universitaires amis - Javier Bonilla, Ignacio Cabrera et surtout Hocine Benkheira -, encore plus difficile quand les distances géographiques rendent les communications épisodiques, a aussi fourni à cette recherche la base d'une discussion dont nous croyons profiter de part et d'autre.

A Montréal, Cecilia Millán ainsi que Ariel Medina, Francisca Montes, Lise Brassard et Linda Lozeau nous ont aidés dans la préparation et le dépouillement des enquêtes. Linda Lozeau a aussi attentivement révisé les épreuves de ce livre. Nous les en remercions tous. Cette collaboration n'aurait pu être mise en oeuvre sans les subventions accordées par le Conseil de Recherche en Sciences Humaines du Canada (Ottawa), le Fonds pour la formation de Chercheurs et l'Aide à la Recherche (Québec) et l'Université du Québec à Montréal pour cette recherche co-dirigée par Cary Hector. Nous leur en sommes redevables. De plus, notre travail qui, on s'en apercevra, ne s'est pas limité à des enquêtes de terrain, a été alimenté par des discussions avec les familiers du "Plateau Ivre". Ils sont trop nombreux pour être cités. La présence de Franco Piperno a marqué ce temps. Nous sommes évidemment les seuls responsables de la manière dont les idées sont ici exposées. Enfin, Geneviève de Pesloüan, Serge Latouche, Hocine Benkheira, Yann Moulier, Yacout Halabi, Paul Vieille, Heinz Wismann, Maria Teresa Gutiérrez Haces, Rabia Abdelkrim ont bien voulu lire et commenter le manuscrit dans l'une ou l'autre de ses versions. Nous leur en sommes reconnaissants. Ainsi qu'à Laure-Maia Corten-Tahon qui a dû quotidiennement supporter l'importun Etat nourricier.

Introduction

Un doute s'est glissé sur son irresponsabilité. Sur l'irresponsabilité de l'homme qui procrée et prolifère. Malthus n'est pas le premier à prêcher l'évidence de cette irresponsabilité. Les Romains déjà. Sans que l'on ne sache trop bien quelle est, pour eux, la cause et quel est l'effet, les prolétaires sont ceux qui n'ont que leur descendance pour être utiles à l'Etat.

Les Romains s'accomodaient de l'irresponsabilité de l'homme, comme ils s'accomodaient de l'esclavage. Cela leur permettait, à l'instar des Grecs, d'ignorer les femmes. Mais Malthus brouille toutes les pistes. Son histoire porte sur le nombre. "Même si l'on est peu familiarisé avec les nombres, on verra", dit-il (Malthus, 1798): croissance géométrique de la population, croissance arithmétique des subsistances. Rarement argument publicitaire n'aura été aussi efficace. Pourtant, derrière ce jeu des nombres, demeure la trace du mythe originel: c'est bien la Nature qui interpelle l'homme, l'immoralité de son instinct... animal. Jeu incestueux de la Nature végétale qui proteste contre la violence de la nature animale. La protestation est élevée au niveau cosmologique. On peut en oublier la peur inavouable du déferlement des classes dangereuses, la peur de l'attroupement de femmes gravides dans la rue, la peur des grisettes. La contrainte morale s'impose comme règle de salut humanitaire. La continence permet à l'homme de représenter la Nature contre l'instinct.

Pourquoi cette question jusqu'alors laissée à la gestion domestique? Cette dernière serait-elle quelque part menacée? En effet, ce qu'on appelle la formation du prolétariat constitue, à travers un nouveau mode de production de la population, la mise en question des mythes qui fondent l'ordre social. Par exemple, le mythe de la responsabilité d'autrui (Lévinas, 1982 et 1961). Ce mythe fonde la distinction des rôles de mère "planteuse d'hommes" (Balandier, 1985, b) et de père nourricier dans l'entité familiale.

Au mythe du père nourricier, responsable des "siens", sont liées bien des croyances. Celles notamment sur les sources de la richesse. L'apparition de la rente pétrolière pose une nouvelle fois la question. Ce que l'on appelle la formation du prolétariat renvoie aussi au bouleversement des croyances sur la richesse. Dès lors que deux rôles sont institués séparément, quelque chose est dit de la richesse. Elle est placée d'un côté ou de l'autre; elle est placée du côté de la production de moyens d'existence et non du côté de la production de la descendance (Engels, 1884). Sur un autre plan, Marx (1875) l'avait bien vu, dans le rapport nature/travail, avec la propriété, seul le travail apparaît source de richesse. Du mercantilisme et du physiocratisme à l'économie néo-classique, on assiste à l'appauvrissement des croyances relatives aux richesses. La théorie de la valeur s'élabore sur cet appauvrissement.

Faute de pouvoir donner un sens à l'accumulation des valeurs, on est porté à donner un visage à ce qui serait l'inverse de la richesse. Se constitue sur cette base le mythe des sociétés archaïques (Sahlins, 1976) naturellement guettées par la famine. Le mythe est nécessaire, la menace est là: la prolifération. Faute de trouver dans le compte des objets un paramètre de richesse, l'être humain ne va-t-il pas chercher la richesse dans la production même de la population? C'est la peur de tous les Malthus. Cette peur, c'est la réalité de la formation du prolétariat comme formation d'un univers autonome de besoins.

Rente et Etat nourricier: le Mexique et l'Algérie

Face à cette peur, dans une société où la division entre les villes et les campagnes s'accuse, l'image du père nourricier ne fait plus le poids. Emerge alors la figure de l'*Etat nourricier*. Sa responsabilité se trouve dans la gestion de la population (Foucault, M., 1976). Par gestion, n'entendons pas d'abord limitation. Devant un prolétariat qui s'affirme comme production de la population, c'est-à-dire dont l'univers de besoins s'enrichit dans cette production, l'Etat ne peut se constituer en s'affrontant directement à cet univers. Il se structure en le transformant. L'Etat s'impose comme celui qui est responsable et à qui on peut s'adresser à ce titre. Il prend en charge la puissance de la vie, d'autant plus facilement qu'elle peut se faire passer pour la puissance de la nation. En même temps, il rassemble face à cette puissance un stock qu'il distribue. Ce stock n'est pas nécessairement un stock d'aliments; c'est dans la relation qu'il établit face à la demande sociale que l'Etat se constitue symboliquement comme Etat nourricier.

La conjoncture mondiale des années 70 a donné à ce stock une forme historique précise: la manne pétrolière. A surgi un nouveau groupe de pays. Grâce à la fiscalité pétrolière, l'Etat de ces pays a été capable de multiplier massivement les emplois. En multipliant les sources de revenus - au prix d'une stagnation ou d'une baisse parfois drastique de la productivité -, plus qu'en augmentant les salaires directs et indirects, cette nouvelle catégorie d'Etat se distingue d'emblée de l'Etat-Providence.

Tous les Etats pétroliers ne sont pas des Etats nourriciers. En effet, ce n'est pas la distribution de la manne qui définit l'Etat nourricier. C'est l'émergence d'un prolétariat qui, mettant en cause le mythe de la responsabilité, oblige le déplacement de ce mythe vers un référent absolu (Legendre, 1985): l'Etat. C'est donc le rôle de responsabilité plus que celui de distributeur qui est fondateur de l'Etat nourricier. Sur ce point, nous prétendons approfondir et aussi dépasser les analyses de Chatelus (1976) et Vieille (1984).

Deux pays répondent à cette définition de l'Etat nourricier: le Mexique et l'Algérie. D'autres aussi sans doute, on y reviendra. Ces pays ont deux points en commun; ils sont fondamentaux. La production de la population, "anormale" selon les critères des organismes internationaux (BM, 1984), est la forme que revêt le développement du prolétariat dans des pays à profonde révolution sociale. La révolution mexicaine (1910-1917) s'est faite dans un contexte différent de celui de la guerre de libération nationale en Algérie (1954-1962). Avant la révolution d'octobre, éclate la révolution mexicaine. On n'épuisera jamais le récit d'une mutation si profonde qu'elle renverse au moins pour un temps une autre mutation qui est l'urbanisation. Fait inouï, en dehors de l'expérience dramatique et désastreuse du Kampuchéa, avec Cardenas, le Mexique se ruralise. En Algérie, le mouvement commence dès les années 30, mais dans une colonie de peuplement, il se traduit immédiatement en une guerre de nombres: d'une part la population française à laquelle on associe bientôt, devant la puissance du nombre adverse, toute la population européenne et juive, et d'autre part la population musulmane encore soumise périodiquement à des famines exterminatrices. La guerre elle-même est gestion de la population dans l'espace: population déplacée et objectivement mobilisée dans un monde urbain fantôme. A travers ces phénomènes, se joue la relation entre production de la population et révolution. D'autres (Nouschi, 1962) ont montré cette étrange correspondance entre taux de natalité et mouvement national.

Le second trait qui réunit le Mexique et l'Algérie est la capacité de retenir la rente - pétrolière mais aussi agricole en tout cas pour le Mexique. Ainsi que la manière dont celle-ci est retenue en alimentant une sorte de "fonds des salaires". L'emprunt de cette expression aux économistes classiques désigne la légitimation que s'accorde un type d'Etat - ou plus précisément de régime (Mathias, Salama, 1983) - qui mène une politique économique axée sur une multiplication des emplois notamment dans le secteur industriel. Le Mexique est révolutionnaire, l'Algérie est socialiste. Aucun des deux ne mène cependant une politique économique de "gauche", si l'on entend par là une politique d'inspiration keynésienne. Aucun des deux ne pratique non plus une politique de "répression salariale"; durant la période étudiée les salaires sont restés globalement stables.

La gageure de la comparaison entre Mexique et Algérie est la différence culturelle immense mais aussi la place géopolitique distincte. Au niveau culturel, différence fondamentale non seulement de religion mais de conception du religieux dans la définition du politique. L'implication sur la participation des femmes à l'espace politique est très importante, encore qu'elle ne doive pas se valider en des dissymétries chiffrées. Des pays voisins de l'Algérie, comme la Tunisie et même le Maroc, ont par exemple un taux de participation féminine active comparable au Mexique. Au niveau géopolitique, le Mexique, malgré l'indépendance relative de sa politique étrangère, reste sur la frontière impériale. Ne fût-ce qu'au niveau du discours, cela détermine la manière dont sont gérées les velléités des oppositions politiques. Notre propos n'est pas de nier ces différences; elles imposent cependant une exigence accrue de théorisation.

Mythes et attitudes devant la vie

Bien que différents au plan culturel et géopolitique, mais réunis par le type de guerre sociale et par la manière de retenir la rente, l'Algérie et le Mexique peuvent être identifiés comme des Etats nourriciers par analogie au mythe du père nourricier. Parce que la formation du prolétariat est définie par hypothèse préliminaire comme la mise en question des mythes fondateurs d'ordre social, il faut s'interroger sur celui que l'on peut considérer comme le mythe originaire, le mythe du père nourricier. Il faut s'arrêter à ce présupposé parce que, tout simplement, il fonctionne dans le discours comme présupposé et parce que ce présupposé détermine ainsi quelque part les attitudes devant la vie. Mythe du père nourricier. Ce mythe est nécessaire (c'est-à-dire jamais explicité) pour celui qui n'est père que si la mère le reconnaît tel. D'autant qu'à cette reconnaissance de paternité est le plus souvent associée la possible émergence de l'homme en tant qu'individu reconnu socialement. Diverses formes de conjuration de ce pouvoir féminin sont à l'oeuvre. Le déploiement de ce mythe du père nourricier en est une. Il ne peut être seulement justifié par le nécessaire établissement de la solidarité entre hommes. Il est intéressant dans la mesure où il ne reproduit pas complètement la dichotomie par trop galvaudée femme-nature/homme-culture: s'il colmate, en l'occultant, en la retournant en son contraire, l'incertitude biologique de la paternité, il dénie l'association femme-nature. Il doit, en effet, oblitérer l'incontournable du corps de la mère comme fondement du nourricier et faire de la nourriture un des fondements du lien social. Le don "naturel", qui marque aussi la relation mère-enfant, qui ouvre une dette imprescriptible, est ainsi transformé en assignation culturelle faite aux femmes, et pas seulement aux mères, de préparer, d'exécuter la nourriture pour les hommes.

Dans ce qui est tenu pour une division sexuelle du travail fondative de l'humain (Mead, 1966), pour que les femmes puissent apparaître dépendantes, les hommes doivent être décrétés responsables de l'entretien des enfants et des femmes. Elles sont dépouillées de la jouissance du pouvoir exorbitant, mortifère diront certains, de nourrir la vie, en étant réduites en forces de travail au service des hommes. Leur temps et leurs énergies sont requis afin de dégager du temps libre pour les hommes qui peuvent dès lors s'adonner à des activités "humaines" (Clastres, 1974). Le père est le premier servi parce qu'il n'a pas à mettre la main à la pâte. Pour que le nourricier devienne social, et il doit le devenir pour taire la béance de la paternité, il doit être dit le fait du père. Tant que cette médiation est instituante, les rapports entre hommes et femmes ne peuvent être que de sujétion.

Sans vouloir se cantonner sur le terrain des mythes, pour permettre à l'argumentation de se déployer, il faut faire sauter un premier verrou, et non des moindres, celui des attitudes devant la vie. Là où la question de la modernité (Ariès, 1971) est peut-être la plus sensible. Le changement d'attitudes devant la vie ne peut être conçu en termes de simple prévoyance matérielle, de recherche de confort et d'entrée dans une civilisation des objets. La réduction de la natalité s'est produite pour le bien de l'enfant qui prend de plus en plus de place dans la société moderne - l'enfance est un concept moderne (Ariès, 1973) - comme elle se produit aujourd'hui pour l'émancipation de la femme tout en provoquant l'émergence de l'amour paternel. Que cette réduction soit aussi devenue un instrument de gestion de la population (Foucault, 1976: 175 et sv.; chez Foucault, il ne s'agit pas encore de réduction mais de régulation de la population), comme il peut y avoir - et il y avait, encore récemment, tant au Mexique qu'en Algérie - une gestion étatique dite populationniste (Alba Hernández, 1981), ne doit pas éclipser les attitudes mêmes devant la vie. S'y est récemment introduit le discours sur la responsabilité et c'est ce discours qui est renvoyé à l'enquêteur. Il est défensif, il défend le statut de nourricier menacé suite à l'"explosion" démographique et au grossissement des villes. L'exacerbation du machisme est l'expression désespérée de ce sentiment de menace. Si, en Europe, la femme au foyer est une mystification produite par les classes moyennes (Blunden, 1982), elle est au contraire ici le fait des plus dépourvus des hommes. Ce sont eux, pas les classes moyennes, qui empêchent leurs filles, leurs femmes de travailler à l'extérieur. C'est leur "honneur" que tente de capitaliser l'Etat algérien en retirant les femmes du marché du travail. Mais aucun rapport immédiat ne peut être établi entre femmes au foyer et familles nombreuses. Les femmes occupées professionnellement ont souvent autant d'enfants que les femmes au foyer (Corten, 1985 a; Miro et Mummert, 1982). L'exacerbation du machisme, pour bien réelle qu'elle soit, ne doit pas oblitérer une réalité qui gêne par ailleurs notre conception de la modernité: le besoin d'enfants mieux nourris, mieux instruits, mais aussi plus nombreux.

Cette attitude devant la vie rompt les grands équilibres (mythiques) de la société, d'une campagne alimentant la ville en population et en vivres. En ville, la population continue à croître (Tillon, 1966). Le statut même de la campagne nourricière est remis en question. Mise en question facilement vue comme abandon à la facilité (des importations alimentaires), à l'imprévoyance. Et la ville continue à croître, à proliférer (Bairoch, 1985:

579 et sv.), même si la fécondité moyenne y est plus faible, l'écart est toutefois peu important (de l'ordre de 20%).

Prolétarisations et objectivations sociales

Voir la formation du prolétariat comme production de la population, voir la structuration d'une catégorie particulière d'Etat - l'Etat nourricier - à partir de cette production de la population, cela suppose la mise en oeuvre de plusieurs concepts. Ceux-ci ont pris une liberté certaine par rapport à leur définition marxiste classique. Cette distance est nourrie de deux courants théoriques principaux, d'une part celui représenté dans l'Ecole de Budapest par Agnès Heller et en particulier sa théorie des besoins et d'autre part la conception de la biopolitique avancée par Foucault. On relèvera aussi les apports théoriques de la littérature latino-américaine et maghrébine récente, principalement sur la rente et sur l'Etat. Mais cette distance est aussi forgée par une constante préoccupation de rendre compte des réalités sociales au demeurant différentes. Il s'agit à la fois de maintenir celles-ci dans leur cadre culturel et historique spécifique et de les comprendre dans des catégories qui transcendent - sans abstraire - leurs différences.

Cette étude sur le prolétariat prétend ne pas présupposer une réalité prédéterminée du prolétariat. Le concept de base est celui de *prolétarisation*. Par prolétarisation, on désigne l'ensemble des champs constitués par des processus d'*objectivation sociale* perçus du point de vue du contrôle versus la perte de contrôle. Ces champs sont formés d'une multitude de points recomposant les activités et les opérations dans lesquelles sont engagés les femmes, les hommes, les adultes et les enfants et dans lesquelles ils extériorisent face à elles, et en en perdant souvent le contrôle, leur propre réalité. Les *objectivations* définissent ainsi à la fois la richesse des besoins et l'aliénation par rapport à elle. Le concept d'*objectivation* est donc, dans notre cadre théorique, adjacent à celui de *prolétarisation*. Il ouvre aussi à la problématique des *besoins*. Les *besoins* définissent une attitude "qualitative" ou "quantitative" vis-à-vis des objets ainsi posés. Dans cette perspective, un *besoin immédiatement social* est un besoin dont l'objet posé face à soi n'est pas rendu inaccessible par une division du travail. C'est le cas dans des conditions déterminées - précisément différentes de la conception romaine du prolétariat - de la production d'enfants. Au lieu de considérer la prolétarisation comme séparation d'objets déterminés, en l'occurence les moyens de travail et de production, on part ici de la conception selon laquelle la prolétarisation est une dimension historique marquée par la massification notamment urbaine des processus d'objectivations sociales. L'enquête est nécessaire pour donner un certain contenu à ces processus: ce travail est basé sur des enquêtes menées dans trois régions mexicaines et des analyses secondaires d'enquêtes réalisées en Algérie.

Les enquêtes sur le terrain rapportent des indications sur les initiatives dans lesquelles sont engagées diverses catégories de travailleurs et sur les disciplines auxquelles ils sont astreints. Ces indications permettent de donner consistance, à travers diverses illustrations, aux hypothèses analytiques sur ce qu'est le phénomène de prolétarisation. Elles ne constituent donc pas une matière première à partir de laquelle on croit pouvoir "découvrir" la nature de la prolétarisation, elles fournissent un jeu de contraintes qui oblige à pousser plus loin l'analyse. On trouvera en annexe les indications techniques concernant ce matériel d'enquête.

La première partie de ce livre présente les deux pays selon les traits énoncés plus haut. La deuxième partie, on le verra immédiatement, formule une autre approche de la rente. La troisième partie présente l'analyse de quatre champs constitués par rapport à des objets: le territoire, les aliments, les machines et les biens durables. Tout comme les trois autres objets, le *territoire* est donc ici vu comme le produit d'une objectivation sociale dans laquelle il y a investissement et fixation effectifs. Mais, comme pour le rapport aux aliments, il y a toujours dans cette objectivation sociale une dimension mythique. En montrant comment ces objets sont posés face à eux par différentes catégories d'hommes et de femmes, on est amené à brosser en traits pleins une conception nouvelle de la prolétarisation.

L'option de ne pas présupposer la prolétarisation relevant d'un champ défini à partir de la catégorie travail - ce que Marx appelle le travail abstrait - dégage la possibilité d'élaborer une conception de la rente qui n'est pas un cas particulier de la théorie de la valeur-travail. La deuxième partie du livre est consacrée à montrer les différents cycles de la rente. Il s'agit essentiellement de comprendre comment la rente peut être retenue à l'intérieur d'un pays doté, on le voit dans la quatrième partie, d'un Etat particulier: l'Etat nourricier.

On a parlé précédemment des croyances relatives aux sources de la richesse. Celles-ci sont une des composantes de la formation du prolétariat. La rente est une croyance à propos de la richesse produite lorsqu'elle apparaît comme une manne tombant du ciel ou montant des entrailles de la terre. Surgit rapidement la question: d'où vient cette manne? A qui est pris ce surplus? Deux notions sont manipulées dans les travaux récents sur la rente pétrolière, celle de rente différentielle et celle de rente de monopole. La rente différentielle résulte des coûts épargnés par rapport aux coûts de la moins bonne terre cultivée ou du moins bon gisement exploité. La rente de monopole est le surprofit procédant d'un avantage quelconque détenu par un seul producteur qui parvient à le conserver grâce à un rapport de forces favorable. Ces deux notions contiennent en creux celle de dégradation des ressources naturelles: la rente ne serait qu'une contre-valeur par rapport à cette dégradation. La rente différentielle s'accroît dans la mesure où il y a dégradation, où il y a de plus en plus de terres ou de gisements de moins en moins bons. La rente de monopole postule, par la liberté vis-à-vis de la liberté des prix, le gaspillage. Poussant plus loin ces hypothèses inscrites en marge des théories de la valeur, la rente est ici définie comme la contre-valeur procédant de la destruction des activités sociales de conservation de la nature. La prolétarisation, comme champ où cette destruction peut opérer, est aussi un circuit dans lequel circule la contre-valeur et la fixe éventuellement. Elle connote la fonction constante des mythes à transcender la relation immédiate à la nature.

La notion de *mobilisation*, empruntée à Deutsch et à Germani, fonctionne ici comme concept charnière de celui d'objectivation. Il désigne une disponibilité, une libération d'initiative qui est un des aspects de l'objectivation sociale. Est-ce à dire circuit de la rente, voire facteur de sa fixation? On verra les difficultés de le préciser.

Mais c'est par rapport à une théorie de l'Etat que l'on peut sans doute aller le plus loin dans ce sens. La quatrième partie y est consacrée. L'Etat, maillon entre l'économie monétaire mondiale et une société malgré tout peu différenciée, apparaît un levier de plus ou moins grande rétention de la rente. Le pouvoir de rétention de l'Etat est particulièrement examiné sous l'angle de la formulation de la demande sociale et de la constitution, sur cette base, d'intérêts corporatifs. L'analyse doit commencer par la *formulation de la demande sociale*, c'est-à-dire établir en l'occurence le passage - le saut - entre l'existence d'un besoin social et la demande investie d'un contenu, adressée à quelqu'un institué parce que pris comme destinataire. Dans ce passage se dessinent les traits de l'Etat nourricier mexicain et algérien: combinaison de *corporatisme*, de *populisme* et de *système semi-compétitif*. Au-delà de ces caractérisations, il est une nouvelle fois question ici d'objectivation sociale. La théorie de la prolétarisation et celle de la structuration de l'Etat se coupent sur ce point. Pourtant, ce qui fournit la scène à la formation du prolétariat, c'est plutôt la *tension* entre ces deux tendances de l'objectivation. Cette tension est cependant analysée sans le présupposé de la simplification des antagonismes de classe familière au marxisme. C'est pourquoi, face à l'Etat nourricier qui tente, en nommant et en interpellant des catégories sociales, de poser la médiation comme nécessaire, l'immédiateté sociale de la production de la population peut être vue comme une résistance radicale à la différenciation sociale fondatrice de l'Etat. Elle est sécession vis-à-vis du principe de responsabilité.

Le prolétariat est constitué au masculin dans les pays du Nord. Après la panique de la période de formation, le principe de responsabilité s'est rétabli, notamment autour de concepts comme la reproduction de la force de travail - incluant la reproduction de la famille et de ses membres. Dans les deux pays étudiés, l'émergence d'un Etat nourricier définit différemment le principe de responsabilité. Aussi répandu que soit le machisme et même si l'Algérie est l'un des pays où la participation "active" féminine est la plus basse, le prolétariat constitué comme production de la population ne postule pas l'exclusion des femmes de ses rangs pas plus qu'il n'implique sa féminisation. La composante sexuelle du prolétariat dépend de la structuration du rapport à l'Etat nourricier.

PARTIE I

L' ANOMALIE OU LA PUISSANCE DE LA VIE

INTRODUCTION

Tout le bruit fait, ces dernières années, autour de l'arme alimentaire a rendu inaudible l'affirmation d'une demande alimentaire solvable dans de nombreux pays du Sud. Lorsque l'on consent à la relever, en général, on la traduit immédiatement par "la dépendance alimentaire" (Mutin, 1980, Delorme, 1981, Barkin, Suárez, 1982). Des lamentations sur le déclin de l'agriculture, on en est vite revenu au spectre de la faim. De leur côté, les médias, sur un fond de famine dans de vastes régions du monde, rapportent périodiquement des "émeutes de la faim": Le Caire, Casablanca, Tunis, Santo Domingo, Cap Haïtien, les townships de Zambie...

Cette demande solvable ne se limite pas aux céréales à consommation humaine, elle concerne aussi des produits nutritifs plus élaborés (viande, lait, etc.). Elle traduit certes une inégalité croissante des revenus et le nouveau type de consommation alimentaire des couches moyennes. Mais ceci n'explique pas tout. Les masses populaires elles aussi consomment des produits nutritifs plus élaborés.

Comment cette demande est-elle devenue solvable? Une réponse est fournie par la croissance économique et industrielle assez spectaculaire de nouveaux pays industriels. Cette réponse n'est pleinement satisfaisante ni au plan empirique ni au plan des interprétations théoriques. Au niveau empirique, le Brésil constitue un cas qui contredit cette réponse. A en juger par la situation nutritionnelle (augmentation de seulement 1% des calories par jour et par habitant et diminution de 1% des protéines de 1966-68 à 1978-80, FAO, 1982), cette demande ne s'est guère affirmée alors que le PIB et la production industrielle ont crû de manière spectaculaire (taux moyen respectivement de 7.6 et 8.2% de 1970 à 1982). Au niveau des interprétations théoriques, on s'est généralement efforcé de montrer que l'industrialisation s'est faite sur la base d'une surexploitation de la main-d'oeuvre, que celle-ci soit usée prématurément et renvoyée dans l'armée de réserve, ou que la force de travail soit censée être reproduite dans des formes de production parallèle (mode domestique ou secteur informel) (Mathias, Salama, 1983; Meillassoux, 1975; Ikonikoff, Sigal, 1980).

En Algérie et au Mexique, où cette demande s'est affirmée, le nombre d'emplois s'est accru de façon frappante durant la dernière décennie. La demande serait devenue solvable à travers le salariat. Deux phénomènes semblent pourtant ne pas confirmer l'hypothèse d'un développement de plus en plus large du capital variable. Le premier renvoie à la baisse ou à la quasi-stagnation de la productivité de ces emplois. Le second à "l'anomalie" que constitue la position occupée par ces deux pays dans le rapport, généralement inverse, entre croissance démographique et croissance économique. L'augmentation de la demande salariale solvable est en effet supposée reposer sur une réduction du nombre d'enfants par famille.

La solvabilité de la demande passe bien par une certaine structuration de la population dans des emplois, mais c'est le mode même de production de la population qui lui donne son caractère particulier: la solvabilité de la demande est une solvabilité politique. La production de la population se présente comme nombre, comme nombre premier, comme expression immédiatement sociale des besoins (Marx, 1875). Par rapport à ce nombre, l'Etat peut se former de deux manières contradictoires. Ou bien il parvient à se poser comme Etat nourricier en échangeant la loyauté des masses contre la solvabilité de leur demande. Ou bien, devant s'attaquer au nombre, il se structure dans l'extermination de la population qui résiste à son contrôle. Entre les deux extrêmes se situent les pays d'"émeutes de la faim": ils constituent des cas où la population refuse, contrairement à ce qu'en disent les journalistes, de voir ses besoins réduits en termes de demande alimentaire.

Cette hypothèse sur la formation de l'Etat en liaison à la production de la population permet d'interpréter des situations apparemment tout à fait différentes correspondant aux régions de famine périodique (une bonne partie de l'Afrique, une partie de l'Asie, de l'Afganistan au Kampuchéa, le Nord-Est brésilien, le Nord-Ouest haïtien), aux régions d'"émeutes de la faim" (l'Afrique du Nord, à l'exception de l'Algérie et de la Libye, la zone caraïbe et quelques villes indiennes), enfin, aux régions où la demande alimentaire solvable s'est accrue sur une base politique (l'Algérie, le Mexique, peut-être le Venezuela, le Moyen-Orient à l'exception des pays du Golfe, peut-être aussi l'Indonésie, soit une partie importante des pays pétroliers).

Dans cette troisième catégorie, la gestion de la population s'opère à travers la régulation de ce qu'on pourrait appeler un *fonds des salaires* maintenu à un montant relativement fixe en fonction d'une population en croissance extraordinairement rapide. Si les salaires moyens n'augmentent guère, voire diminuent, les revenus familiaux sont en sensible augmentation grâce à l'accroissement du nombre d'emplois, dont les deux tiers sont statistiquement classés comme salariés. De plus, une part croissante de ces revenus est consacrée à la nourriture (contrairement à la fameuse loi d'Engel selon laquelle les dépenses alimentaires baisseraient avec l'accroissement des revenus).

L'existence d'un *fonds des salaires* dans une population dite active, salariée aux deux tiers, ne correspond à aucun modèle connu de rapports sociaux. Elle distingue cette catégorie des pays du Sud où une accumulation capitaliste semble reposer sur une diminution des salaires, la reproduction de la force de travail est alors renvoyée à un facteur informel de services (Colombie, Brésil), ou de fabrication artisanale (Côte d'Ivoire, Madagascar), ou encore au secteur agricole (Afrique du Sud, Corée du Sud). On peut se demander s'il s'agit réellement d'une différence entre pays ou, plus simplement, du résultat d'une approche distincte qui, se refusant de céder au modèle importé des pays du Nord, n'analyse pas prioritairement les prolétaires en termes de reproduction de la force de travail.

Chapitre 1

Une demande alimentaire solvable

Il faut commencer par analyser la demande alimentaire et sa solvabilité à un niveau très empirique. Accepter, l'espace d'un chapitre, la lourdeur des chiffres. Observer d'abord le résultat de la solvabilité à travers des mesures de consommation des populations. Chercher ensuite comment cette solvabilité s'exprime, en l'occurence à travers une multiplication des revenus salariaux. Ces indicateurs révèlent certes un état moyen. Cet état est pourtant plus que l'expression d'une moyenne statistique, excluant les 20% les plus pauvres de la société, surtout ruraux, et les 30% les plus riches, cet état définit, dans les pays étudiés, la condition d'une population qui a un profil sociologique déterminé: la masse des salariés subalternes, le "salarié majoritaire" (Guerid, 1982). Salariés, c'est du moins ainsi qu'ils sont statistiquement classés. Ils peuvent être en chômage, sous-employés ou encore, comme on le verra, surnuméraires.

Une amélioration de l'alimentation

"La croissance de la demande alimentaire des NPI et des pays de l'OPEP, au début des années 70, est l'un des phénomènes les plus remarquables du marché mondial et elle représente l'un des faits remarquables du marché mondial et elle représente l'un des faits caractéristiques d'une nouvelle situation économique internationale" (Green, 1984). Sauf pour l'Afrique, cette croissance s'accompagne dans les pays du Sud d'une augmentation plus rapide de la production alimentaire per capita[1].

Que la croissance des importations compense un affaiblissement de la production agricole per capita - c'est par exemple le cas de l'Algérie - est un phénomène à lire en tenant compte de ce que l'affaiblissement est beaucoup moins accusé que la croissance des importations. La consommation alimentaire per capita y a dès lors augmenté d'environ 45% entre 1967 et 1982[2]. Au Mexique, la croissance de la production agricole s'est ralentie durant la dernière décennie mais elle continue à suivre la courbe de la population. Par contre, les importations alimentaires ont augmenté, du moins jusqu'au moment où la crise y a mis un frein brutal. De 1960 à 1980, on peut estimer que la consommation de produits agricoles per capita a crû d'environ 35%. La production de biens alimentaires manufacturés a augmenté dans une proportion encore supérieure de telle sorte que l'accroissement de la disponibilité alimentaire globale per capita est également de 45%[3].

Un autre indicateur de cette expansion de la consommation alimentaire réside dans la part du revenu dépensé en aliments. Il est fourni par des enquêtes de consommation qui sont souvent, il est vrai, difficiles à comparer rigoureusement. En Algérie, cette part serait passée de 45.6 à 55.7% de 1967-68 à 1979 (Bedrani et al, s.d.: 27). Au Mexique, elle serait passée de 39.6 à 45.4% de 1968 à 1977 (SPP, 1982, vol. II, tableaux 3.8 et 3.12). L'accroissement de la part de dépense alimentaire pourrait s'expliquer par la baisse du revenu familial. Or, il n'en est rien. On le verra plus loin. On est au contraire en présence d'un phénomène original d'accroissement de cette part en même temps que d'augmentation au moins légère des revenus familiaux. Pour l'instant, soulignons que la demande alimentaire est effectivement populaire, même si l'inégalité des revenus est plus accusée au Mexique qu'en Algérie[4].

L'expansion de la consommation s'inscrit aussi dans un changement de cette consommation. Selon Bedrani, "l'Algérienne et l'Algérien «moyens» semblent mieux se nourrir... S'ils mangent moins de céréales et légèrement moins de légumes secs, ils consomment davantage de tous les autres produits, en particulier de la viande, des produits laitiers, des matières grasses et des légumes frais". Les statistiques nutritionnelles le confirment: l'Algérie est l'un des pays du monde (avec l'Iran) où les calories par habitant ont le plus augmenté durant la dernière décennie: de 45% de 1969-71 à 1980-85[5]. Le Mexique, tout en connaissant une progression très peu élevée - 11% - au niveau de l'accroissement général des calories (2930 en 1980-82), voit la part des calories animales augmenter de 41%. Le type de nutrition se transforme encore plus profondément au Mexique qu'en Algérie. Le Mexicain "moyen" consomme deux fois plus de viande (30 kg/an) que l'Algérien, 50% plus de lait, par contre, il mange moins de céréales et de légumes secs (135 kg contre 185). Il faut cependant ajouter que le Mexicain le plus pauvre, de la campagne et de la ville, ne consomme, lui, respectivement que 5 et 13 kg de viande. En 1968, 40% de la population mexicaine souffrait encore d'un déficit alimentaire - de 20% en moyenne - par rapport aux besoins tenus pour minimaux; ils vivaient surtout dans les campagnes (SPP, 1982, vol. II).

L'amélioration de l'alimentation est un phénomène remarquable pour un ensemble de pays, surtout durant la dernière décennie[6]. Il s'agit de pays appartenant à une même catégorie que l'Algérie et le Mexique, comme l'Iran ou l'Irak, mais aussi de pays qui ont été le théâtre d'"émeutes de la faim": l'Egypte, la Tunisie, le Maroc. Dans d'autres pays où ces émeutes éclatèrent aussi - la république Dominicaine, Haïti, l'Inde -, l'amélioration est faible ou nulle mais elle fait suite à une baisse de la nutrition durant la décennie antérieure.

Deux raisons rendent ce phénomène remarquable. Il n'est pas systématiquement lié à la croissance économique. Deux cas opposés: le Brésil et le Maroc. Le premier a connu une croissance économique très soutenue mais aucune amélioration alimentaire substantielle. Le second connaît une situation plutôt inverse[7]. Le phénomène est, par ailleurs, couplé à une détérioration accélérée, durant cette même décennie, de l'alimentation dans de nombreux pays africains (notamment le Tchad, l'Ethiopie, la Somalie, le Mali, le Kenya, le Mozambique) et asiatiques (l'Afghanistan, le Bangladesh, le Kampuchéa). Comme l'amélioration de l'alimentation s'est traduite par une augmentation des importations[8], on a facilement tendance à confondre cette augmentation avec le phénomène de sous-nutrition d'autres régions du monde. L'équation "dépendance alimentaire = faim dans le monde" occulte dès lors l'amélioration de l'alimentation dans un ensemble de pays du Sud.

L'amélioration de la nutrition suppose une demande solvable. Avant d'aborder les fondements de cette solvabilité, on peut s'interroger sur ses modalités. Deux semblent principalement à l'oeuvre en Algérie et au Mexique: la multiplication des emplois salariés et les subventions aux produits de première nécessité. Cette seconde modalité est également présente, on le sait, dans les pays à "émeutes de la faim".

Une multiplication des revenus

Au Mexique, les salariés ont probablement augmenté de 50% durant les années 70 (SPP, 1982, vol. II: 39; INEGI, 1983). Les travailleurs industriels au sens large (incluant les mines, les industries manufacturières, la construction, l'électricité et le transport), eux, ont crû de 67% (INEGI, 1983: 73). En Algérie, on peut estimer que le nombre de salariés a augmenté de 55% entre 1966 et 1977[9]. Quant aux travailleurs industriels, ils ont presque triplé en passant de 14.1 à 32.8% de la population occupée[10]. Ni en Algérie, ni au Mexique, cette multiplication des emplois salariés ne correspond à une élévation importante du taux de salarisation[11].

En Algérie, est particulièrement frappante l'augmentation des salariés permanents, presque tous masculins: de 35% de la population occupée en 1966 (*ASA*, 1972: 34), ils passent à 61.6% en 1977 (*RGPH*, vol. I: 68) et à 66.5% en 1982 (*Enquête Main-d'Oeuvre*, 1982: 81). Au Mexique, est remarquable le taux de croissance de la population d'âge actif. Elle augmente de 48% alors que la population totale croît de 40%. Mais plus remarquable encore est la croissance de la population active qui est de 83% durant la période 1970-80 (INEGEI, 1983: 25). Cela provient notamment de la participation de plus en plus importante des femmes au marché du travail. De 17.9% en 1960, elle passe à 19.9% en 1970 et bondit à 30.1% en 1980 (*Censo*, 1980: 67). Sur ce point, la différence est très nette avec l'Algérie où la participation féminine est au maximum de 6.9% si l'on rapporte la population active féminine à la population active totale (*RGPH*, 1977, vol. III: 35).

Cette augmentation impressionnante de la population active ne s'est pas traduite, comme au Brésil par exemple, par une baisse de salaire. En Algérie, les salaires horaires réels moyens des ouvriers (toutes catégories) n'ont pratiquement pas varié de 1970 à 1980, l'accroissement est de 10%[12]. Il en va de même au Mexique où, selon Aboites (1983)[13] le salaire réel industriel a augmenté de 13% durant cette décennie alors qu'il avait crû de 30% durant la décennie précédente, mais celle-ci avait aussi été caractérisée par une quasi-stagnation de l'emploi. Quant à la productivité par travailleur occupé dans l'industrie (au sens large), elle a diminué en Algérie. On peut estimer qu'elle a baissé d'au moins 10% de 1970 à 1977 et d'au moins autant de 1977 à 1980. Au Mexique, la productivité n'a que très légèrement augmenté (de l'ordre de 10%)[14].

L'apparition de travailleurs surnuméraires (Palloix, 1980) mais incorporés dans des rapports d'emploi est donc un des traits majeurs de ces deux sociétés, du moins pour la décennie 70-80. Travailleurs surnuméraires = travailleurs improductifs? Non dans le sens où une masse croissante de travailleurs seraient incorporés dans des services bureaucratiques ou dans le secteur informel. La proportion de la population occupée dans le secteur des services (commerce, services, administration) s'est modérément accrue en Algérie. De 27.6% en 1966 (CICRED, 1974: 121), la part de la population occupée dans ce secteur est passée à 29.2% en 1977 (*RGPH*, 1977, vol. III: 37). Elle est estimée à 38.8% en 1984 (*Enquête main d'oeuvre*, 1984: 39). Au Mexique, elle était de 23.0% en 1960, 29.0% en 1970 et 39.7% en 1979 (SPP, 1982, vol. II: 34-35). Elle est nettement moins élevée que dans de nombreux autres pays, tant d'Amérique Latine que du Moyen-Orient[15].

La solvabilité de la demande alimentaire prend donc une modalité particulière. S'il est difficile d'établir une typologie complète des différents pays, les données statistiques n'étant souvent ni disponibles, ni comparables, et de vérifier par une analyse comparative cette particularité, celle-ci impose en tout cas un type d'interprétation autre que celui communément admis qui raisonne en termes de surexploitation et d'armées de réserve. Avant de nous y engager, examinons cette autre modalité qui, elle, n'est pas particulière à ce type de pays: l'importance croissante des subventions aux biens de subsistance. En Algérie, ces subventions sont passées de 17.7 DA par habitant en 1973 à 106.0 DA en 1980 et à 193.0 DA en 1983 (soit 42 $US par habitant)[16]. Au Mexique, elles peuvent être estimées à 15 $ en 1976, 56 en 1980 et 62 en 1982 (Lebas-Tubiana, Lerin, 1980, 1983). Tenant compte de ce que chaque occupé doit nourrir de quatre à six personnes et de ce que le revenu des catégories pauvres de travailleurs ne dépasse pas environ 150 $ par mois, ces subventions ne sont pas négligeables, elles peuvent en effet représenter l'équivalent de deux mois de salaire par famille. Ce phénomène est pourtant moins important que l'accroissement du nombre d'occupés par famille (comme nous le verrons dans la 3e partie, chapitre 2).

Notes

1 Amérique Latine, 1958-62 = 100; 1968-72 = 103; 1978-82 = 109. Asie (économie de marché), 100, 103, 107. Afrique, 100, 98, 82. Voir Bairoch, 1983: 181. En complétant avec FAO, 1984, et sans que les données soient immédiatement comparables, on relèvera que durant les années 1983-84, la production alimentaire per capita a baissé d'1 point en Amérique du *Sud*, elle a augmenté de 7 points en Asie (augmentation due en bonne partie à la performance de la Chine: + 15 points) et a encore baissé de près de 7 points en Afrique. Notons encore, selon les mêmes sources, que la production alimentaire per capita est, en Algérie, 1974-76 = 100, 1980-82 = 88, 1983-84 = 80, au Mexique, 100, 107, 105.

2 Cette estimation est basée sur les montants en prix constants 1978 de la production agricole, de la production alimentaire manufacturée et des importations alimentaires nettes, divisés par la population. Montants tels que fournis par *Statistiques 1967-78*, 1980, *ASA*, 1981 et *Algérie en chiffres 1983*. La consommation per capita en dinars 1978 est passée de 565 en 1967 à 543 en 1970, à 800 en 1978, à 926 en 1980 et à 698 en 1982 (soit l'équivalent de 140 $ US en 1982). Il y a une surévaluation liée au fait que le vignoble est compté dans la production agricole. Thiéry, s.d.: 179, estime, par exemple, les disponibilités en 1977 à 466 dinars de 1977, soit 550 de 1978, mais il ne tient pas compte de la production alimentaire manufacturée.

3 Ces chiffres ont pu être établis en se basant principalement sur SPP (1982, vol. III), INEGI (1983), Perzabal (1979). La disponibilité agricole par habitant passe en pesos de 1970 de 865 en 1960 à 1096 en 1970 et à 1165 en 1980. La disponibilité alimentaire globale per capita passe de 1157 à 1685, soit, au cours du peso 1970, environ 135 $US.

4 La différence est néanmoins moins importante qu'on ne le croit généralement. Pour l'Algérie, on ne dispose de données que pour les principales villes. Les catégories les plus pauvres sont sous-estimées. En 1976, les 20% des ménages les plus pauvres ne disposent que d'environ 5% des revenus et les 10% les plus riches environ 30% (estimations à partir de AARDES, 1979, tableau 10). Au Mexique, en 1977, les 20% les plus pauvres ont 2.9% des revenus, les 10% les plus

riches 40.6% (B.M., 1986). (Au Brésil, le décile le plus riche: 50.6%). D'autres sources évaluent la part du décile le plus riche au Mexique à 36.7%. Selon elles, on doit observer une baisse entre 1968 (42.0%) et 1977 (Aspe, Sigmund, 1984: 38). Selon d'autres sources encore, cette part était de 45.5% en 1950 (Padilla Aragón, 1981: 191).

[5] L'accroissement de calories animales est de 62% par habitant. La progression est la suivante: 1724 calories en 1964-66, 1826 en 1969-71, 2644 en 1980-82; pour les mêmes années, 162, 178 et 294 calories animales (FAO, 1984).

[6] Les chiffres publiés par la FAO sont à prendre avec beaucoup de prudence. Notons à titre d'indication que l'augmentation de protéines et de lipides est de 14 et 33% au Mexique et de 44 et 51% en Algérie durant la période 1969/71-1980/82.

[7] De 1970 à 1982, la croissance du PIB per capita est de 5.2% au Brésil et de 2.4% au Maroc. Il est de 3.4 % au Mexique et de 3.5% en Algérie (Banque Mondiale, 1984).

[8] Par exemple de 40% des céréales pour les pays à revenus intermédiaires (1970-80) (Banque Mondiale, 1982).

[9] Selon le recensement de 1977, les salariés permanents et saisonniers *occupés* sont respectivement 1.439.575 et 235.382 (*RGPH*, 1977, vol. I: 68). Le recensement de 1966 (*ASA*, 1972: 34 et 32) fournit des chiffres de salariés qui sont, eux, rapportés à la population active totale occupée et non occupée. Il compte 976.406 permanents et 727.429 saisonniers. Si, de ce total de 1.703.835, on déduit 80% des chômeurs ayant déjà travaillé (566.498) et 60% des chercheurs d'un premier emploi (286.115), on peut estimer la population salariée occupée à 1.080.000. En 1980, l'emploi salarié total (*Emploi et salaires*, 1980) est de 2.468.000. Il y aurait donc un accroissement de 45% par rapport à 1966.

[10] *RGPH*, 1977, vol. III: 42. Cette estimation qui fait passer les travailleurs industriels occupés (y compris bâtiment) de 274.000 à 766.000 est confirmée par les statistiques d'*Emploi et salaires*. Ces enquêtes évaluent l'emploi salarié industriel (au sens large) à 189.697 en 1966, à 610.244 en 1977 (*ASA*, 1979) et à 856.000 (transport non inclus) en 1980 (*Emploi et salaires*, 1980). Voir aussi Corten, Tahon, 1982, a.

[11] Au Mexique, le recensement de 1980 n'étant pas fiable avec ses 21.5% de "non spécifiés", on doit comparer des données de recensement sur la population entière (1970) et des données d'enquête sur la population occupée (1979). Les pourcentages sont de 62.3 et 62.9. Notons que la salarisation était aussi restée stable durant la décennie précédente (64.6% en 1960). Thiéry (s.d.: 249) évalue que les salariés algériens passent de 67 à 76% de la population active entre 1966 et 1977. Pour Hakiki-Talahite (1983: 218), le taux de salarisation masculin passerait de 68 à 74.5% et féminin de 73 à 95%.

[12] Les salaires horaires moyens étaient de 2.8 DA en 1970 et de 7.0 DA en 1980. L'indice des prix à la consommation est passé de 105.7 à 239.9 (*ASA*, 1977-78 et 1981).

[13] Pour 1980, *Annuaires* FAO et FMI.

[14] Selon Aboites (1983), l'indice 1960 = 100 est de 165 en 1970 et de 184 en 1979 (soit une augmentation de 11.5%). Voir aussi Corten, 1986, b; Corten, Tahon, 1982, a.

[15] B. M. En 1980, Colombie: 53%; Venezuela: 55%; Chili: 62%; Jordanie: 60%; Liban: 62%; Koweit: 64%; Libye: 53%.

[16] Estimations à partir des données de la *Loi de finances*. Les dépenses autorisées en matière de soutien aux prix étaient de 248 millions de DA en 1973. Elles s'élèvent à 1.945 millions en 1980 et à 3.850 millions en 1983.

Chapitre 2

Production et mobilisation de la population

La solvabilité de la demande alimentaire exprime un état de mobilisation de la population. Cette mobilisation ne porte pas directement sur l'accès aux aliments. Bien que des personnes vivent encore au-dessous des normes physiologiques de nutrition, précisément dans les campagnes, la population réunie dans les villes est parvenue, à travers cette mobilisation, à affirmer des besoins sociaux non seulement de meilleure alimentation mais aussi de meilleure santé et d'élévation de l'instruction. Elle est parvenue à le faire, contrairement à la tendance générale, avec un taux élevé de croissance de la population.

Production de la population comme besoin social

Alors que, dans la majorité des pays, l'élévation des besoins s'effectue dans une opération de division, elle se produit ici dans la multiplication elle-même. Anomalie relevée par les études des organismes internationaux (B.M., 1984: 79)[1]. En fait, puissance sociale, nous allons le voir. L'augmentation de la part de dépense alimentaire dans le budget familial ne traduit pas seulement un nombre plus élevé de personnes à nourrir, elle est l'expression de la volonté d'avoir des enfants en bonne santé. Cette volonté repose en partie sur la possibilité de les garder vivants, quoique le taux de mortalité infantile (moins d'un an) reste élevé, en particulier en Algérie entre 1962 et 1982, et ne diminue que lentement. Il en va de même, d'ailleurs, en Iran. Un enfant sur dix meurt encore avant d'avoir atteint son premier anniversaire.

Par contre, la mortalité juvénile (un à quatre ans) diminue de plus de moitié. Indicateur de l'attention portée à la santé des enfants à laquelle s'ajoute celle accordée à l'instruction. Les taux sont là spectaculaires: généralisation de l'école primaire, y compris pour les filles, massification de l'enseignement secondaire. Le Mexique en 1983 se trouve au même niveau que la France ou le Canada en 1965, l'Algérie le rejoindra bientôt. Avec 43 et 55% des groupes d'âge pertinents inscrits à l'école primaire (B.M., 1986: 255), l'Algérie et le Mexique se rapprochent une nouvelle fois de l'Iran et de l'Irak.

Se dégage ainsi une figure bio-politique assez particulière: ces populations ont un fort taux moyen d'accroissement "naturel" et un taux remarquablement élevé de croissance urbaine, elles ont un taux de mortalité infantile et juvénile encore élevé mais elles connaissent un accroissement important du nombre d'inscrits à l'école secondaire (il se multiplie par quatre et plus, sauf en Irak où il se multiplie par trois, à partir d'un nombre initial plus élevé). Cette figure distingue ces quatre pays (Algérie, Mexique, Iran, Irak) d'autres pays pétroliers comme, d'une part, le Venezuela qui conjugue un taux exceptionnellement élevé d'accroissement de la population et un taux exceptionnellement bas de mortalité infantile et juvénile et, d'autre part, le Nigéria et l'Indonésie qui présentent une relation inverse. Quant aux pays de la péninsule arabique, le fait même que, selon les estimations, de 40 à 60% de la population soit immigrée (Sadria, 1984) - et une part importante de manière temporaire -, les éloigne de cette figure.

Dans cette figure, dont le Mexique et l'Algérie sont des exemples, retient l'attention cette relation inusitée entre mortalité et instruction. L'instruction ne parvient pas encore à venir à bout de la mortalité infantile. Mais cette mortalité, par contre, ne produit pas un effet d'épuisement, de résignation et de refuge dans l'ignorance. Dans ce contexte, la production de la population n'est pas prolifération compensatoire, prolifération qui serait manie, instinct de remplacement. La production de la population n'est pas un nombre équivalent à sa destruction, elle n'est pas mesurée en dehors d'elle-même: elle n'est ni remplacement, ni reproduction. La mort n'est pas vue non plus comme soustraction de population, soustraction que l'on va vouloir nier comme c'est tardivement devenu le cas dans les sociétés occidentales. Elle n'est ni interdite (Ariès, 1975), ni cachée, ni refoulée dans la sphère du pur privé. Cette intelligence de la mort rend compte du fait que la production de la population n'est pas un besoin refoulé à son tour dans le domaine du privé.

La production de la population est un besoin social. Si elle pose la population comme nombre premier, nombre qui fixe lui-même ses coefficients multiplicateurs, besoin du plus grand nombre, le nombre n'est pas un besoin en tant que tel, il donne consistance sociale à ce qu'est, par exemple, une meilleure alimentation. Dès lors celle-ci n'est pas simple reproduction. Le bouleversement des modes alimentaires ne peut pas être considéré uniquement comme un facteur de dépendance. Il est aussi, on le verra plus loin avec nos enquêtes, une expression décalée de cette consistance sociale. Il en est de même pour l'instruction que, par ailleurs, son inadaptation contraint de voir aussi, à juste titre, comme une forme de déculturation. La production de la population est en même temps exigence d'une meilleure alimentation et d'une meilleure instruction. Les deux sont ainsi liés[2]. C'est la population qui affecte à ces exigences un caractère social. *Produire des enfants, c'est les produire mieux nourris et alphabétisés.*

Le rapport population/communauté

La production de la population implique aussi investissement de territoire et déterritorialisation. Produire la population, c'est remplir l'itinéraire communautaire de passage de la campagne à la ville, à la grande ville; c'est occuper la ville, y établir une communauté. Alors que dans le milieu rural chacun trouve sa place dans la communauté par la défense d'un territoire - défense assurée par une production déterminée de descendance articulée à la prestation du travail non payé (voir 2e partie, chapitre 3) -, dans l'occupation de la ville, la production de la population est établissement direct de communauté. Ce n'est pas en tant que propriétaire que l'on appartient à la ville; ce n'est pas en tant que non-propriétaire que l'on est "libre", totalement démuni, "rien" (Marx, 1867: 135). La production de la population est la négation sociale de ce rien, dans le même temps qu'elle est, en ville, négation de la propriété, à la limite, négation de l'investissement dans un territoire.

La ville du tiers monde est fondamentalement différente de la ville de la période pré-industrielle dans laquelle même la plèbe, pourtant tenue à l'écart des corporations, est jalouse de son territoire (Hobsbawm, 1959: 131). La ville du tiers monde est aussi fondamentalement différente de la ville de la révolution industrielle européenne ou du Nord-Est américain dans laquelle la croissance de la population a été interprétée en termes de prolifération, c'est-à-dire en termes de perte de maîtrise du rapport entre population et communauté.

En Algérie et au Mexique, la montée du taux de croissance naturelle des villes est provoquée par le fait que les migrants y arrivent jeunes: en moyenne à 28 ans en Algérie durant la période 1966-77. Cette croissance ne résulte pas d'une brusque désagrégation sociale imputable à une précipitation improvisée dans le monde urbain qui balayerait toutes les normes du milieu rural. Contrairement à ce qui s'est passé en Europe, l'"explosion" démographique part des campagnes. Ce phénomène se manifeste tant en

Algérie qu'au Mexique durant les années 20. Du début à la fin de cette décennie, le taux brut de natalité passe brusquement de 3.5 à 4.2% en Algérie (CICRED, 1974, tableau 3, 19) et de 3.2 à 4.9% au Mexique (SPP, 1979, b: 153). Ce gonflement subit de la population va permettre de remplir l'itinéraire communautaire de passage de la campagne à la ville. Population produite concomitamment selon les normes "territoriales" des campagnes et pour assurer cette chaîne vers les villes.

Dans les villes, la fécondité, quoiqu'élevée, n'est pas prolifération: l'âge moyen de la nuptialité augmente généralement de deux ans et l'arrivée des enfants est légèrement reculée. En Algérie, plus qu'au Mexique, le degré d'instruction a pour effet d'arrêter la fécondité après 40 ans mais elle est beaucoup plus concentrée, en particulier entre 25 et 29 ans (2.1 enfants en moyenne). Les femmes qui ont suivi des études primaires ont toutefois deux enfants de moins, en moyenne, que les femmes sans instruction: elles en ont 6.3 contre 8.6 (CICRED, 1974: 40). Les différences sont moins nettes au Mexique: 6.3 contre 7.3 (SPP, 1979, a: 149) mais l'instruction primaire des femmes n'y a pas le caractère exceptionnel qu'elle peut revêtir pour des femmes de certaines classes d'âge en Algérie (Tahon, 1979). Si l'on ne tient compte que des Mexicaines qui ont terminé des études primaires, elles deviennent mères plus tardivement que les Algériennes, mais elles procréent jusqu'à l'approche de la ménopause. Cette tendance correspond essentiellement à la structure générale des villes de plus de 20.000 habitants.

Le recul de la naissance du premier enfant traduit une légère baisse du taux de natalité mais celle-ci est atténuée par une plus forte concentration des naissances - phénomène de rattrapage observable en Algérie - ou par le prolongement de la période de fécondité. Une certaine maîtrise de la production de la population n'est donc pas incompatible avec son abondance. Ce qui, précisément, caractérise les deux pays étudiés par rapport à beaucoup d'autres.

Si une certaine maîtrise de la production de la population définit le mode de formation des communautés urbaines, cette maîtrise se caractérise aussi par sa massification: la proportion des personnes disposant de la possibilité sociale de produire des enfants augmente. Au Mexique, le taux d'accroissement de la nuptialité[3] présente une évolution remarquable: de 4.6% en 1900 et de 3.9% en 1922, il passe à 6.0% en 1930 (SPP, 1981: 140)[4]. Depuis lors, il n'a cessé d'augmenter pour atteindre près de 8% sans que l'on ne puisse attribuer cette augmentation à une baisse des unions consensuelles. La période 1922-1930 est particulièrement intéressante parce qu'elle coïncide avec un accroissement spectaculaire du taux de natalité. Des données comparables ne sont pas disponibles pour l'Algérie. On peut simplement relever que l'abaissement de l'âge au mariage de 20.0 à 18.3 ans de 1948 à 1966 puis sa remontée en 1977 à 20.9 ans (soit pratiquement au niveau de 1948) (*ASA*, 1981: 13) sont de trop près liés à des périodes politiques particulières pour être interprétés seulement en termes de prolifération.

Un mouvement historique

Comment expliquer ce besoin de produire tant d'enfants? Une nombreuse progéniture constituerait-elle, comme le pense Ariès (1971) à propos de l'Angleterre du XIXe siècle, un véritable capital pour les parents qui leur assurerait une excellente rentabilité? Il faudrait pour cela que soit généralisé le travail des enfants. Or, sans vouloir sous-estimer leur travail invisible dans les services et les petits ateliers, il faut constater que les statistiques officielles ne laissent aucunement entrevoir un travail massif des enfants, pas même des jeunes. La proportion des jeunes travailleurs et travailleuses de 20 ans et moins baisse dans les deux pays. En Algérie, elle passe de 11.5% des occupés totaux en 1966 à 8% en 1977 (RGPH, 1977, vol. III: 39). Au Mexique, où les statistiques portent sur la population active, les jeunes de moins de 20 ans en représentaient 19% en 1960, 17% en 1979 (SPP, 1982, vol. II: 32). Il faut noter que dans les deux pays le quart des femmes dites actives appartiennent à cette catégorie d'âge.

Il est difficile d'affirmer que ce soit le travail des enfants qui "excite l'essor de la population" (Ariès, 1971: 219). Il semble au contraire que la baisse du nombre de jeunes au travail suive l'élévation de l'âge au mariage, elle-même liée à l'élévation de l'instruction. Doit être pris en compte le changement de configuration de la société, nouvelle configuration qui se maintient même lorsque le taux commence à baisser. L'accélération brutale de l'augmentation de la population dans les pays du tiers monde est alors essentiellement due à une baisse de la mortalité (Bairoch, 1967: 19)[5]. Ce n'est pas le cas - autre anomalie - dans les deux pays étudiés. En Algérie, le taux général de mortalité ne commence significativement à baisser qu'après 1950 (il s'est maintenu à 3% durant la première moitié du siècle) alors que, on l'a vu, le taux de natalité augmente de plus de 0.7% de 1920 à 1930. Au Mexique, pendant cette même décennie, le taux général de mortalité se maintient autour de 2.5% tandis que le taux de natalité passe de 3.2 à 4.9% (CICRED, 1974: 19; SPP, 1979, b: 153). Mais ceci nous amène à constater qu'au début du siècle les taux de natalité, tant en Algérie qu'au Mexique, sont relativement bas - de 3.5 à 5.5% - si on les compare à ce qu'est censée être la norme d'une société agricole (Cipolla, 1965: 118).

En Algérie, le XIXe siècle est marqué par une résistance farouche à la colonisation. Armée jusqu'en 1871, elle prend par la suite une tournure plus passive, notamment dans le refus de la conscription dans les années 1910 comme en témoigne, par exemple, l'épisode de "l'exode de Tlemcen" (Nouschi, 1962, 21 et sv.), et plus généralement dans une résistance face à la médecine et à l'école du colonisateur (Turin, 1971). En 1926 est fondée l'*Etoile Nord-Africaine* que dirige rapidement Messali Hadj (Ageron, 1979: 349 et sv.). Le mouvement national prend son essor en même temps que grimpe le taux de natalité. Il se maintient à un niveau stable (autour de 4.2%) de 1930 à 1950 et regrimpe une nouvelle fois à la veille de l'insurrection armée. Il atteint 5.1% en 1953 et reste à ce niveau pendant vingt ans. En 1981, il est retombé à 4.3% . Comment ne pas établir une relation entre ces brusques changements de taux de natalité et les phénomènes de mobilisation sociale que suppose le développement du mouvement national?

Au Mexique, la période de la révolution ne semble être caractérisée par aucun accroissement du taux de natalité. Mais peut-on se fier à des chiffres d'état civil établis dans un tel contexte? En 1900 et en 1910, les taux sont bas: 3.6 et 3.2%. Au-delà de la pointe de 1930 (4.9), le taux se maintient de façon quasi constante autour de 4.4 jusqu'en 1975. Il est sans doute possible de voir une relation entre la hausse du taux de natalité et le développement des mouvements paysans (plus ou moins organisés), en particulier à partir de 1929, c'est-à-dire à partir de la déclaration de Calles supposée mettre fin à la réforme agraire et aussi du retour de centaines de milliers d'émigrés aux Etats-Unis.

Ces mouvements paysans vont déboucher sur un approfondissement de la réforme agraire (alors que 535.000 personnes avaient bénéficié de distribution de terres jusqu'en 1929, 1.100.000 en bénéficieront jusqu'en 1940, dont 776.000 durant la période de Cardenas) et sur une véritable paysannisation des prolétaires ruraux qui se traduit par une baisse de la proportion des salariés dans la population agricole. De 88% en 1910, les salariés passent à 50% en 1940, à 37% en 1950 et remontent à 48 puis à 54% en 1960 et en 1970 (Paré, 1977: 93). Ceci constitue une différence fondamentale entre le Mexique et l'Algérie.

Ce changement brutal n'est qu'un aspect du problème, l'autre est le mode nouveau d'organisation qui forme les communautés dans les villes. Il se matérialise en une structure d'âge où les classes les plus fécondes sont surreprésentées. Aussi, même si c'est dans les campagnes qu'augmente subitement le taux de fécondité, c'est dans les villes que cette augmentation produit tous ses effets. Elle les produit à travers le caractère immédiatement social que revêt l'expression des besoins. Moment entre deux situations où la production de la descendance est instrumentalisée dans son nombre. Elle est soit moyen de reproduire la propriété de la parcelle, soit ajustement aux besoins définis par ailleurs. Ce moment n'est pas nécessairement transitoire, il s'élargit pour constituer le cadre de formation du prolétariat.

Il n'est pas transitoire dans un double sens. Il n'est pas transitoire dans le sens que le besoin n'est pas élémentaire, il n'est pas simplement peu développé. On le considère comme élémentaire lorsque l'on voit la reproduction biologique comme un besoin "naturel" qui ne prendrait un caractère social que dans la mesure où il serait un moyen de satisfaire un autre besoin[6]. Cette conception naturaliste ne peut être dépassée qu'en adoptant une position historico-anthropologique pour fonder la distinction entre besoins physiques et besoins sociaux. Ce que fait Marx en posant que le besoin physique est le produit d'un type d'évolution de la société qui réduit "les besoins humains à des besoins humains certes de contenu social, mais toutefois de nature physico-biologique" (Marx, 1844: 102). Le second sens de transitoire revêt alors toute son importance. En effet, être réduit à n'avoir d'utilité sociale qu'en tant que producteur de descendance, tel est le sens étymologique de prolétaire. Le moment serait transitoire dans un sens très large, celui de la réduction à la condition de prolétaire. On ne retient pas ce second sens non plus.

La production de la descendance peut prendre des objectivations sociales diverses (Baslé, 1984). En Occident, elle prend la forme de la généalogie qui ordonne l'insaisissable de la transmission (Legendre, 1985). Toutefois, elle peut avoir un prix et, dès lors, les producteurs sont "exclus des possibilités subjectives de s'intégrer dans la filiation sociale" (Legendre, 1985: 192). C'est à cette objectivation-là que renvoie la notion occidentale de prolétariat. La production de la descendance peut cependant s'objectiver socialement sans que cette objectivation ne se fixe sur son prix ni non plus sur son inscription dans la généalogie; la consistance sociale de la production de la descendance procède de ses qualités - instruction, nutrition, santé - qui se manifestent dans le nombre. Le nombre n'a pourtant pas une valeur quantitative de telle sorte que le besoin du nombre se caractériserait par une tendance à croître à l'infini et, à la limite, qu'il serait remplacé par l'acte même de posséder (Heller, 1978: 77). *La production de la descendance s'objective dans la coïncidence de la production de l'objet et du besoin de l'objet.*

Cette coïncidence n'a rien de naturel, le débat sur l'instinct maternel en est une illustration (Badinter, 1980). Son caractère social est néanmoins particulier. Il n'y a pas d'une part un besoin d'instruction, de bonne nutrition ou de santé et d'autre part un besoin d'enfants. L'objet prend immédiatement ces qualités sociales. Sinon, le nombre - sa réduction - servirait d'instrument[7] à l'instruction ou à la santé. L'instruction et la santé sont dès lors des objectivations sociales par rapport à des individus séparés qui ne sont réunis qu'au terme de mécanismes complexes de division des activités. Ces objectivations sont, dans ce cas, le produit de faisceaux de disciplines sociales plus ou moins intériorisées. *Elles sont donc plus médiatisées*. Au contraire, la coïncidence entre production d'enfants et besoin d'enfants qui concerne tous les membres de la communauté familiale (le terme d'enfant ou même de descendant sont inappropriés) constitue l'aspect *immédiatement social* qui fonde ce type de communauté. Fonde-t-elle des communautés plus larges comme le laisse penser l'essor subit des taux de natalité au lendemain de la révolution mexicaine et en prélude au mouvement de libération national algérien? L'explication de cet essor relève partiellement de ce que Tönnies (1944) appelle la volonté *organique* par opposition à la volonté *réfléchie* qui ordonne les fins aux moyens. On assiste à une coïncidence de la production de l'objet et du besoin de l'objet.

Notes

[1] Voir par contre l'analyse pertinente de Mariategui (1968) sur l'esclavage et la dépopulation. Par un autre chemin, nous nous rapprochons des thèses que, dès 1943, exprimait Alfred Sauvy. Voir aussi Balandier (ed.) (1970: 275-282). Voir encore Gauvreau, Gregory, Kempeneers, Piché (1986).

[2] Si on compare le Brésil au Mexique, on y constate un maintien de la malnutrition et un développement plus lent de l'instruction, par exemple 42% des jeunes Brésiliens du groupe d'âge pertinent sont inscrits dans l'enseignement secondaire contre 55% des jeunes Mexicains (B.M., 1986). L'analphabétisme est encore le fait du tiers des Brésiliens (31.3); officiellement, il ne touche plus que 12.1% de la population mexicaine (B.I.D., 1985).

[3] Indicateur certes imparfait en raison des contingences variables d'enregistrement mais également de l'existence d'unions consensuelles (relativement peu nombreuses cependant).

[4] Notons que si le taux de fécondité des femmes a baissé pour la catégorie de 15-19 ans de 1930 à 1975, il a fortement augmenté pour celle de 20-24 ans ainsi que pour celle de 25 ans et plus. L'âge moyen des femmes au mariage était de 18.3 ans en 1976-77: 17.8 ans dans les campagnes et 19.3 ans dans les villes (SPP, 1979, a, 118). Relevons que cet âge s'est élevé dans les villes de 18.9 à 19.6 ans entre 1955 et 1970 et que, par contre, pour les femmes dans le secteur agricole, il a baissé de 18.0 à 16.8 ans entre 1950 et 1970.

[5] En 1920, selon Bairoch, on entre dans une seconde phase de l'évolution démographique: baisse de la mortalité (due aux techniques médicales) et natalité sans changement notoire.

[6] La critique de cette conception naturaliste, il est vrai parfois imputée à Marx, est très bien formulée par Caillé (1983), lorsqu'il écrit: "Le premier fait de l'histoire humaine n'est pas que l'homme doit d'abord satisfaire ses besoins et pour cela produire. Non, le premier fait de l'histoire humaine, c'est que l'homme mange de toutes façons, sans quoi il n'existerait pas et la question de l'Histoire ne se poserait absolument pas. Mais cette nourriture, il la doit à d'autres que lui-même. Le premier fait strictement empirique de l'histoire humaine c'est donc que l'homme naît endetté... Le vrai problème (...) étant, bien sûr, de savoir vis-à-vis de qui au juste est contractée la dette et comment, en quelle monnaie la rembourser... Les besoins ne sont jamais donnés parce que l'homme lui-même ne l'est pas. Ou alors, ils le sont... mais par d'autres que le sujet qui les éprouve. Le sujet individuel est toujours donné et c'est bien pour cela qu'il est toujours débiteur."

[7] Voir à ce sujet les explications démographiques qui construisent une sorte d'*homo demograficus* (Singer, 1974; Guzmán, 1982).

Chapitre 3

Villes/campagnes
Le présupposé de la division du travail

Le caractère immédiatement social de ce besoin qui s'exprime dans le nombre et qui force à la multiplication plutôt qu'à la division est généralement rejeté de l'analyse. En particulier dans l'étude de l'exode rural. L'exode est présenté comme un facteur de dépérissement de l'agriculture, comme un facteur de dépendance alimentaire (Sid Ahmed, 1983; Bedrani, Bourenane, Molina, s.d.). Cette conception repose sur un concept: l'équilibre alimentaire entre les villes et les campagnes. Cet équilibre, il faut le questionner en relevant le caractère directement social du besoin traduit dans un nombre de population. Cela permet de spécifier certaines différences importantes entre l'Algérie et le Mexique.

L'affirmation du nombre

Le début de l'histoire contemporaine de ces deux pays est marqué par le nombre réduit de propriétaires dans les campagnes. En Algérie, en 1901, 45% de la population agricole est non propriétaire. Depuis, le nombre absolu de propriétaires ne cesse de décroître. Au Mexique, on vient de le voir à propos des salariés agricoles, la situation est, au début du siècle, encore plus accusée, elle se rééquilibre toutefois avec la réforme agraire. Depuis 1931, la production agricole stagne en Algérie tandis qu'elle prend son essor au Mexique.

La différence apparaît principalement au niveau de l'extension des terres cultivées. Au moment de la grande crise qui coïncide avec les "fêtes du centenaire", on arrive en Algérie au terme du processus de colonisation des terres et de la salarisation rurale. A la même époque, la mise en valeur de nouvelles terres ne fait que commencer au Mexique, elle implique la construction de barrages et la réalisation de grands travaux d'infrastructure et de communication.

En Algérie, la production de la population peut être perçue comme la réponse à l'incapacité de la colonisation agraire de s'imposer. En 1866, la moitié des Européens résident dans les campagnes, en 1930, le quart de la population européenne seulement y demeure encore (Henni, 1982). "C'était la fin du rêve colonial" (Ageron, 1979: 476)[1]. En 1886, le rapport de la population européenne à la population algérienne dans les campagnes est de 1 à 15, il baisse de 1 à 25 en 1931 et de 1 à 30 en 1948. Dès 1914 commence, par ailleurs, l'immigration des Algériens vers la France. De 1914 à 1918, près de 120.000 hommes, combattants et travailleurs, ont quitté l'Algérie; de 1920 à 1924, ils sont 213.000 dont 156.000 reviennent (CICRED, 1974: 87). Contrairement à ce qui se dit généralement (Benachenhou, 1976: 327), on n'assiste pas pour autant à un exode massif vers les villes: la population algérienne urbaine passe de 9.3 à 15.4% entre 1921 et 1948. Au lendemain de la première guerre mondiale, la population algérienne est, en fait, constituée face à une situation à laquelle elle s'est déjà trouvée à plusieurs reprises (1868, 1888, 1906, 1909) depuis l'occupation française (1830): la menace de la famine. Sur les huit années qui séparent 1916 de 1923, cinq sont marquées par des disettes et des famines (Ageron, 1979: 295). Aux yeux de nombreux Algériens ayant séjourné en Europe et des lettrés musulmans imbus des valeurs de progrès, cette situation discrédite définitivement le pouvoir colonial. Elle a de plus pour effet de placer de nombreux habitants des communes mixtes dans une relation d'assistés.

Avant d'être un rapport avec un autre nombre - celui de la population française que l'on grossit en imposant pratiquement (loi de 1889) la naturalisation aux nombreux Espagnols et aux Italiens[2] -, la production de la population est d'abord affirmation du nombre premier: non négociable avec la famine. Un journaliste clairvoyant écrivait le 21 mars 1930: "le nombre - mot terrible, obsédant - dont tôt ou tard nous subirons la loi" (cité par Ageron,1979: 475). Dans les rapports ville/campagne, cette affirmation du nombre est essentiellement rurale: méfiance vis-à-vis de la ville que reprendront les thèses fanoniennes sur l'opportunisme du prolétariat urbain[3].

La production de la population comme potentiel de richesse pour les habitants des villes principalement occupées par les étrangers est secondaire par rapport à l'affirmation comme nombre. Du reste, la vigne, qui depuis 1900 couvre plus d'hectares que les céréales et qui connaît une expansion continue jusqu'à la veille de la seconde guerre mondiale tandis que, on le sait, la religion musulmane prohibe l'usage du vin, matérialise bien le caractère factice de cette richesse. Celle-ci n'en est d'ailleurs plus une pour les Français alors qu'antérieurement les exportations en provenance d'Algérie nourrissaient une partie des métropolitains. En effet, les céréales comptaient pour 30% des exportations en 1855, elles n'en représentent plus que 10% à partir de 1915 et 0.25% en 1947. "La France, selon une idée reçue, aurait occupé l'Algérie pour une question de blé. On pourrait dire que le peuple algérien met fin à son occupation pour la même question" (Henni, 1982: 181). La population se produit dès lors comme pure richesse: elle n'est inféodée ni à une production - des bras pour produire du blé - ni à une propriété qui, lors des famines, s'est avérée un moyen de défense dramatiquement précaire[4] .

L'urbanisation de l'Algérie est un phénomène essentiellement lié à la guerre: politique répressive des camps de regroupement d'une part, occupation des logements des 700.000 Européens urbains au lendemain de l'indépendance, d'autre part. Le taux d'urbanisation passe de 16.5% en 1954 à 33% en 1966. Dans l'exode rural, la population se présente comme nouvelle affirmation du nombre qui impose ses coefficients multiplicatifs. Elle les impose en dehors de tout principe de division du travail. Les rapports sociaux alimentaires ne se définissent pas, en Algérie, par un échange, même inégal, entre la campagne et la ville qui déterminerait une obligation d'accroissement de la production agricole en fonction de la croissance de la population urbaine. Ceci n'empêche pas une abondante littérature de se lamenter sur un exode rural qui n'a pourtant rien de spectaculaire si on le compare à celui qui se déploie dans d'autres pays, non seulement au Mexique mais aussi, par exemple, en Iran ou en Irak. Cette littérature abondante épingle l'échec de la "révolution agraire" et souligne la catastrophique dépendance alimentaire assimilée à une chute dramatique de la production agricole (notamment Badillo, 1980).

Expliquer cet échec en insistant sur la mauvaise allocation intersectorielle des ressources qui fait de l'agriculture le parent pauvre de tous les plans de développement s'inscrit dans une vision en termes de division du travail. Cette explication est partiellement remise en cause par Karsenty (1977) qui relève "la relative incapacité de l'agriculture à consommer les crédits courants" et par Mutin qui, en 1980, écrit: "c'est moins la dotation des investissements agricoles qui est à mettre en cause que les distorsions et concurrences de tous ordres qui se sont développés aux dépens du monde rural" (Mutin, 1980: 63). Remise en cause que Hélène Delorme (1981: 6) formule ainsi: "le déficit alimentaire apparaît comme un des leviers privilégiés que la rente pétrolière a permis à l'Etat d'utiliser pour faire coïncider le projet de développement avec son propre renforcement."

Il est sans doute excessif de caractériser le fonctionnement de l'Etat par son rôle de pourvoyeur, ce qui expliquerait le manque de motivation des paysans à produire (Burgat, 1982) ou de le réduire à un Etat "baïlek", c'est-à-dire "celui qui n'appartient à personne et qu'il convient de «voler» suivant la clientèle auquel le citoyen a la chance d'appartenir" (Gourdon, 1979: 117). Cette formulation de Delorme a au moins l'intérêt de sortir les rapports villes/campagnes de l'ornière de la division du travail.

L'investissement du territoire

L'Etat moderne mexicain se constitue sur la base de la production de la population et de ses coefficients multiplicatifs. Il le fait en multipliant ce qui est apparemment le moins multipliable: la terre[5]. Si 1940 sert de base indiciaire, les hectares cultivés s'élèvent à l'indice 145 en 1950, 205 en 1960, 254 en 1970 et 285 en 1980. En valeur constante, la production s'est multipliée par 6 (indice 689) durant la période 1940-80 et la population par 2.5 (indice 243). L'extension de ces terres a été rendue possible par de vastes travaux d'irrigation surtout concentrés au Nord-Ouest (Basse Californie, Sonora, Sinaloa) mais également au Centre (Michoacán et Tamaulipas). Ces opérations étaient largement aux mains de grandes entreprises commerciales, surtout à partir de 1940. On a pu parler de détournement de la réforme agraire, de néo-latifundisme (Gutelman, 1971). On assiste aussi à une redistribution de terres, généralement non exploitées auparavant, dans les régions du Centre (México, Michoacán, Puebla) et du Sud (Oaxaca, Veracruz), tandis que de nouvelles terres sont ouvertes grâce au déboisement dans le Sud-Est (notamment Chiapas).

Ces cinquante dernières années, les Mexicains connurent deux grandes mobilisations: dans les campagnes puis dans les villes. Nulle part ailleurs, la réforme agraire n'aura aussi profondément changé les rapports sociaux. Pendant trente ans, de nouveaux producteurs se sont organisés pour occuper des terres. Moins d'un demi-million en 1910, ils sont plus d'un million en 1930. Le mouvement s'accélère alors puisqu'ils sont près de deux millions et demi en 1940 et deux millions trois quarts en 1950 (Stavenhagen, 1971: 29). A partir de 1940, celui-ci s'enchaîne à un autre mouvement: l'occupation des villes. Jusqu'alors leur croissance avait été modérée: moins d'un million entre 1920 et 1940. De 1940 à 1950, un million et demi de personnes actives viennent grossir les villes, elles sont quatre millions de 1950 à 1970. Enfin, de 1970 à 1980, la population active urbaine mexicaine passe de 7.5 à près de 16 millions.

Ce qui a été pris pour une division du travail entre campagnes et villes apparaît en fait comme l'investissement successif de deux territoires. Et dans ce phénomène, le mouvement, plus que le territoire, importe, c'est lui qui donne sa signification à la production de population. Mais, ici, contrairement à ce qui se passe en Algérie, produire la population consiste bien à remplir l'itinéraire communautaire de passage de la campagne à la ville. Cet itinéraire va fournir un encadrement de la rente agricole, on le verra. Cet itinéraire étant parcouru, s'estompe ce qui apparaissait comme une livraison d'aliments des campagnes à la ville - mais qui est en fait transfert d'excédent ou plutôt d'une contre-valeur, on le verra aussi - et devient visible le recours aux importations.

Il y a mouvement d'abord dans les campagnes. Le statut juridique de l'*ejido*, qui ne peut être vendu, enlève à la parcelle son caractère de territoire par rapport auquel s'instrumentalise la production de descendance. Sans doute, pour certains, ne fait-il qu'exacerber le désir d'être chefs d'exploitation privée. Entre 1930 et 1940, la croissance symétrique entre nombre d'*ejidatarios* et chefs d'exploitation privée est remarquable mais ceux-ci vont moins bien résister à la polarisation ultérieure et grossir en 1960 le contingent de salariés agricoles qui double à nouveau en passant de 1.389.000 à 3.273.000 en vingt ans.

Le mouvement qui conduit la population urbaine à croître de plus en plus (Vizgunova, 1978, 84; Alba Hernández, 1976: 62) ne résulte pas d'une simple expulsion des campagnes. Il consiste en un remodelage régional par rapport à l'espace. La concentration dans les aires métropolitaines de Guadalajara, Monterrey et, bien sûr, México (Muñoz, Oliveira, Stern, 1983: 21) se fait en contrepoint des mouvements transversaux de l'Ouest vers le Nord-Ouest, du Sud vers la région du Golfe et surtout de l'intérieur de celui-ci, avec le boom pétrolier, vers le Sud-Est (Corten, 1986, d). Le phénomène le plus remarquable est sans conteste la concentration autour de Mexico qui en ferait la deuxième ville la plus peuplée du monde[6] et la première des pays du Sud.

La mégalopole se constitue dans un premier temps à partir des migrants d'origine urbaine, dans un second temps à partir des migrants de régions rurales plus éloignées (Muñoz, Oliveira, Stern, 1983: 30). Dans cette constitution, aucune logique de grossissement - du bourg à la ville, de la ville à la métropole - n'est à l'oeuvre. Le marché des biens et l'échange entre produits agricoles et manufacturés ne règlent pas la division du travail et n'assignent pas à chacun sa place. En l'absence d'une régulation du flux des personnes et des marchandises surgit un entassement, un rapport dément à l'espace. L'entassement manifeste son caractère dément à travers le transport qui occupe de plus en plus de temps, qui mesure le temps selon un rythme rebelle à la mécanique de l'horloge, à la mécanique de la machine et de l'ordre productif. Cette masse critique (Virillo, 1984: 156), près d'imploser, ne peut cependant pas seulement être repérée comme un jalon dans le processus d'éviction de l'espace par le temps à travers l'instantanéité informatique, elle est aussi l'affirmation de la population comme nombre premier.

Le nombre exprime une sorte de socialisation immédiate et aveugle; s'il défie effectivement l'organisation de l'espace, il le fait en imposant le temps d'une périphérie infinie, c'est-à-dire d'une multitude qui n'est pas réunie dans ou par rapport à un centre. Contemporaine de l'instantanéité informatique, il ne se confond pas avec elle car il a son principe propre d'existence. Il se trouve dans la production de la population d'autant plus "explosive" que les migrants sont jeunes et minimalement instruits, ils sont capables de contrôler les facteurs de mortalité mais ils ne sont pas encore engagés dans une dynamique d'instrumentalisation de la fécondité[7]. Il se trouve plus fondamentalement dans la violence ludique qui habite et fait la mégalopole et dont la production "explosive" de population est une expression.

Le nombre de la mégalopole se distingue du nombre des masses rassemblées dans les forteresses ouvrières et les manifestations de rue. Il se distingue aussi du nombre des vagabonds qui troublent l'ordre, parce que non classés, et que l'on tente d'enfermer (Dagognet, 1984). Dans la mégalopole, la violence du nombre, c'est sa prodigalité; c'est la dévalorisation, au moins symbolique, du monde des objets que la prodigalité implique. Dans cette prodigalité, le mimétisme qui constitue la forme première du désir est dépassé ou, pour reprendre la conception girardienne, posé comme sacré (Girard, 1972). Le sacrifice collectif qu'elle appelle, qui s'actualise dans les guerres dévoreuses d'hommes comme celle qui actuellement bouleverse et fonde à la fois l'Iran et l'Irak, est conjuré par le jeu.

Jeu qui dans les stades et dans les rues met en scène le nombre comme présence nue. Dans cette situation, le vandalisme n'est pas d'abord l'effet du rassemblement - de la foule -, il est au contraire l'expression, dans la vie de tous les jours, du fait que chaque individu appartient au nombre. Ce vandalisme, qui marque si lourdement le regard de l'homme du Nord sur des villes comme Alger et Mexico, indique une forme de circulation des objets surbordonnée au nombre. Dans cette forme de circulation se définissent des objectivations sociales qui constituent la population indépendamment du rassemblement, contrairement à ce qui se passe ou de l'image que l'on se fait de la formation du prolétariat classique; le rassemblement, dans ce cas, est le lieu où se formule la demande pour des objets posés dans un circuit fermé de marchandises. En revanche, la ville, dans les sociétés étudiées, porte cet aspect d'immédiateté du besoin social et élargit le champ où s'objective la production de la descendance.

Notes

1 Ageron poursuit: "L'histoire de l'Algérie ne pourrait plus reposer, comme on l'avait cru depuis un siècle, sur l'enracinement d'une population paysanne européenne toujours plus nombreuse".

2 "Rétrospectivement, on a pu estimer que la loi de 1889 avait créé 160.000 à 170.000 citoyens français en trente ans", Ageron, 1979: 120. En 1898, on estimait déjà que sur 384.000 Français, 140.000 étaient nés en Algérie, 135.000 étaient venus de France et 109.000 étaient naturalisés.

[3] Voir l'analyse que propose Jean Leca (1983) de l'évolution de l'image de ces rapports.

[4] Moyenne de superficie = 4 HA.

[5] Selon R. Stavenhagen (1971: 28), les terres de labour passent entre 1930 et 1960 de 14.5 à 23.8 millions d'HA, cette augmentation se produit surtout entre 1940 et 1960. Les terres irriguées augmentent de 100% entre 1930 et 1960, passant de 1.7 à 3.4 millions d'HA, cette augmentation-ci survient surtout entre 1950 et 1960. Le nombre d'hectares de labour par personne occupée dans l'agriculture ne varie pas: il est de 0.4 HA en 1930, 3.9 en 1940, 4.3 en 1950, 3.9 en 1960.

[6] Les estimations restent imprécises si l'on prend les sources des Nations Unies, *Annuaire Démographique*, 1983. Les données fournies sont les suivantes: New York (1980): 16.1 millions; Tokyo (1980): 11.7; Los Angeles (1980): 11.5; Mexico (1979): 14.8; Shanghaï (1970): 10.8; Calcutta (1981): 9.2: Seoul (1980): 8.4; Pekin (1970): 7.6; Sao Paulo (1980): 7.0.

[7] Selon les estimations relatives à la période 1960-70, l'accroissement naturel de la population de la capitale, qui représente 48% de l'accroissement total, est dû pour 52% à la descendance des générations antérieures d'immigrants; l'apport direct et indirect de l'immigration représente 70% de son expansion démographique (Muñoz, Oliveira, Stern, 1983: 22).

Chapitre 4

Un fonds des salaires

L'Algérie et le Mexique ont connu une croissance économique et industrielle beaucoup plus rapide que la croissance de la population. Cet écart substantiel permet de ranger ces deux pays dans la catégorie des Nouveaux Pays Industriels. Mais, contrairement à d'autres pays qui font également partie de cette catégorie comme le Brésil ou la Corée du Sud, la croissance de la production matérielle n'entraîne pas une chute du taux d'accroissement de la population[1]. C'est l'"anomalie" relevée, notamment, par les analystes de la Banque Mondiale. La stabilité des revenus réels des couches de salariés subalternes (au moins jusqu'à la crise au Mexique) constitue une autre différence. Cette stabilité qui reflète la solvabilité politique de la demande alimentaire distingue nettement l'Algérie et le Mexique du Brésil considéré comme exemple du fordisme périphérique, d'une part, et, d'autre part des pays du fordisme central[2]. Ceci n'est évidemment pas sans rapport avec l'"anomalie" observée.

Un revenu fixe

L'augmentation bien plus rapide de la production des biens que de la production de la population est incontestable tant en Algérie qu'au Mexique. En Algérie, elle est certes assez lente entre 1960 et 1970. Le PIB per capita augmente annuellement de 1.9% en moyenne, mais, de 1970 à 1982, il croît de 3.5% par an. Au Mexique, il augmente respectivement de 4.3 et 3.4%. Dans les pays industrialisés à économie de marché, les augmentations sont de 4.0 et 2.1%. Les taux sont encore plus remarquables quand ils concernent le secteur manufacturier: Algérie, hausse de 5.4 et 7.8%, Mexique, de 6.8 et 3.8%, pays industrialisés, 4.8 et 1.7% (B.M., 1984).

Une autre différence, majeure, avec les pays industrialisés, doit être prise en compte. Aussi bien en Algérie qu'au Mexique, durant la dernière décennie, la hausse annuelle des salaires est inférieure à 1% (au Mexique, elle était de 2.5% entre 1960 et 1970) alors qu'en France, par exemple, le salaire réel augmente annuellement de 4.6% entre 1960 et 1973 et de 4% de 1973 à 1980 (Aglietta, Brender, 1984: 86). Cette différence est majeure en ce qu'elle distingue ces pays des pays où le fordisme s'est imposé, des pays de sociétés salariales. Sans doute la majorité de la population active est-elle salariée en Algérie comme au Mexique mais le salaire y fonctionne comme revenu et non comme capital.

Le salaire y apparaît comme un revenu fixe indépendant du travail et de la productivité. Au niveau global, il apparaît comme un fonds. Les économistes classiques voyaient le fonds des salaires[3] sous la forme d'un stock de blé ou de biens de subsistance; ce stock, selon certains, devait être partagé, divisé; il réglait la taille de la population. Le terme de stock désigne bien l'extériorité par rapport à la population. Mais ce stock, tout en étant alimentaire, n'est pas d'abord un stock physiquement constitué, il est la capacité sociale de préserver une part de la production sociale.

L'extériorité ne résulte pas de ce que les patrons feraient une avance par rapport à un travail dont la valeur ne s'est pas encore réalisée, comme le pensaient les classiques. Cette hypothèse de l'avance, bien que critiquée par Marx, renvoie à deux phénomènes bien précis. D'abord, à la virtualité que les objets se dressent face à la population. Sur cette virtualité repose la structuration de l'Etat nourricier, nous y reviendrons. Cette virtualité menace continuellement la production de population comme besoin immédiatement social, elle fait dès lors de la prolétarisation l'autre face de la structuration de l'Etat. Cette hypothèse renvoie ensuite aux revenus qui n'auraient pas de contrepartie exacte en termes de travail valorisé en capital. Ce second phénomène s'éclaire dans l'analyse de la rente et de la population qui est faite dans la partie suivante.

Il faut dès maintenant relever cependant la relation entre ce phénomène de revenus sans contrepartie exacte et le gonflement du nombre de personnes occupées, tel qu'observé au moins durant la dernière décennie dans les deux pays, qui se traduit par une baisse ou, au moins, une stagnation de la productivité alors que l'accumulation du capital fixe n'a pas cessé de croître. Il faut aussi relever la transformation de la notion même de salaire familial dès lors qu'il y a plus d'un apport par famille. Cela nous amène à parler de fonds familial des salaires, encore que ce fonds familial ne soit généralement pas marqué par l'extériorité. La part décroissante de la masse salariale populaire va caractériser la place d'autres groupes sociaux dans les processus de formation de classes. Cette caractérisation est très différente en Algérie et au Mexique.

La part décroissante de la masse salariale

Le caractère fixe du fonds se présente face à la production: le fonds ne dépend pas de la production. De même; au niveau de la famille, il n'est pas un multiple du nombre d'apports. Par contre, il ne règle pas la taille de la population, il varie avec elle, il varie même avec la population active. Le fonds des salaires, ainsi défini, représente une part décroissante de la masse salariale.

En Algérie, la part décroissante de la masse salariale est directement visible dans les statistiques globales sur les rémunérations des salariés. Représentant 34.9% du PIB en 1967 (*Comptes économiques*, 1980: 20-21), cette masse salariale n'en représente plus que 28.3% en 1980 (*ASA*, 1981: 385). Cette baisse suit celle de la consommation individuelle des ménages qui passe de 68.3 à 47.1% du PIB entre ces deux dates et elle résulte de la hausse de la formation brutale du capital fixe qui de 23.3% devient 38.7%. Le fonctionnement du fonds des salaires en tant que grandeur déterminée par le nombre de la population rend ainsi compte de la place occupée par une couche de technocrates qui immobilise une partie des revenus dans un modèle supertechnologiste dans lequel le stock de machines ne fonctionne, pas plus que les salaires, comme capital (Palloix, 1980).

Au Mexique, la part des rémunérations salariées croît. Elle représente 31.0% du PIB en 1960, 35.0% en 1970, 36.0% en 1980 (Soria Murillo, 1983: 53). Cette augmentation peut être imputée à la salarisation et à la croissance des couches moyennes. En 1960, les salariés, c'est-à-dire les deux tiers de la population active, ont des revenus qui ne représentent que 40.7% de la demande finale des ménages. En 1970, les salariés, proportionnellement aussi importants, ont des revenus qui correspondent à 48.6% de la demande finale. En 1980, à 58.2% (SPP, 1983: 345). En procédant à une rectification qui consiste à retrancher de l'ensemble des salariés les professionnels et les cadres supérieurs (la proportion de ces derniers dans la population active passe de 4.4% en 1960 à 10.3% en 1979), on peut estimer grossièrement[4] que la population salariée populaire représentait 60% de la population active et touchait 25% des revenus totaux en 1960. En 1970 comme en 1979, cette population représentait environ 54% de la population active et elle touchait 20% des revenus.

Le fonctionnement du fonds des salaires accorde donc une place importante aux couches moyennes. Celles-ci constituent, si aux appointés on ajoute la petite-bourgeoisie traditionnelle, un marché couvrant environ la moitié de la demande finale des ménages. Ce marché, auquel participent aussi certaines couches privilégiées d'ouvriers des entreprises d'Etat, des entreprises multinationales et d'employés subalternes de l'administration - elles touchent en moyenne deux fois le salaire minimum et représentent le quart des salariés autres que les professionnels et les cadres supérieurs -, donne au Mexique une allure de société de fordisme périphérique dans la mesure où il s'agit d'un marché de biens durables et d'un marché assez large en raison même de la taille du pays. On peut le chiffrer à une vingtaine de millions de personnes.

Production de la population et reproduction de la force de travail

De la même façon que la constitution d'un stock de machines n'équivaut pas en Algérie à un processus d'accumulation de capital, au Mexique, le marché de couches moyennes, qui ouvre effectivement des débouchés à une production manufacturière en expansion, ne constitue pas un cadre de développement d'une société salariale au sens strict (Boyer, 1981; Aglietta, Brender, 1984). Y font défaut des mécanismes de généralisation des processus de reproduction de la force de travail[5]. Les couches moyennes, auxquelles sont adossées ou qui s'adossent à certaines couches privilégiées d'ouvriers, servent objectivement de dispositifs de stabilisation du fonds des salaires. Ce sont les conditions de constitution de ce fonds - à la fois comme extériorité et comme expression de la population - qui déterminent le cadre de formation des classes et en l'occurence, si le concept doit être retenu, celui du prolétariat.

En Algérie, on accumule des machines. Au Mexique, on consomme, dans les couches moyennes, des biens multipliables. Cela devient aussi le cas en Algérie. Ni cette accumulation, ni ce mode de réalisation des marchandises (apparenté à ce que l'on appelle le fordisme périphérique) ne constituent des facteurs de *régulation* de la société. Ils permettent de distraire à chaque cycle tout ce qui pourrait perturber le fonctionnement du modèle de reproduction simple que constitue le fonds des salaires. Et ce sont ces rapports que représente ce fonds - les rapports de production de la population - qui règlent en définitive l'accumulation comme le mode de réalisation.

Parler de production de la population plutôt que de reproduction de la force de travail n'est pas une formulation plus générale - et à la limite plus pauvre - pour désigner la même chose. La reproduction de la force de travail suppose qu'un excédent soit non seulement tiré de l'usage de la force de travail mais qu'il puisse être réinjecté pour rendre cet usage plus homogène et plus productif d'excédent. L'excédent retrouve spontanément sa place - une fois "réalisé" - dans le lieu qui l'a produit. La reproduction de la force de travail dans son aspect le plus fondamental n'est donc pas simplement un mode de production de biens de consommation nécessaire à la survie des travailleurs dans des modalités historiquement et moralement déterminées, elle est le circuit incessant de transformation du travail mort en travail vivant et la transformation de marchandises en argent fondée sur une dépense totalement interchangeable d'énergie humaine. C'est l'uniformisation, notamment par la machine, du temps de travail qui constitue le circuit capitaliste: dépense de travail, réalisation de la marchandise en argent, accumulation.

La production de la population fait apparaître un excédent mais elle ne l'engendre pas. On verra dans la 2e partie, au terme d'une analyse des cycles de la *rente*, que cet excédent est l'équivalent, la contre-valeur, d'une dégradation des ressources naturelles induite par un système mondial de multiplication indéfinie d'objets. Dans la mesure où cet excédent n'est pas tiré de la production de la population, il ne peut y être réinséré. Cela supposerait d'ailleurs que la population fonctionne comme simple multiple. Il ne peut être réinséré, il doit donc en être soustrait, en être distrait.

Sans doute, tout comme la force de travail, la population doit-elle être "reproduite", si l'on veut utiliser ce mot. Mais dans le cas de l'analyse en termes de force de travail, cette reproduction se fait dans le circuit de transformation des valeurs, elle se confond avec lui et s'identifie, du moins en principe[6], avec les mécanismes centraux de reproduction de la société, alors que dans le cas de l'analyse en termes de production de la population, la reproduction peut se détacher du système des besoins et former une demande constituante de l'Etat.

Dans le premier cas, il n'y a pas de raison de parler de *fonds des salaires* et la notion est effectivement devenue désuète; dans le second cas, dans le même temps que la population elle-même détermine la grandeur première, elle peut, à travers les processus de prolétarisation, se poser comme extérieure à elle-même dans un *fonds* destiné à la "reproduire".

Dans la production matérielle des biens de ce fonds interviennent des processus homogénéisés de production et s'y dépensent des énergies humaines mais les uns et les autres fonctionnent comme segments, c'est-à-dire qu'ils ne se généralisent pas dans une norme uniforme. Le milieu urbain, dans son caractère "dément" d'entassement et sa loi du transport comme mesure du temps, absorbe à sa manière ces segments, de même que, dans chaque famille, chacun a un "emploi" pour tirer un revenu sans entrer dans le savoir d'un travailleur collectif (voir 3e partie, chapitre 3). Mais la diversité des statuts des salariés est-elle incompatible avec l'émergence d'un *rapport salarial* dominant? Non, répondent les théoriciens de la régulation (Boyer, 1981). Selon eux, ceux-ci sont précisément articulés dans un schéma d'accumulation, c'est-à-dire dans une forme de régulation d'ensemble. Or, la caractéristique des sociétés étudiées consiste en ce que le schéma d'accumulation et de réalisation a été distrait des formes de régulation d'ensemble[7] et en ce que la régulation s'y fonde en partie sur cette soustraction. L'étude de la rente et de ses cycles nous engage maintenant dans un approfondissement de cette question.

Notes

[1] Taux annuel moyen d'accroissement de la population 1970-82: Algérie, 3.1; Mexique, 3.0; Brésil, 2.4; Corée du Sud, 1.7; Singapour, 1.5; Hong Kong, 2.4. (B.M., 1984).

[2] Lipietz (1985: 74) définit le fordisme périphérique de la manière suivante: "Il s'agit d'un authentique fordisme, avec une véritable mécanisation, et un couplage de l'accumulation intensive et de la croissance des débouchés du côté des biens de consommation durables. Mais il reste périphérique en ce sens, tout d'abord, que dans les circuits mondiaux des branches productives, les postes de travail et les productions correspondant aux niveaux de la fabrication qualifiée et surtout de l'ingénierie restent largement extérieurs à ces pays. D'autre part, les débouchés correspondent à une combinaison spécifique de la consommation des classes moyennes modernes locales, avec un accès partiel des ouvriers du secteur fordiste aux biens d'équipement des ménages, et des exportations vers le centre de ces mêmes produits manufacturés à bas prix. Ainsi, la croissance de la demande sociale (qui est une demande sociale *mondiale*), pour les biens durables des ménages notamment, est certes anticipée, mais elle n'est pas institutionnellement régulée sur une base nationale en fonction des gains de productivité des branches fordistes *locales*."

[3] Cette conception que l'on retrouve chez la plupart des économistes classiques a surtout été développée par J.S. Mill dans *Principles* (1848) et J.R. Mc Cullock dans *Essay on Wages* (1826).

[4] L'estimation est basée sur le fait que les professionnels et cadres supérieurs touchent 3 fois le salaire populaire urbain et 6 fois le salaire populaire rural. Ceci est globalement vérifié par les enquêtes de distribution de revenus. Une rectification de même type fournirait pour l'Algérie les chiffres suivants: en 1966-67, les 57% de salariés (non cadres ni techniciens) touchaient 29% des revenus, en 1977-80, les 64% de salariés subalternes toucheraient 22% des revenus. Notons qu'en Algérie, les rémunérations salariales, sous l'effet de la consommation des couches moyennes salariées, correspondent à une part croissante de la demande finale des ménages: 51.1% en 1967, 60% en 1980.

[5] Ce point qui est explicité imédiatement et développé au niveau des processus de prolétarisation dans la 3e partie est traité dans Corten, 1986, b.

[6] Toute la problématique sur le travail domestique explore justement ce caractère tronqué de l'identification. Voir, notamment, Dallacosta, James, 1973.

[7] Simple différence d'approche du modèle excluant du fordisme périphérique dans laquelle le regard serait braqué sur les exclus? Non et cela marque certainement une différence considérable avec le Brésil du "miracle économique" et des militaires. Il n'en est pas de même pour le Mexique ni pour l'Algérie et ce sont sur ces différences de fait que repose aussi la différence d'approche. Au Brésil, les deux quintiles moyens pauvres de la population voient leur part de revenus réduite de façon drastique de 19 à 14% entre 1960 et 1972. Au Mexique, elle se maintient au contraire à 18-19% de 1963 à 1977 (Lambert, 1984, 251 et B.M., 1984). Ces différences justifient l'attention accordée dans notre étude sur cette moitié de la population placée entre les 20% les plus pauvres et les 30% les plus riches, attention qui se détourne aussi des phénomènes de polarisation. Mais il n'y va pas seulement de ces différences de fait. Dans le cas du Brésil, la preuve de l'accumulation intensive - qui fonde la thèse du fordisme périphérique - n'est pas faite. L'accroissement de la productivité par travailleur est faible: de 2% entre 1960 et 1970 et de 1% entre 1970 et 1980.

PARTIE II

POPULATION ET RENTE

INTRODUCTION

La production de la population n'est pas naturelle. A l'heure de la biotechnologie, c'est patent. Encore que les questions soulevées le sont dans une médiation abstraite, et jusqu'à présent largement imaginaire, entre l'individu et la technologie. D'un point de vue macroscopique, le caractère social de la production de la population a été relevé depuis longtemps et identifié dans la littérature spécialisée par le terme de surpopulation. Pour bien souligner ce caractère social, on parle de surpopulation *relative*. Il n'y a pas surpopulation en soi, elle est relative à un certain mode d'organisation sociale, elle l'est par rapport à quelque chose de nécessaire à ce mode: à la force de travail consommée par le capital[1]. La boucle est bouclée lorsque l'on parle du caractère également nécessaire de la surpopulation sous la forme d'une armée de réserve[2]. Boucle mal bouclée pourtant en raison de sa fragilité - fragilité du concept de force de travail nécessaire[3] - ou boucle qui éclate en raison de la démesure de la réserve[4]. Cette question encombre la littérature depuis au moins deux décennies (pour le Mexique, voir J. D. Cockcroft, 1986).

Est-il indispensable, pour considérer la production de la population comme phénomène social, de parler de surpopulation relative? Pourquoi faut-il que la production de la population soit relative à autre chose, soit sociale par sa mesure? Cette question avancée dans la première partie trouve un nouveau terrain d'analyse lorsque l'on étudie la réalité de la rente qui joue, dans les deux pays étudiés, un rôle majeur: rente pétrolière et, du moins dans le cas du Mexique, rente agricole. La rente apparaît comme une sorte d'irrégularité dans la mesure, elle apparaît comme une sorte d'irrégularité de la valeur. En fait, c'est ce que tentera de montrer cette partie: la population comme la rente échappe à une théorie de la valeur. Sur ce plan, une relation sociale essentielle s'établit entre ces deux phénomènes qui se ressemblent en ce que tous deux paraissent procéder de la nature. Cette relation sociale détermine le cadre original de la prolétarisation dans ces sociétés, prolétarisation qui fera l'objet de la troisième partie.

Mais reprenons les choses à leur point de départ et, peut-être, un peu naïvement. D'entrée de jeu, se posent deux questions. Si, dans ces deux sociétés, la population n'est pas relative aux besoins de l'accumulation du capital, ne l'est-elle pas à la rente? Très concrètement, ce sont les recettes de la rente qui permettent, grâce aux importations croissantes, que soit nourrie la population. D'où la thèse d'un nouveau type d'Etat providence, un Etat providence pour pauvres[5]. Par ailleurs, la rente ne constitue-t-elle pas une sorte de mesure sociale des ressources naturelles? Cette mesure fait de la rente quelque chose de *relatif* à autre chose. N'est-ce pas, en l'occurence, à la population? Dans l'imaginaire social, il existe bien une espèce d'adéquation entre prolifération de la population et parasitisme de la rente. Elle est présente, par exemple, dans cette idée des autorités algériennes selon laquelle des allocations familiales décentes inciteraient des pères "irresponsables" à une progéniture exubérante[6]. Elle est présente dans des thèses plus générales selon lesquelles la rente entretiendrait la tentation d'acheter la paix sociale par le bien-être (M. Chatelus, 1976; P. Vieille, 1984) et pousserait les gouvernements à l'irresponsabilité.

En fait, jusqu'au premier choc pétrolier, l'adéquation entre parasitisme de la rente et prolifération de la population avait été refoulée. Depuis quelque temps, l'euthanasie des rentiers[7] était un principe admis, de même que la limitation des naissances. Quel désordre représente donc le choc de 1973 coïncidant pratiquement avec les cris d'alarme de la conférence de Bucarest sur la population! Les mythes fondateurs de notre société s'en trouvaient sérieusement ébranlés. Et quel soulagement de voir le prix réel du pétrole revenir aujourd'hui à un niveau à peine supérieur à celui de 1973[8].

Notes

1 "Nous l'appelons «relative», dit Marx dans la septième section du Livre I du *Capital*, à l'encontre des docteurs ès population, parce qu'elle provient non d'un accroissement positif de la population ouvrière qui dépasserait les limites de la richesse en voie d'accumulation, mais au contraire, d'un accroissement accéléré du capital social qui lui permet de se passer d'une partie plus ou moins considérable de ses manoeuvriers".

2 Encore que Marx admette que le dernier résidu de la surpopulation relative - l'enfer du paupérisme - soit un poids mort de la réserve. Mais, ajoute-t-il, "il entre dans les faux frais de la production capitaliste".

3 D'un côté, les questionnements autour de la valeur de la force de travail, tels ceux de B. Lautier et R. Tortajada (1978) ou, d'un autre, les développements sur la surexploitation, avec R.M. Marini (1973). Voir aussi A. Corten (1985).

4 Voir à ce sujet l'article souvent cité de J. Nún (1969). On essaie donc de distinguer le concept de surpopulation relative et celui d'armée de réserve. Voir, par exemple, I. Duarte (1980).

5 Pour l'Arabie Saoudite, on a parlé d'Etat providence complet dans la mesure où "la santé et l'enseignement y sont complètement gratuits, des subventions très importantes sont accordées aux services publics" (M. Field, cité dans C. Ominani, 1986).

6 En 1978, un texte gouvernemental présenté à l'Assemblée Populaire Nationale visait à supprimer purement et simplement les allocations familiales. A ce

moment, les députés repoussèrent cette mesure jusqu'à la mise en place d'un "fonds de l'enfance" prévu par la Charte Nationale (voir M.-Bl.Tahon, 1979: 101).

[7] Cette expression de Keynes, évidemment détournée de son sens premier, désigne la diminution de l'importance de la rente foncière telle qu'elle a été démontrée dans des études sur la France et l'Angleterre mais qui ne se vérifie par contre pas dans le cas de l'Argentine (G. Flichman, 1977).

[8] En se fixant en juillet 1986 au-dessous de 10 dollars le baril, le prix réel du pétrole était quasiment au même niveau qu'en 1973 (8.9 dollars en dollars de 1986). Les pays de l'OPEP réunis à Vienne du 9 au 14 décembre 1987 s'entendent pour défendre le prix moyen de 18 dollars. Entretemps, le dollar s'est déprécié de près de 60% par rapport aux autres devises.

Chapitre 1

La rente: une contre-valeur

La théorie de la rente prend forme avec Ricardo. Son analyse, inspirée de celle de Malthus, établit un rapport direct entre rente et population[1]. La croissance de la population, en augmentant le nombre de bouches à nourrir, oblige à reculer continuellement la frontière des terres à cultiver. La culture de terres moins fertiles fait apparaître une rente sur les autres terres, une *rente différentielle* [2] qui dépend de leur degré de fertilité. L'accroissement continu de la rente menace le capitalisme en stagnation.

L'intuition d'un rapport entre rente et population

L'intuition de Ricardo d'un rapport entre rente et population mérite d'être approfondie même si ses thèses ont été critiquées et sont empiriquement et théoriquement critiquables. En formulant le concept de *rente absolue*, Marx tente d'enlever à l'analyse son caractère naturaliste[3]. Il va l'orienter vers une interprétation en termes de travail[4] qui ne s'avère pourtant pas plus satisfaisante ni empiriquement, ni théoriquement. Pour Marx, la rente procède des entraves mises à l'investissement des capitaux dans le secteur agricole. Celles-ci résultent de la propriété foncière. Supposant plus élevées la composition du travail vivant et donc la part de plus-value dans l'agriculture que dans les autres secteurs, Marx considère que les entraves de la propriété empêchent le transfert du surcroît de plus-value par rapport au profit moyen vers d'autres secteurs comme cela se passe entre branches industrielles. Ce surcroît est accaparé par le propriétaire foncier, il existe même sur les moins bonnes terres[5]. Sur les meilleures, à la plus-value absolue s'ajoute la rente différentielle. Selon Marx, cette dernière ne relève pas nécessairement de la fertilité, elle peut provenir de l'utilisation de techniques plus productives.

Empiriquement, la thèse marxienne devient contestable dès lors que la composition en travail vivant n'est pas plus élevée dans l'agriculture. Kautsky (1970) le relève déjà. Divers travaux récents le confirment (Flichman, 1977). Cette thèse s'avère particulièrement impuissante à expliquer la rente pétrolière. Tout le monde s'accorde à considérer que la composition en travail vivant dans le secteur pétrolier est très faible (Angelier, 1976). Ainsi, en Algérie, la production pétrolière fournit 51.097,2 millions de DA de la production intérieure brute (36.75%) en 1980 alors que le secteur des hydrocarbures emploie 40.000 personnes (11.1% de l'emploi industriel salarié).

Théoriquement, la thèse marxienne est critiquable dans la mesure où sont comparées avec les mêmes concepts des activités différentes: activités agricoles et activités industrielles. Les concepts de travail et de composition organique sont utilisés de façon identique sur la base du postulat qu'on analyse l'agriculture dans le cadre du capitalisme. C'est à partir de différences simplement quantitatives que l'on prétend alors rendre compte de la rente (Rey, 1973; Postel-Vinay, 1974; Servolin, 1972. On trouve le même type de vice de forme dans le raisonnement d'Emmanuel, 1969).

Les travaux récents sur la rente pétrolière sont amenés à s'appuyer sur une troisième catégorie conceptuelle de rente, déjà distinguée aussi par Marx: la *rente de monopole* [6]. Elle résulte du fait que certaines terres ou certains gisements ne sont pas cultivées ou exploités alors qu'ils pourraient l'être au prix du marché. En conséquence, le prix est maintenu au-dessus de la valeur. Dans le cas du pétrole, le capital s'approprie une rente qui vient s'ajouter aux royalties qu'il paie au propriétaire du gisement (Chevalier, 1975; Angelier, 1976). Intervient ici un élément nouveau. Alors que le fermier, suppose-t-on, s'engage à rendre la terre aussi fertile qu'il l'a trouvée, une société minière ne le peut. Elle doit donc payer au propriétaire une redevance proportionnelle à l'épuisement de la mine. Cette redevance peut être évaluée à partir du coût de reconstitution du gisement, soit la découverte d'un gisement d'une quantité égale à celui qui est exploité. La rente de monopole que s'octroie le capital doit lui permettre de reconstituer le gisement d'une autre façon, par exemple par la mise au point de sources alternatives d'énergie et plus généralement par la production de *substituts*[7] . Ainsi, alors qu'avant la crise pétrolière le coût du pétrole était fixé sur la base de la non-mise en exploitation des gisements américains (Bravo, 1973), ce coût va, par la suite, être fixé à partir d'une estimation du coût de mise en exploitation de l'énergie nucléaire (d'autres sources étant sciemment négligées).

Revenons maintenant à la terre et à l'argumentation de Ricardo. Il s'est empiriquement trompé en croyant que les nouvelles terres mises en culture étaient nécessairement moins fertiles. L'avancée de la frontière agricole devait donc être plus accélérée que la croissance de la population. L'expérience des vingt dernières années montre le contraire. L'augmentation de la production agricole dans les pays du Sud - au demeurant importante mais proportionnelle à la population - ne résulte de l'extension des terres que pour un cinquième (Banque Mondiale, 1984: 102). Le Mexique constitue une exception relative avec une ouverture beaucoup plus importante de la frontière agricole[8]. Le cas mexicain ne va pas pour autant dans le sens des thèses ricardiennes: les nouvelles terres du Nord et du Centre-Nord ont les rendements les plus élevés.

Rente et déprédation

Ricardo sous-estimait la puissance du capitalisme, sa capacité de bouleverser les conditions de production dans l'agriculture. Sa capacité de soumettre l'agriculture aux règles d'un système de production d'objets indéfiniment multipliables. Ricardo, on l'a dit, était un pessimiste. Il avait pourtant indirectement raison. Si le système capitaliste se caractérise par cette capacité de multiplier de façon indéfinie les objets, il est aussi un système déprédatoire[9]. Il épuise les ressources naturelles. Ce bouleversement des conditions écologiques résulte de trois facteurs principaux que l'on peut sommairement énumérer ainsi: 1) la mise en exploitation moderne à grande échelle des terres par des travaux de déboisement et d'irrigation affecte l'ensemble de l'environnement; 2) la relégation des paysans sur des terres souvent montagneuses et l'imposition qui leur est faite d'utiliser des techniques modernes accélèrent les processus d'érosion; 3) l'espace agricole est subordonné à des usages urbains ou industriels. Les sécheresses répétées qui résultent de ce bouleversement ainsi que les phénomènes de désertification et de pollution débordent largement les champs d'exploitation, ils débordent les frontières. La supposition selon laquelle le fermier s'engage à rendre la terre en l'état de fertilité trouvé n'a dès lors aucun sens précis et la distinction traditionnellement opérée entre l'usage d'une terre et l'exploitation d'un gisement perd sa pertinence.

La rente peut être définie comme la *contre-valeur* correspondant à l'épuisement des ressources naturelles. Elle présente deux caractères contradictoires. D'une part, elle suppose réunies les conditions pour permettre une multiplication indéfinie des objets, en cherchant éventuellement des objets substituables. D'autre part, elle est, à une échelle différente - temporelle (moyen ou long terme) et/ou spatiale -, épuisement de ces conditions. Elle est à la fois *reproduction* des conditions de production et *décapitalisation*. Ainsi conçue, la rente ne constitue pas une forme résiduelle d'un ordre ancien. Elle apparaît au contraire avec force au moment où le système de multiplication indéfinie d'objets atteint son apogée (ou entre en crise?). Elle apparaît sous forme de rente pétrolière ou gazière. Cette apparition ne relève pourtant d'aucune nécessité. Aucun caractère nécessaire quant au site de l'apparition (rente pétrolière, agricole, minérale, etc.), nous le verrons, mais même aucun caractère nécessaire dans l'apparition elle-même. L'épuisement des ressources est littéralement une anti-valeur.

Notes

[1] Il y a en fait une influence réciproque entre Malthus et Ricardo. Il est d'ailleurs intéressant de relever que l'un et l'autre traitent de la rente après un long chapitre sur la valeur dans deux ouvrages qui ont pratiquement le même titre. Publiés par Ricardo en 1817 et par Malthus en 1820. Mais c'est l'*Essai sur le principe de population*, paru en 1798, qui lance le débat fondamental sur la relation entre population et rente.

[2] Notons que plusieurs historiens des doctrines voient dans cette théorie de la *rente différentielle*, clarifiée par Ricardo dans *Principes de l'Economie Politique et de l'impôt* (1817), le fondement de la théorie marginaliste.

[3] Malthus, bien plus que Ricardo, a cette conception naturaliste, sous l'influence des physiocrates sans doute, mais n'est-il pas mû aussi par une influence religieuse lorsqu'il écrit: "il faut regarder la rente comme l'effet naturel d'une qualité attachée par Dieu à la terre; comme un don précieux fait à l'homme, qualité qui donne à la terre le pouvoir de faire subsister plus de personnes qu'il n'en faut pour la cultiver"? (Malthus, 1820: 111). Marx distingue de la rente différentielle la rente absolue qui apparaît même sur la plus mauvaise terre dès qu'elle est mise en culture. "*C'est la propriété foncière elle-même qui a produit de la rente*", dit Marx (1894, T. 3: 140), opposant la rente absolue à la rente différentielle où il n'y a qu'un simple transfert du capitaliste au propriétaire. "La propriété purement juridique de la terre ne procure pas de la rente foncière au propriétaire, mais elle lui confère le pouvoir de ne pas exploiter sa terre tant que les conditions économiques ne permettent point une mise en valeur qui lui rapporte un excédent" (1894: 141).

[4] "Toute rente foncière est... le produit de sur-travail" (Marx, 1894: 26).

[5] Il revient à Pierre-Philippe Rey d'avoir ranimé l'intérêt pour la théorie marxiste de la rente et notamment pour le concept de rente absolue (P. Ph. Rey, 1973).

[6] Malthus (1820: 104-5) déjà envisage d'analyser la rente en termes de monopole mais l'explication ne lui paraît pas suffisante. Marx (1894: 148) se pose la question de savoir si la rente provient d'un prix de monopole ou si le prix de monopole provient de la rente. Avec Jean-Marie Chevalier (1973), l'analyse s'enrichit de la conception des rapports de forces.

[7] Pour Werrebrouck (1979), il n'y a pas de rente de monopole. Il s'agit de rentes différentielles évaluées à partir des sources alternatives d'énergie.

[8] La superficie cultivée au Mexique triple de 1940 à 1980. Voir Barkin, Suárez, 1982: 61.

[9] Voir Flichman (1977: 63-64). Marx était déjà très sensible à cet aspect de déprédation, voir Jean-Guy Vaillancourt (1985). D'un point de vue beaucoup plus générique, voir Serge Latouche (1986).

Chapitre 2

Le cycle d'apparition de la rente

Lorsqu'elle apparaît, la rente se présente sous la forme argent. La rente dont il est ici question est distincte de la rente en prestation qui - au moins en principe - peut être considérée initialement comme une forme de contribution au travail de conservation des ressources naturelles. La rente conçue au contraire comme *anti-valeur* apparaît sous la forme argent dans un cycle ou plus particulièrement à un des moments du cycle. Surgissement, transfert, rétention sont les trois moments du cycle. La distinction de ces moments permet de replacer différents arguments relatifs aux catégories classiques de la rente (rentes différentielles, rente absolue et rente de monopole) dans un contexte plus global.

Surgissement de la rente

La rente différentielle est la catégorie à travers laquelle a été implicitement abordée dans la littérature la question du surgissement de la rente. Elle permet de repérer un site correspondant à une ressource naturelle épuisable (ou, selon l'expression des économistes classiques, à rendements décroissants). La naturalité est ici l'aspect dominant de la représentation sociale de la contre-valeur. Pourtant la contre-valeur est loin d'être naturelle même à ce moment du cycle. Du point de vue international, rente différentielle et rente de monopole ne se distinguent pas vraiment. Ce sont des positions de monopole qui règlent les substituts à partir desquels est calculée la rente différentielle. Ces positions étant, par exemple, moins fortes pour le gaz que pour le pétrole, on se souvient des difficultés rencontrées par l'Algérie pour vendre son gaz à un prix équivalent en thermie à celui du pétrole[1]. Du point de vue national, l'importance de la rente différentielle dépend de la capacité de certains groupes de protéger le marché. Ainsi de ceux qui produisent des biens vivriers dont le coût de production sur de moins bonnes terres est souvent supérieur aux prix internationaux. Sont décisifs pour le surgissement de la rente agricole non seulement le maintien de la différence de fertilité ou de productivité (Mommer, 1981) mais aussi, tant sur les terres productives que sur les terres moins productives, un certain nombre de dispositifs sociaux qui poussent les producteurs à accroître leur production. C'est ce qui s'est passé au Mexique[2]. En Algérie, les processus de transformation agraire ont pris un caractère très différent. Tant sur les bonnes terres des domaines autogérés que sur les moins bonnes accordées aux attributaires de la révolution agraire, la production agricole ne s'est pas accrue significativement[3]. Cela tient aux techniques culturales mais très certainement aussi au manque de motivations financières des agriculteurs.

La rente pétrolière chasse la rente agricole parce que l'importation de produits alimentaires en marginalisant les producteurs moins productifs fait disparaître la différence. Le phénomène trouve en Algérie un contexte d'autant plus favorable au déplacement du site de surgissement de la rente que les transformations agraires ont lieu tardivement alors que s'ouvre déjà la période pétrolière (Benachenhou, s.d.; Eftekhari, 1984).

Au Mexique, il intervient au moment où les terres les plus productives se transforment en terres d'élevage ou de culture pour l'élevage et quand la croissance de la production sur les terres moins productives commence à diminuer. La différence s'estompe dans la mesure où elle ne se rapporte plus à un même type de culture: les céréales pour la consommation humaine (Tirado, s.d.; Dumont, Mottin, 1981; Rudel, 1983). Dans le même temps, l'importation de produits alimentaires marginalise les producteurs moins productifs. Le programme SAM[4] ne parvient pas à rétablir la situation. Mais la période pétrolière étant plus tardive et concomitante à l'imminence d'une baisse des prix pétroliers, le déplacement du site de surgissement ne se fixe pas nettement[5]. En fait, durant la décennie 70, la rente comme contre-valeur revêt au Mexique une forme originale: les emprunts extérieurs. Le processus s'enclenche dès le début du sextennat de Luis Echevarría (1970-76)[6], soit avant la découverte des énormes gisements pétroliers. L'argent emprunté se compose de pétrodollars rendus disponibles par la crise dans les pays du Nord. Ce n'est sans doute pas l'aspect le plus important. L'emprunt se présente en principe comme une contre-valeur à une valeur future et non à une anti-valeur. Pourtant, dans la mesure où, n'étant pas destiné à être remboursé sur la base d'une accumulation, l'emprunt est l'équivalent d'une décapitalisation future s'il est finalement remboursé; s'il ne l'est pas, il est une contre-valeur sans référence directe à une anti-valeur (Ominani, 1986: 119-152). Dans ce dernier cas, il illustre le caractère général de non-adéquation entre la rente comme contre-valeur et les phénomènes de déprédation. En effet, lorsque la rente surgit de la différence de qualité de gisement ou de fertilité, il n'y a pas adéquation entre elle et le coût de reproduction ou la décapitalisation. Si l'on voulait raisonner en termes de compensation, cela fonctionnerait plutôt de façon inverse. Ce serait sur les mauvaises terres ou sur les gisements les plus pauvres qu'il faudrait accorder une compensation. Mais s'il y avait véritable compensation, il n'y aurait pas décapitalisation. Il n'y aurait dès lors pas non plus de rente, dans le sens du moins de notre définition.

Transfert de la rente

Le second moment du cycle d'apparition de la rente est le transfert. On vient de voir que la rente ne peut être vue comme une compensation. Cela n'implique pas qu'elle ne puisse rester là où elle surgit. Ce lieu n'est généralement pas le lieu de déprédation, nous l'avons vu. Une exploitation intensive de la terre peut avoir des conséquences néfastes sur des régions, voire des pays voisins. De même, des phénomènes de pollution, comme des marées noires par exemple, affectent des pays non pétroliers. En ce qui concerne la rente pétrolière, les estimations sont relativement aisées à établir puisqu'une bonne partie des recettes viennent de l'extérieur. De plus, et c'est le cas en Algérie comme au Mexique, il s'agit d'un secteur contrôlé par l'Etat, les transferts par la fiscalité sont donc plus visibles[7]. Il en va différemment pour la rente agricole, surtout s'il s'agit de produits non exportés. Les évaluations sont alors souvent très grossières (Sloughi, 1975; Addi, 1982; Margulis, 1979).

Le problème du transfert intersectoriel est cependant relativement secondaire dans l'étude du cycle de constitution de la contre-valeur. La question plus fondamentale est de savoir si cette contre-valeur entre ou non dans un circuit du système de production de biens indéfiniment multipliables. Que ce soit ou non sur son site de surgissement. Dans la mesure où la rente est produite par un mouvement de reproduction/décapitalisation, la réponse à cette question n'est pas simple.

La réponse traditionnelle consiste à distinguer la couche des propriétaires fonciers auxquels revient la rente et la couche des capitalistes préoccupés d'assurer les conditions de reproduction[8]. Chez Marx, la catégorie de rente absolue correspond partiellement à cette distinction (Marx, 1894)[9]. Selon Lénine (1903), la rente absolue est supposée disparaître lorsque l'ensemble des terres est nationalisé. Dans l'analyse courante, le propriétaire foncier est présumé soit consommer la rente de façon somptuaire, soit l'investir dans des activités spéculatives. La rente n'est pas censée entrer dans les circuits du système productif.

Cette réponse n'est pas négligeable. Au niveau pétrolier, elle rend grossièrement compte des différences entre d'une part l'Algérie, le Mexique et des pays comme l'Iran et l'Irak et d'autre part les pays du Golfe (Vieille, 1984; Chatelus, 1976). Au niveau agricole, elle rend compte du fonctionnement de certains secteurs, par exemple le café au Mexique (Beaucage, Montejo, 1984), ou même de pays entiers où ces secteurs sont dominants.

L'analyse marxiste classique a déjà relevé les limites de cette réponse dans le cas où les propriétaires fonciers se transforment en capitalistes - le schéma de la voie prussienne. Or, le développement agricole du Nord et de certaines régions du Sud du Mexique correspond à cette voie (Gutelman, 1981). Cette réponse traditionnelle n'est pas non plus valable dès lors que l'Etat joue un rôle majeur, ce qui est le cas pour l'agriculture en Algérie (Bedrani, 1981). Au Mexique, l'extension des terres résulte aussi en grande partie de l'intervention de l'Etat, sans compter son rôle dans la distribution des terres (Stavenhagen et al., 1968). C'est encore plus évident dans le secteur pétrolier lorsque l'Etat semble se substituer aux capitalistes pour allouer la rente aux programmes d'investissements économiques ou sociaux. Ce qui est le cas aussi bien en Algérie qu'au Mexique (Humbert, 1981; Eftekhari, 1984).

Cette réponse traditionnelle néglige encore un autre phénomène peut-être plus important: les formes de mobilisation de la population telles qu'elles s'expriment dans les mouvements révolutionnaires qu'ont connus les deux pays que nous étudions mais aussi dans la forme que revêt l'exode rural (Charnay, 1979). Elles placent la population dans une distribution spatiale donnée en même temps qu'elles déterminent leur disposition au travail agricole et la solvabilité politique de leur demande sociale. Sans revenir ici sur l'histoire de ces phénomènes (Nouschi, 1962)[10] - histoire faite en Algérie de déplacements de population pendant la guerre et de regroupements dans des villes moyennes, histoire faite au Mexique d'une réinsertion agricole (précaire?) mais aussi d'une concentration dans des mégalopoles (voir 1e partie, chapitre 3 et 3e partie, chapitre 1) -, relevons que ce sont ces forces qui déterminent, à travers les rapports globaux entre villes et campagnes, la configuration des groupes sociaux que l'on appelle "propriétaires fonciers" et "capitalistes". Ces configurations ne peuvent être déduites d'une *logique* de modes de production comme si elles préexistaient à la structuration de l'Etat. Cela reviendrait à postuler l'existence de classes dans une analyse qui prétend précisément étudier leur formation historique, et en particulier celle du prolétariat.

La configuration de ces groupes ou la relation entre eux sont généralement approchées dans l'étude du système de prix, du cours de la monnaie et de la fiscalité. Il s'agit de repartir des éléments dont nous disposons déjà sur la constitution de la contre-valeur pour examiner comment le transfert en est un moment. Le contrôle des prix des produits de première nécessité est sans doute le dispositif majeur pour maintenir un équilibre entre la disposition au travail agricole et la solvabilité politique de la demande sociale. Il s'agit à la fois de garantir des prix d'achat aux producteurs agricoles (en particulier aux petits producteurs) et d'assurer des biens de subsistance bon marché au moins dans certains lieux déterminés. Transfert de la rente aux petits producteurs et à certaines populations urbaines. Souvent, cela signifie *de facto* transférer une partie de la rente aux grands propriétaires fonciers qui parviennent le plus souvent à détourner la garantie des prix aux petits producteurs à leur avantage (Beaucage, Montejo, 1984). Par ailleurs, cela revient à transférer la rente aux employeurs qui trouvent une main-d'oeuvre bon marché et à leur assurer, à défaut d'un profit que leur capacité de compétitivité ne leur permet souvent pas d'obtenir, une fraction de la rente (Margulis, 1979). Dans les deux cas, le transfert de la rente est encadré par les forces de mobilisation de la population, de la communauté rurale au milieu urbain.

Ce schéma correspond grossièrement à la situation mexicaine. Il ne vaut pas pour l'Algérie où les organisations étatiques de commercialisation se sont substituées aux grands propriétaires dans le prélèvement de la rente mais elles l'ont fait en dehors des réseaux communautaires qui engagent le petit producteur à produire malgré tout (de Villers, 1978). De ce point de vue, le système de prix n'exprime aucunement un équilibre entre disposition au travail agricole et solvabilité politique de la demande sociale. Les forces de mobilisation sociale se sont manifestées dans une autre équation: une importante distribution d'emplois, en particulier dans la construction, correspondant à la fixation de la population dans des villes moyennes et leur hinterland (Brulé, Mutin, 1982). Ces créations d'emplois à productivité décroissante ne pouvaient être assurées qu'à travers la fiscalité pétrolière et l'importation massive de produits alimentaires. La forme prise par cette mobilisation de la population est repérable dans l'écart énorme entre population rurale (60% en 1977) et population agricole (30% à la même date). Au Mexique, cet écart est insignifiant. Cette forme dessine la configuration de deux groupes dominants: les technocrates des grandes sociétés nationales et les bureaucrates des appareils d'Etat locaux et centraux qui marginalisent aussi bien les propriétaires fonciers que les capitalistes[11].

La surévaluation de la monnaie est un autre facteur de transfert de la rente. En Algérie, elle est partiellement tributaire du cours du dollar américain; au Mexique, variable selon les périodes, elle dépend plus de facteurs internes. La surévaluation du dinar algérien va avoir pour effet de décourager les transferts de devises des émigrants (Garson, Tapinos, 1981: 38; Talha, 1983: 400-401) et de faire disparaître la forme sous laquelle était transférée la rente agricole antérieurement, même si, depuis 1982, les émigrants en visite au pays sont tenus de changer à l'entrée une "allocation de séjour". L'importance de ces changements doit être évaluée à la lumière du rôle stratégique joué par l'émigration dans la lutte de libération nationale dès son déclenchement (Haroun, 1986) ainsi que du rôle qui lui est attribué ("le prolétariat algérien en France") mais qui n'a jamais été matérialisé dans la construction du travailleur collectif (Talha, 1983).

Au Mexique, la surévaluation du peso a permis d'accorder une subvention déguisée pour l'achat de biens d'équipements à des entreprises souvent peu rentables (Cabrera, 1983). Elle a aussi permis de faire apparaître des surprofits dans les secteurs les plus productifs, notamment dans les secteurs contrôlés par les multinationales (Cabrera, 1986). C'est sur cette base qu'avec l'extension de l'industrie s'est développé un noyau de société salariale. Une catégorie de travailleurs devient un débouché pour les produits manufacturés de plus en plus massivement fabriqués. Le Mexique prend l'allure d'une société fordisée. Pourtant, le noyau est trop faible pour avoir, au niveau du collectif des travailleurs, sa propre dynamique d'élargissement - même si c'est lui qui est supposé attirer les emprunts internationaux (Corten, 1986, b). D'une part, tant dans les campagnes que dans les villes, les mobilisations sociales qui se manifestent par l'exode rural et la massification de l'instruction ont des expressions sociales propres, irréductibles à cette dynamique. La réponse à cette demande sociale prend la forme, on l'a vu, de subventions aux produits de première nécessité et aux producteurs agricoles. Elle s'impose comme un impératif de plus en plus urgent puisque les subventions et transferts à l'économie atteignent 31% du budget de l'Etat fédéral en 1982. D'autre part, les capitaux momentanément engagés dans un schéma d'accumulation productive s'évadent vers des secteurs spéculatifs (Cabrera, 1983-84). Ce phénomène va s'accentuer avec la rente pétrolière, marginalisant le noyau de société salariale par rapport à des couches moyennes qui effectuent de plus en plus leurs dépenses à l'extérieur. Nous touchons ici à un troisième moment du cycle: celui de la rétention de la rente.

Rétention de la rente

La rétention de la rente est un moment du cycle, de la constitution de la contre-valeur. Ce moment est tributaire des autres. Il n'y a pas de rétention sans surgissement. Il faudrait néanmoins se garder de prendre cette évidence de façon mécanique. La rétention est intimement liée aux canaux d'encadrement du transfert. Plus les canaux sont cohérents, plus grandes sont les possibilités de rétention. Elle est pourtant un moment distinct. Marquée par le discours de la prétention sociale à la compensation (Bedjaoui, 1979) - prétention sociale, car la déprédation n'a pas de frontières - qui pose un droit naturel à la contre-valeur - prétention à la rétention dans laquelle se forge précisément un extérieur -, la rétention constitue la société par rapport à l'extérieur. Les profonds mouvements de libération nationale composent ses conditions de production. Mouvements qui s'organisent autour d'un discours: structurer la société par rapport à l'extérieur. Phénomènes nationalitaires plus que nationaux, ils façonnent le cadre dans lequel les mouvements de mobilisation sont placés devant le fait accompli de définir un territoire à l'intérieur duquel les différences, notamment nationales mais aussi sociales, sont, autant que faire se peut, niées. Le caractère nationaliste n'est pas premier.

Le cas du Mexique est éclairant à cet égard. Le caractère nationaliste n'y apparaît que plusieurs années après la révolution, avec Cardenas, c'est-à-dire avec la construction de l'Etat mexicain moderne. De manière plus générale, les révolutions nationalistes du tiers monde ne constituent pas une première étape de révolutions sociales. Mais plutôt leur confiscation (Benkheira, 1985, a). Lorsque révolution sociale il y a, elle ne se déroule pas dans le sens de la lutte d'une classe contre une autre. Mais, dans la prolifération des bandes armées, telle qu'on l'observe dans la révolution mexicaine et plus encore au début de la lutte de libération nationale algérienne, s'affirme une autovalorisation dans la mobilité, un nouveau rapport de la communauté à son milieu éco-social. La revendication étatique de la rente, la revendication de la rente que l'Etat formule face à l'extérieur en posant la contre-valeur en fait quelque chose de séparé des communautés en mobilisation. En première approximation, on dira donc que la rente établit la base du principe de loyauté des masses à l'égard de l'Etat en même temps qu'elle lui offre le pouvoir de fixer les populations sur un territoire. Que ce soit dans des programmes de réforme agraire ou dans des politiques de regroupement de population sur des sites urbains. La rétention de la rente, processus dans lequel l'Etat se constitue, redistribue la population par rapport à un territoire, l'établit dans un rapport d'étrangeté vis-à-vis d'elle-même. C'est là un aspect de la prolétarisation que nous approfondirons dans la troisième partie.

Avec la rétention de la rente, la contre-valeur se pose face aux communautés en mobilisation comme facteur extérieur et qui les domine. Cette extériorité, qui constitue pleinement la contre-valeur, conditionne les rapports de forces internationaux entre Etats. Elle est le facteur permettant de situer les Etats dans un ordre qui n'est pas seulement hiérarchique. L'extériorité par rapport aux communautés rend possible la réunion d'Etats de cultures et de régions totalement différentes qui font face à un extérieur défini collectivement. Alors que jusque dans les années 60, les pays du Sud s'étaient associés à travers des mouvements à teneur idéologique sensible aux histoires communes, certains se présentent aujourd'hui en un cartel d'Etats face à un capital transnational. Ce cartel (Sid Ahmed, 1979) fournit la base à la fracture qui oppose les pays du Sud aux pays du Nord. Cette fracture n'implique aucunement que tous les pays intègrent le cartel ni qu'il y ait une quelconque homogénéisation des pays du tiers monde. Ce cartel oblige toutefois à penser l'homologie de situation de certains pays de régions diverses et la réorganisation des rapports internationaux. Analyser cette nouvelle configuration en termes de *rente de monopole*, comme le proposent de nombreuses études sur la rente pétrolière (Chevalier, 1983, 1985), n'est pas faux. Cette analyse n'a cependant d'intérêt explicatif que dans la mesure où elle parvient à déterminer les bases de ces positions de monopole. Ce que nous avons tenté de faire jusqu'à présent. Nous poursuivons maintenant en établissant le rapport entre rente et travail.

Notes

[1] Cet exemple montre que l'argumentation, par ailleurs éclairante, de Werrebrouck (1979) souffre certaines limitations.

[2] La valeur de la production agricole totale augmente annuellement de respectivement 6.2, 6.2 et 4.7% durant les décennies 40, 50 et 60. L'accroissement se ralentit durant la dernière décennie: il est de 2.7%. La production de maïs est peut-être plus significative puisqu'elle relève surtout de petits propriétaires. L'augmentation annuelle est de 3.6, 5.7, 5.1 et 3.4%, une partie croissante est néanmoins destinée à la consommation animale (Barkin, Suárez, 1982: 59). Notons que si cet accroissement est souvent mis entre parenthèses pour montrer la paupérisation des campagnes, il n'est pas pour autant méconnu, voir par exemple Stavenhagen et al., 1968: 78, 87, 91, etc. Y est montré cependant une baisse du taux d'accroissement de la productivité de 3.4 à 2 et à 1.7% durant les années 40, 50 et 1960-67. Pour la période récente, voir Rivas Espejo (1985) et Musalem López (1985).

[3] En Algérie, prenons la production de céréales. Durant les années 1969/70, 1970/71, 1971/72, elle était en moyenne de 20 millions de quintaux. Elle était restée au même niveau en 1974-75-76 et a légèrement baissé durant les trois années suivantes (18.5 millions). Le secteur "autogéré" a stagné à 7 millions. Le secteur de la révolution agraire (mise en oeuvre à partir de 1972) produit 2.5 millions en 1974-75-76 et un peu moins en 1977-78-79 (2.3 millions). Le secteur privé produisait donc respectivement 13, 11 et 9 millions aux différentes dates (*Annuaire Statistique de l'Algérie*, 1981: 180).

[4] Le Système Alimentaire Mexicain (SAM), stratégie d'autosuffisance mis en oeuvre de 1980 à 1982 par le Président López Portillo a été suspendu par son successeur sans qu'on ne puisse faire un bilan très clair de ses limites (Lerin, Tubiana, 1983).

[5] La découverte de nouveaux gisements pétroliers faite en 1972 est annoncée en 1974. Dès 1978, les deux tiers du pétrole mexicain sont extraits du Chiapas à la frontière du Tabasco. A partir de 1981, le golfe de Campeche devient à son tour un périmètre très important (Corten, 1986, d). C'est à partir de 1977 que le Mexique exporte (à nouveau) du pétrole. Le volume doublant d'année en année, en 1980, il a décuplé par rapport à 1977. C'est en 1980 que le prix du pétrole atteint son sommet: 43.8 $ le baril (dollar réel de 1985). En 1984, il a perdu le tiers de son prix, en juillet 1986, plus des trois quarts (Instituto Nacional de Estadística Geografía e Informática/Pemex, 1983).

[6] La dette publique extérieure, évaluée à 3.2 milliards de dollars en 1970, est passée à 19.6 milliards en 1976. En 1980, elle est de 34.7; en 1983 de 66.7 (Banco de México, cité par Cabrera, 1984: 140). Pour une série complète 1970-79, voir

Padilla Aragón, 1981: 35. Pour l'analyse des emprunts en termes de rente, voir Corten, 1986, b. Voir aussi Lipietz, 1985.

[7] En Algérie, la fiscalité pétrolière représente depuis 1974 environ 60% des recettes de l'Etat. En 1974 même, elle s'est élevée à 13.4 milliards de dinars, soit 62.6% des recettes fiscales. C'est en 1981, alors que le prix du brut est à son sommet, que cette part est la plus grande (66.4%, soit 50.9 milliards de dinars) (*Annuaire Statistique de l'Algérie*, plusieurs années). Au Mexique, la part de la fiscalité pétrolière dans les recettes n'a cessé d'augmenter. Elle est passée de 5.4 milliards en 1974 (6% des recettes) à 28.9 milliards en 1977 (13.2%), 180 miliards en 1980 (27.6%) et 253 milliards en 1981 (28.6%) (*La Industria Petrolera en México*, 1983: 18).

[8] Voir Rey, 1973. Pour une analyse concrète critique appliquée au Soisonnais, voir Postel-Vinay, 1974. Pour le cas argentin, voir Flichman, 1977, qui démontre que la classe des propriétaires fonciers n'a pas tendance à perdre son importance sociale par rapport à la bourgeoisie industrielle, commerciale et financière; les propriétaires fonciers sont eux-mêmes, dit-il, fils du capitalisme comme système mondial (1977: 78).

[9] On en trouve de nombreuses interprétations. Voir Rey, 1973; Gutelman, 1974; Caballero, 1975; Angelier, 1976; Margulis, 1979.

[10] Pour le Mexique, nous renvoyons à la bibliographie citée par Luisa Paré (1977).

[11] Voir à ce sujet la thèse de la crise du système productif algérien comme résultat de l'incapacité du premier groupe de nouer une alliance hégémonique dans Thiery, s.d..

Chapitre 3

Rente et travail

La rente n'a, selon l'analyse menée jusqu'ici, qu'une contre-partie négative: c'est la déprédation. Le développement de la force sociale productive offre une figure inverse. Celle-ci ne se présente pas sous la forme de la valeur, alors qu'elle a une contre-partie positive: c'est l'accroissement des richesses. Les effets de la science et de la coopération dès lors qu'ils font partie de cette force productive ne se mesurent effectivement pas en termes de quantité de travail. La rente comme contre-valeur serait-elle l'équivalent de ce surcroît de richesse? En suivant le principe selon lequel dans l'univers rien ne se perd, rien ne se gagne? La science ne serait alors que la transformation de la nature.

Quoi qu'il en soit, cela rend compte de l'apparition d'une contre-valeur. Aussi, la réflexion sur la rente, y compris sur la rente pétrolière, a-t-elle été menée en termes de travail non payé, de surtravail provenant éventuellement d'autres secteurs. Renversant en quelque sorte l'argumentation de l'échange inégal[1], on pourrait aller jusqu'à dire que c'est le surtravail des ouvriers industriels, encore largement concentrés dans les pays du Nord, qui permettrait l'apparition de la rente pétrolière (Angelier, 1976: 43).

Plus fondamentalement, si transformation de la nature il y a, avec son aspect déprédateur et son aspect créateur de richesses (faisant somme nulle?), celle-ci s'effectue par ce qu'on appelle le travail. Pour approfondir l'étude de cette transformation, il faut donc s'interroger sur la catégorie travail (Corten, Tahon, 1986).

Rente: produit de la décomposition d'une activité sociale intégrée

Dans toute communauté agricole, il y a apparemment du travail non payé. Il recouvre le travail de conservation de la terre et du milieu éco-social. Ce travail est assuré par le paysan et sa famille pour maintenir le droit de propriété du chef de famille sur sa parcelle (Palloix, 1981: 114-118). Il représente un travail collectif de la tribu pour garantir la capacité d'occupation des pâturages. Mais s'agit-il bien d'un travail? Cette activité est régie par un ordre de temporalité absolument différent de celui du travail mesuré à l'heure, au jour. Elle est à la fois processus de connaissance et vie en commun. Cette activité est autant culturelle que culturale. Même si elle est constitutive des rapports de domination au sein de la communauté, elle n'apparaît non payée que dans l'échange avec l'extérieur, que dans la mesure où cet échange est dominé par un système de multiplication indéfinie. Dans ce cas, n'est payé, au maximum, que l'équivalent de la reproduction immédiate. Et même si l'activité de conservation se maintient, la reconnaissance de sa fonction de maintenir un droit de propriété ou un droit d'occupation s'affaiblit. S'affaiblit du même coup le principe organisateur des processus de connaissance et de vie en commun.

S'en impose un autre. Cet autre principe organisateur participe d'un processus nouveau de connaissance. Connaissance au niveau de la santé. Avec la massification de l'instruction, elle fait apparaître une nouvelle notion de l'enfance. La vie en commun s'en trouve transformée. La prolétarisation s'opère dans cette transformation. Elle est recomposition des activités de la communauté. Le travail non payé de conservation apparaît comme livraison de travail gratuit dans la mesure même où il se détache de la coopération collective et familiale face à une nouvelle agrégation des initiatives qui s'organise pour lutter contre la sous-alimentation et le temps vide. Elle manifeste en des formes multiples et entrelacées de socialité une sorte de refus du travail (Corten, Tahon, 1985). La décapitalisation qui en résulte signale l'émergence de nouveaux types de communauté dont l'enjeu est le bouleversement des rapports sociaux entre les sexes. Le travail domestique se détache de l'activité de conservation et la production d'enfants devient centrale. Cette production apparaît comme telle non pas par un accroissement de la fécondité mais par une maîtrise de la mortalité infantile. Face à la décapitalisation qui s'étend et devient visible dans l'état de sous-nutrition mais aussi de sous-éducation des enfants, se constitue une nouvelle configuration sociale d'activités qui pose la production d'enfants en bonne santé et relativement instruits comme facteur de cohésion. Cette configuration est le cadre dans lequel fonctionnent l'exode rural et les processus d'urbanisation.

Un travail marginalisé mais non abstrait

La rente agricole ne peut être définie comme un quantum de travail. Elle est le produit de la décomposition d'une activité sociale intégrée dans une communauté en un travail gratuit fait par d'autres, un travail marginalisé et mal fait car il ne peut s'effectuer en une livraison de temps mesuré arbitrairement. La rente comme contre-valeur traduit cette incapacité de réduire totalement ce travail en un travail abstrait mais elle traduit en même temps la fiction de la mesure de ce travail. La rente est le produit de la désagrégation d'une activité sociale par la pénétration des rapports capitalistes, elle est représentation de la décapitalisation. Mais cette désagrégation est aussi le produit d'une nouvelle agrégation autour de la production d'enfants. Cette agrégation représente, parce qu'elle s'appuie sur la force productive collective à travers les découvertes notamment dans le domaine de la santé, l'inverse de la décapitalisation, plus précisément, sa contre-partie. Cette contre-partie est richesse mais pas valeur.

La probabilité statistique d'une catastrophe

Qu'en est-il de la rente pétrolière? Les catastrophes de Mexico, de Bhopal, de Tchernobyl, montrent qu'elle se situe à l'autre extrême de la chaîne de déprédation en prenant la forme de destruction de population[2]. Destruction qui se présente comme probabilité statistique, probabilité non complètement aléatoire puisqu'elle dépend des précautions prises et du coût que celles-ci représentent (études du *Centro de Ecodesarrollo;* Sachs, 1980; Zapata et al., 1978). Lorsqu'il est assuré, ce coût apparaît à première vue sous forme de travail mesurable, sous forme de travail mort accumulé dans des machineries de précision. Il est cependant défini par les exigences imposées par l'activité sociale rassemblant des militants de plus en plus nombreux de la protection écologique qui refusent tout risque probabiliste (Vaillancourt, 1985)[3]. Il est défini négativement face aux formes alternatives de protection proposées par ces mêmes militants qui supposeraient des enracinements dans des communautés nouvelles. Il est défini dans le Sud par la valeur d'usage de la production de population.

La force productive qui s'engloutissait dans la multiplication des objets, en réduisant leur coût unitaire mais en maintenant élevé le travail nécessaire, tend de plus en plus à s'exprimer dans une contre-valeur, matérialisée effectivement par un transfert de surtravail, un transfert de travail non payé. Dans ce transfert de travail non payé, la mesure du travail se trouve perturbée. Dans le système capitaliste, la mesure du travail nécessaire ne se fait qu'à partir d'un surtravail accumulable. Ce principe de mesure rend compte de la prétention de généraliser toute activité en travail abstrait, en dépense humaine uniforme. Dans les pays du Nord, s'ouvre une crise du travail nécessaire, à la fois en termes d'emplois "créés" et de salaires (Negri, 1976; 1979). Dans les pays du Sud, le surtravail transféré ne trouve pas un travail abstrait pour s'accumuler, la rente n'est qu'une contre-valeur par rapport à laquelle se pose une force productive sociale détachée du système de multiplication d'objets.

Notes

[1] Notons cependant des théories comme celle de Mommer, 1981, qui développent une conception de la rente internationale sur la base de certains présupposés de l'échange inégal. Emmanuel (1969: 243-245) avait déjà suggéré, il est vrai, des éléments de cette analyse.

[2] L'explosion de la raffinerie de la Pemex à Azcapotzalco, au nord de Mexico, survenue en novembre 1984, a causé la mort de 500 personnes. La pollution quotidienne de la ville fait de nombreuses victimes. Le chiffre de 100.000 par an, sans doute exagéré, indique l'importance du problème (De Tapia, 1986). Le bilan de la catastrophe de Bhopal est de 2.347 morts et 40.000 blessés. Le gouvernement indien demande à l'Union Carbide un dédommagement de 3 milliards de dollars. A propos de Tchernobyl, reprenons simplement ce sous-titre de la *Quinzaine Littéraire* (1-15 décembre 1986): "Le débat véritable n'est plus aujourd'hui pour ou contre le nucléaire, mais comment, quand et à quel prix s'en sortir".

[3] Notons que dans ce processus où des précautions sont prises face à un risque probabiliste - et ces précautions s'élevant avec le refus du risque -, la rente apparaît comme une médiation face au phénomène de *terreur*. Négliger d'analyser cette médiation (Guattari, Negri, 1985) ne permet pas de comprendre le tissu d'ensemble dans lequel opèrent les initiatives moléculaires.

Chapitre 4

Population, masse, valeur

A côté d'une explication de la modernité en termes de séparation, de différenciation et de socialisation, court dans la littérature contemporaine une autre explication en termes de masse et d'indifférenciation. En fait, cette dernière vise, au moins partiellement, une autre catégorie de phénomènes. On va ici examiner comment elle éclaire notamment la relation entre rétention de la rente et production de la population. C'est parce que la production de la population relève du processus de massification qu'elle est puissance.

Pour percevoir les apports de cette approche, il est nécessaire de prendre ses distances vis-à-vis de la conception marxiste qui fonde son matérialisme sur le métabolisme de la nature (voir Lechner, 1981). A une conception qui cherche la source de la richesse dans la transformation de la nature, il faut en effet opposer une conception qui conçoit immédiatement la production comme production symbolique. La dégradation des ressources naturelles doit être vue à son tour non pas simplement comme une *entropie* naturelle mais comme production symbolique d'un type particulier, que, dans un autre lexique, on théorise en termes de décadence.

La massification

La profonde hétérogénéité théorique entre la conception d'une société de classe et celle d'une société de masse a déjà été maintes fois relevée. La première a été théorisée à la fois par Marx et par Weber qui se fondent, l'un et l'autre, sur l'économie politique. "Pour elle, remarque Moscovici (1981: 39-40), les foules sont les indices éclatants d'une nouvelle forme sociale que révèlent précisément ces multitudes disloquées et paupérisées, mobilisées contre l'oppression de la bureaucratie et du capital. Rassemblant les hommes, concentrant les machines, celui-ci socialise les forces de production, transforme la société en un immense marché où tout s'achète et tout se vend, y compris le travail. Il crée ainsi une classe inconnue jusque-là, celle des prolétaires..." La seconde, poursuit Moscovici, a connu plusieurs ébauches successives. Elle est elle-même très hétérogène. D'un côté, les analyses de Le Bon sur la psychologie des foules telles qu'elles ont influencé Freud. De l'autre, la conception nietzschéenne de la morale des esclaves que l'on retrouve d'une autre façon chez Ortega y Gasset. A ces deux courants qui s'ignorent, il faut ajouter la remarquable étude de Canetti qui fonde la relation entre masse et puissance.

Même si la conception de la société de masse connaît une influence croissante, elle ne dispose pas d'un corpus stabilisé. En particulier, il n'y a pas, à notre connaissance, de travaux qui ont tenté de penser globalement la prolétarisation comme phénomène de masse. Relevons simplement ici que la massification, telle qu'elle est observée dans l'ordre sanitaire, dans l'ordre alimentaire, dans la généralisation de l'instruction et dans l'urbanisation accélérée, ressortit plus de l'indifférenciation que de l'homogénéisation et de la mobilisation.

La massification ne peut être vue comme décomposition puis recomposition, à l'instar de ce qui est pensé dans la conception marxiste de la parcellisation et de la division du travail. La masse n'est pas homogénéisée à travers le travail abstrait (Marx, 1867); le travail abstrait étant réduction du travail concret en une unité de temps de travail et, par là même, socialisation de ce travail. La massification ne peut non plus être vue comme normalisation. La théorie de la normalisation (Foucault, 1976), qui déplace tout en généralisant la théorie marxiste du travail abstrait, conçoit la modernité comme une décomposition du corps dont les parties et les gestes deviennent autant de cibles, contrôlables d'un point de vue général, comme l'exprime l'image du panoptique.

La massification relève d'une autre dynamique. Ortega y Gasset la nommait la "révolte des masses", le fait que "les masses prétendent intervenir en tout" (1961: 110), c'est-à-dire "exacerbent... un répertoire vital qui coïncide en grande partie avec celui qui paraissait exclusivement réservé autrefois aux seules minorités" (1961: 58). Et Ortega y Gasset compare les techniciens aux hommes de science, les techniciens "qui ont coutume d'exercer leur profession avec un état d'esprit identique, au fond, à celui de l'individu qui se contente de se servir de son automobile, ou d'acheter un tube d'aspirine - sans la moindre solidarité intérieure avec le destin de la science, de la civilisation" (1961: 131). Absence de solidarité parce qu'indifférenciation. C'est le cas de l'ordre sanitaire en Algérie et au

Mexique. Cet ordre, qui permet à des foules de se maintenir en vie dans des cités de plus en plus gigantesques, n'est pas l'adoption par tous de règles normalisées d'hygiène et de pharmacopée, mais la banalisation de la vaccination, voire de l'accouchement médicalisé. Dans ce processus, la mort n'est pas encore cachée - en Algérie, la mortalité infantile est encore très élevée - mais elle n'est plus une fatalité à laquelle on se résigne.

L'ordre alimentaire, on le verra dans la 3e partie, relève lui aussi, via la consommation des produits occidentaux comme le blé et la viande, de la massification. Cette massification s'effectue à travers une organisation nouvelle du travail domestique qui n'est pas celle du fordisme ménager mais qui passe pourtant par l'usage devenu coutumier d'appareils ménagers infrastructurels comme une cuisinière ou un frigidaire, mais aussi de téléviseurs. Entre ce maniement et celui des ordinateurs sur les lieux de travail, il n'y a pas rupture. Il y a banalisation de la technique.

"Les masses prétendent intervenir en tout"... Elles ont accès à l'instruction, cet accès n'est pas lié au mérite. Instruction, ici aussi, sur le mode occidental, qui s'accélère avec l'accession du pays à l'indépendance, comme on l'observe en Algérie. En plus d'être "aliénée", cette instruction est d'une qualité médiocre, sans que les couches plus aisées aient la possibilité de choisir des voies moins surchargées et accidentées. Massification qui pourrait être métaphorisée par l'image du transport urbain dans lequel femmes et hommes passent une partie de plus en plus importante de leur temps. Nous y avons fait allusion.

Dans cette massification, l'homme moyen se trouve valorisé dans sa forme et sa composition d'être. Il se trouve valorisé dans l'indifférenciation même. Il prend de la densité. "La masse tend toujours à s'accroître, dit Canetti, la masse aime la densité". Cette densité ne renvoie pas au nombre de personnes au km^2 ou au rassemblement de la foule. Elle serait plutôt une anti-foule (Yonnet, 1985). Cette anti-foule est flux. On y a déjà fait référence en parlant de canaux d'encadrement de la rente. Du point de vue d'un pouvoir qui tenterait de définir des cibles, cette densité est un anti-quadrillage, un refus de contrôle. Foucault avait placé cet état de densité à l'époque pré-moderne, au moment où il est affronté par le monarque à travers le supplice exemplaire, la symbolique du sang et de la mort. Aglietta et Orléan (1982: 19) voient la massification comme creuset du capitalisme contrecarré, à travers la salarisation, par des tendances à la différenciation sociale. Ne faut-il pas, au contraire, s'attendre à ce que, dans une société dominée par la production de la population, les phénomènes attachés à la massification (comme le brassage des populations et l'hypertrophie urbaine) ne soient pas nécessairement contrecarrés? Interprétation de la massification comme résistance au quadrillage. Cette interprétation ferait alors office de garde-fou pour penser la société moderne autrement que soumise aux effets pervers de la foule prise par le virus de la démagogie.

Production de la population

La production de la population relève du phénomène de massification. Elle ne relève pas de choix individuels. Parce que massifiée, elle échappe au principe de responsabilité. Elle n'est fondamentalement pas du ressort du choix individuel puisqu'elle n'est pas de l'ordre de la symbolique du sexe, contrairement à ce que laisserait penser une application trop rapide des analyses de Foucault. Symbolique du sexe dans le sens de symbolique de la sexualité - car il y a dans la massification une mise en cause de certains mythes comme celui du père nourricier.

Avant d'être produite comme production de prolétaires pour l'Etat, la production massive de la population est produite en concomitance avec le mouvement qui fait que "les masses prétendent intervenir en tout". Dans la société paysanne, la production de la population est réglée, chacun n'a pas le droit de procréer, de procréer n'importe quand. Mais l'examen des indicateurs de nuptialité - quoique très imparfaits dans leur mode même de recensement et négligeant les unions de fait qui, dans le monde urbain, prennent par ailleurs un caractère nouveau - dénote une transformation. La massification dans la production de la population en milieu urbain est indifférenciation car elle ignore jusqu'à un certain point le savoir-faire de la lignée des femmes. Elle apparaît dès lors, dans un premier temps, comme expression du "machisme". Mais le rapport de différenciation traditionnelle vis-à-vis des hommes est à son tour subsumé par la massification.

La production des enfants ne se fait plus selon la tradition. Celle-ci fixait un nombre en rapport avec un autre paramètre: la terre. En milieu urbain, l'enfant est immédiatement massifié. Il est une matérialisation du nouvel ordre sanitaire, alimentaire, éducatif et urbain. La puissance se situe dans cette masse, dans cette richesse qui grandit. Puissance qui n'est ni celle d'un remplacement élargi de la population active ni non plus celle réglée par l'ordre symbolique de la sexualité.

La troisième révolution démographique - les deux premières étaient bien un rapport d'adéquation du nombre de la population avec une forme d'exploitation de la nature: chasse et cueillette, puis agriculture -, dont Foucault a étudié les prolégomènes à partir du XVIIIe siècle, qui bouleverse aujourd'hui l'ensemble du monde - en particulier de ce qu'on appelle le tiers monde - ne relève pas d'une normalisation sexuelle. Elle est du domaine d'un autre ordre symbolique. Son rapport à l'exploitation de la nature n'est pas immédiat. La dégradation des ressources naturelles n'est pas engendrée par la surpopulation: le caractère symbolique de la production de la population se trouve précisément dans son émancipation du principe de responsabilité malthusien. La dégradation des ressources est, par contre, le résultat du système de production indéfinie d'objets, c'est-à-dire d'un vecteur autre de massification, celui-là même que l'on désigne du terme de capitalisme.

La masse aime la densité, dit Canetti. On peut en déduire que la population comme masse retient la contre-valeur que représente la rente. Dit autrement, la population comme puissance constitue le pôle positif de la dégradation des ressources naturelles. Ainsi, une relation existe bien entre production "anormale" de la population et rétention de la rente. Cette relation, si on veut ne pas en rester à la conception marxiste de la production comme métabolisme de la nature, ne doit pas être réduite à ce seul niveau métaphorique. Tout en suivant la méthode inaugurée par Foucault dans sa recherche sur le bio-politique, la réflexion doit se frayer un autre chemin. Sans aucun doute, pourrait-on s'orienter vers une application générale de la catégorie de la décadence au moment où la prétention des masses et des peuples "d'intervenir en tout" ébranle sérieusement la conviction qu'a l'Occident de son universalité (Fehér, 1987). Sans doute pourrait-on conclure à un phénomène irréversible d'entropie dans lequel la population humaine serait engagée dans un même processus de dégradation de la nature. On pourrait aussi s'acheminer vers une réflexion sur la massification de la population dans son rapport au sacré. Le terrain est balisé par quelques hypothèses récentes (Aglietta, Orléan, 1982, à la suite de Girard; Enriquez, 1980 à la suite de Freud). Le sacré et l'argent. Autre perspective pour traiter de la rente, de la population et de la valeur.

PARTIE III

PROLETARISATIONS ET OBJECTIVATIONS

INTRODUCTION

La prolétarisation, comme multitude de points recomposant activités et opérations, s'inscrit dans le champ constitué par les processus d'*objectivation sociale*. Ces processus sont étudiés ici dans le rapport à quatre objets: le territoire, les aliments, les machines et les objets manufacturés. Avant de les aborder, nous apportons dans cette introduction quelques précisions méthodologico-théoriques. L'analyse se poursuit plus concrètement au fil des différents chapitres de cette partie, le lecteur peut s'y

Le concept de prolétarisation sollicite le concept de *prolétariat*. Premier problème dans une étude où celui-ci n'est supposé que nominalement. Prolétarisation comprend de plus une notion de *réduction*. Prolétariser, c'est réduire à la condition de prolétaire. Cette notion de réduction ne peut être soustraite facilement au concept de prolétarisation. Celui-ci apparaît en effet, après cette soustraction, vide de sens[1]. Remplir le concept d'un nouveau sens ne peut être réalisé que sur la base d'une analyse concrète. Cela justifie les importantes enquêtes[2] effectuées pour cette étude et sur l'analyse desquelles repose le présent examen de la prolétarisation.

Deux hypothèses guident ce travail d'enquête et d'analyse. D'après la première, il y a une multitude de points[3] à partir desquels s'effectue la prolétarisation. L'analyse tentera de dégager, à partir d'un certain nombre de champs, les processus multiples de prolétarisation. Elle poursuit une démarche déjà utilisée dans des travaux antérieurs et qui s'est avérée fructueuse (Corten, 1986, b). La seconde hypothèse est nouvelle. Les processus de prolétarisation ne se limitent pas à répartir la population entre divers procès de travail et dans des places à l'intérieur de ceux-ci, ils déterminent la nature même des procès de travail. En ce sens, la catégorie travail a une histoire concrète. C'est celle-ci qui donne son sens historiquement différencié au concept de prolétarisation. L'analyse portera sur la transformation des activités sociales en séquences distinctes d'opérations ou vice versa. Par activités sociales, on entend des activités pour lesquelles, femmes et hommes, avec leur mémoire et leur réseau social, s'associent. Lorsque l'on parle de séquences distinctes d'opérations, on vise à désigner qu'elles sont coordonnées en dehors de la mémoire collective. Ce que, habituellement, on appelle division du travail se réfère généralement à un seul ensemble déterminé de séquences et à la répartition des travailleurs entre ces séquences; est ici postulée une pluralité de procès de travail irréductibles

les uns aux autres. Pour en nommer provisoirement quelques-uns: production de la descendance, travail domestique, travail agricole, travail d'information et travail industriel.

L'ensemble des données recueillies selon ces deux hypothèses de travail - et présentées dans des textes antérieurs (Corten, 1985 a; Corten, Tahon, 1986, a) - doivent être ordonnées dans, pour continuer à employer une terminologie foucaltienne (1975: 126-128), les "stratégies immanentes" et "anonymes" qui structurent les rapports de force dans une société. Mais cela suppose de considérer la prolétarisation non pas seulement comme résistance à des relations stratégiques de pouvoir mais comme élément même de ces relations. Parti pris que nous empruntons à une autre tradition, celle des opéraïstes italiens - la classe ouvrière est première dans le rapport de classe - sans pour autant nous placer dans le cadre d'analyse trop étroit qu'ils nous proposent à propos des pays du tiers monde (Corten, 1986, f).

Reprenons là où la problématique de la rente et de la population nous avait fait déboucher sur le concept de massification; là où elle nous avait permis d'entrevoir, dans le dernier chapitre de la partie précédente, la prolétarisation comme massification. La masse est le *rapport à* dans lequel la population existe dans les sociétés étudiées: la population existe à travers l'objectivation que constitue sa masse.

Chez Marx, l'objectivation est principalement perçue à travers le travail. L'objectivation est considérée comme *aliénation* (1844), comme *séparation* en ce sens que l'être humain perd le contrôle de son travail et du produit de son travail. La catégorie centrale est bien celle du *travail*. Nous essayons ici, en nous inspirant notamment de la lecture stimulante du jeune Hegel que fait Agnès Heller (1978) (en partie malgré elle), de reprendre la catégorie de l'objectivation dans un sens préalable à celui de travail et donc préalable aussi à la catégorie corrélative de besoin nécessaire.

La prolétarisation, comme multitude de points recomposant activités et opérations, s'inscrit dans le champ constitué par les processus d'*objectivation sociale*[4]. C'est dans ces processus que l'on tentera de repérer les "stratégies anonymes". De ce point de vue, la massification peut être perçue comme l'objectivation sociale par excellence permettant de caractériser la prolétarisation. La population dans sa production s'extériorise, elle se projette face à elle dans la masse, elle se reconnaît dans la masse. Mais la masse, à moins d'être réduite à un phénomène psychologique, prend réalité dans le *rapport* défini *à* un certain nombre d'objets auxquels elle donne forme. Dans la multitude des points à partir desquels se développent les rapports de force, dans la multitude des opérations à partir desquelles se composent et se recomposent activités et processus de travail, à partir des *multiples processus* de prolétarisation, on peut repérer quelques *rapports aux objets*, quelques objectivations sociales plus spécifiques qui permettent d'esquisser le profil d'une stratégie anonyme que l'on appelera alors prolétarisation. Ces objets sont *le territoire* - qui couvre le problème de la migration, de l'exode rural -, *les aliments* - qui couvre celui de la reproduction de la force de travail -, *les machines* et *les biens durables* - qui couvrent les problèmes de la technique et des besoins. Comme objectivations sociales, en tant que rapports à des objets, ces rapports sont déterminés par la masse, par cette forme de distanciation dans laquelle la population se voit dans des objets déterminés, distanciation qui a néanmoins ce caractère général de *faible différenciation sociale* dont il sera question dans la 4e partie.

Ainsi défini, le concept de prolétarisation s'émancipe du concept de prolétariat. Il s'en émancipe d'une double façon. D'abord, il s'agit d'un ensemble de processus qui affectent des individus de toutes catégories sociales - c'est la conséquence de l'abandon de la vision en termes de réduction. Ensuite, la prolétarisation - on le verra dans l'analyse concrète - ne s'effectue pas, dans les pays étudiés, par un rapport privilégié à un objet déterminé, en l'occurence à la machine. Mais comment préciser alors la nature de cette immense transformation qui affecte individus de toutes catégories et à tous les niveaux? Comment la préciser sans se référer à un des métarécits qui rendent intelligibles (Lyotard, 1979) le terme de transformation au singulier? C'est surtout dans la manière dont, dans ces pays, se constitue l'Etat moderne qu'on s'interrogera sur la trame de récits historiques. On verra comment, dans la manière de nommer les catégories et de mettre en évidence leur incomplétude, s'effacent, dans la structuration de l'Etat, les locuteurs de ces récits. C'est pourquoi, au terme de cette partie sur la prolétarisation, il nous faudra poursuivre la recherche sur le terrain de la structuration de l'Etat. Ce sera la dernière partie de ce travail.

Notes

[1] La tradition marxiste, qui a porté ce concept de prolétarisation, raisonne en termes de *séparation*, séparation des moyens de production et finalement de subsistance. Voir Balibar, 1969, T. 2: 112 et suivantes.

[2] On trouvera en annexe II des précisions sur les conditions de réalisation, l'échantillon et la population de ces enquêtes.

[3] Cela concorde avec une analyse en termes de microphysique du pouvoir comme celle que mène Michel Foucault, 1975: 140.

[4] A un premier niveau, l'objectivation apparaît comme la transformation qui s'opère dans la *perception*, qui fait de la réalité quelque chose de distinct, voire d'opposé au sujet et dont l'identification au niveau de la langue constitue une étape décisive (Freitag, 1986: 127 et sv.). A un autre niveau, l'objectivation peut être vue comme la dépendance à l'objet qui prend son caractère humain et social dans la mesure où elle n'est jamais fixée une fois pour toutes et, dans cette inadéquation continuelle, elle forme le *désir* (Baslé, 1984). Cette dépendance n'est un rapport à un objet, avec sa densité symbolique, que parce qu'elle est *un rapport entre les êtres humains*. Dans ce sens, cette dépendance est en même temps une *dette* (Baslé, 1984). La *responsabilité* constitue une anticipation vis-à-vis de la dette, la responsabilité d'autrui. La responsabilité de soi-même est à son tour une anticipation de la

La *responsabilité* constitue une anticipation vis-à-vis de la dette, la responsabilité d'autrui. La responsabilité de soi-même est à son tour une anticipation de la responsabilité d'autrui: anticipation au second degré. L'anticipation n'annule pas la dette, elle la représente, elle participe du processus d'objectivation sociale.

Chapitre 1

Le rapport au territoire

Première image du territoire: la propriété du lopin de terre. C'est autour de ce territoire que se structure la famille: la propriété de la parcelle donne à l'homme le statut de chef de famille. La femme, les enfants sont assignés à travailler pour la reproduire. Première image du territoire, quasi-image d'Epinal, à laquelle il faut bien s'arrêter ici, faute de pouvoir remonter à la machine territoriale primitive (Deleuze, Guattari, 1972). En fait, image de reterritorialisation. S'y arrêter pour s'intéresser à autre chose qui en est, à certains égards, le prolongement: l'exode rural. L'exode rural envisagé du point de vue des personnes qui y sont engagées et du point de vue de l'Etat. Pour les migrants, de nouvelles objectivations sociales. Autant qu'investir la ville, c'est se mêler aux habitants, réaliser une force commune: la mobilisation. Pour l'Etat, l'exode est affaiblissement d'un territoire; il l'est déjà dès que la part des sans-terres devient très importante. Il faudra en tenir compte dès maintenant. Cette conception régit l'ordre du discours, tant lorsqu'il est question de territorialisation que de reterritorialisation.

L'occupation des biens "vacants"

L'indépendance de l'Algérie offre l'exemple d'une objectivation sociale nouvelle, malheureusement peu étudiée[1]. En quelques mois, des centaines de milliers de logements sont rendus "vacants": les Français partent en masse. Face à l'occupation des "biens vacants", tous les Algériens sont censés égaux. Il y a une sorte d'égalité dans l'investissement de la ville et c'est cette égalité qui non seulement légitime l'occupation mais, en même temps, fait la ville comme réalité sociale. Elle la fait sans relation aucune avec la fonction urbaine de reproduction de la force de travail. Elle la fait comme prolongement inversé, mais prolongement quand même, des camps de regroupement[2]. Ainsi comprise, elle éclaire comment la guerre elle-même, malgré son million de morts, de même que l'expansion démographique qui la prépare et lui succède, sont des phénomènes de prolétarisation.

Par objectivation sociale nouvelle, on entend donc que les familles occupant les logements ont en quelque sorte perdu leurs caractéristiques sociales d'origine. Les migrants des campagnes se trouvent mélangés aux habitants de la "ville arabe" jouxtant la cité européenne, qui avaient ces logements en vue depuis longtemps; les analphabètes se trouvent mêlés aux clercs, les miséreux aux privilégiés. Que cela rende compte de la clochardisation (Sayad, 1980) de nombreux quartiers des villes algériennes n'est qu'un aspect secondaire par rapport au caractère radicalement nouveau du site tant à l'égard du mode de vie des personnes venant des campagnes[3] qu'à l'égard du mode de vie des anciens occupants - européens - de ces logements.

Vis-à-vis du logement même comme territoire familial, vis-à-vis de la contiguïté comme territoire du clan, vis-à-vis des chemins comme périmètres d'intimité, la ville européenne investie présente les conditions d'extériorisation qui changent le statut même de l'homme et de la femme. Ce changement peut surtout s'observer négativement car le milieu familial, ou plus précisément la place qui y est attribuée aux femmes, a rapidement constitué un facteur de *reterritorialisation*. Encore faut-il mener l'analyse avec précaution. Le voile, par exemple, peut à son tour fonctionner comme objectivation nouvelle vis-à-vis de cette reterritorialisation autant que comme facteur de celle-ci. Référons-nous à des avis autorisés.

La claustration ou le voile

Le voile n'est pas l'apanage des citadines. Il ne l'est plus depuis les bouleversements de la guerre de libération nationale. On se souvient de cette description de Bourdieu et Sayad (1964: 132): "Autre signe de la transformation du style des relations sociales, l'apparition du voile féminin. Dans la société rurale d'autrefois, les femmes, qui n'avaient pas à se dissimuler aux membres de leur clan, étaient tenues de suivre, pour se rendre à la fontaine (et secondairement aux champs), des itinéraires écartés, à des heures traditionnellement fixées: ainsi protégées des regards étrangers, elles ne portaient pas le voile et ignoraient... l'existence cloîtrée dans la maison. Dans le regroupement comme en ville, il n'est plus d'espace séparé pour chaque unité sociale; l'espace masculin et l'espace féminin interfèrent; et enfin l'abandon partiel ou total des travaux agricoles condamne les hommes à rester tout le jour dans les rues du village ou à la maison. Aussi est-il exclu que la femme puisse continuer à sortir librement sans attirer mépris et déshonneur sur les hommes de la famille. Ne pouvant, sans se renier comme paysanne, adopter le voile de la citadine, la paysanne transplantée en ville devait se garder d'apparaître seulement sur le seuil de sa porte. En créant un champ social de type urbain, le regroupement détermine l'apparition du voile qui permet les déplacements parmi les étrangers."

Le voile - "question" qui a fait les beaux jours du "féminisme colonial" sous les auspices de la générale Massu et qui a inspiré des pages bien critiquables à Franz Fanon (1959) (Tahon, 1985 et 1987) - serait un moindre mal. Dans l'analyse d'une enquête réalisée au début des années 70, Hélène Vandevelde (1980) note: "la claustration dont se plaignent les femmes signifie être tenue enfermée dans la maison ou, lorsqu'il est obligatoire de sortir ou que l'on y est autorisé pour un acte précis, cette sortie est surveillée et contrôlée. La femme qui est tenue cloîtrée ne pourra donc jamais sortir seule: les femmes sortent en groupe par famille ou la belle-mère accompagnant sa belle-fille à moins que ce ne soit le mari (à défaut, le fils aîné); les femmes âgées seulement peuvent aller et venir relativement librement. Il y a une sorte de non-confiance radicale envers la femme; s'y ajoutent l'idée de la protection dont elles auraient besoin et l'idée encore persistante qu'une femme d'un certain rang ne doit pas avoir de charges à l'extérieur, donc n'a pas à sortir". Aussi, "les femmes ont très peu de possibilité de sorties, de rencontres, de discussions, même entre femmes. D'après les résultats de notre enquête, la moitié de la population féminine ne bénéficie même pas des sorties quasi-obligatoires trois fois par an, et assez peu de rapports de voisinage libres: ceux-ci ne sont admis, ne semble-t-il, que lorsque les voisins sont membres de la même grande famille (...).

"Certaines jeunes filles ou jeunes femmes qui font leurs études ou qui travaillent continuent à être tenues dans une semi-claustration (généralement fort mal supportée par les intéressées): dans ce cas leurs horaires sont étroitement surveillés, parfois même elles sont accompagnées pour les trajets et les jours où elles n'ont pas obligation d'aller en classe ou au travail, elles n'ont pas le droit de sortir". L'interdiction des relations avec les voisines repose sur le fait qu'elles ne sont pas des parentes, qu'elles sont donc des "étrangères" dont il faut se méfier: "se méfier de leurs paroles, leurs idées, le mauvais oeil qu'elles pourraient jeter, etc. Cette mentalité à laquelle s'ajoutent la jalousie d'un mari, la sévérité d'un père et la peur maladive du qu'en dira-t-on de la part de tous, explique l'isolement terrible de la femme en Algérie car même celle qui a certains rapports avec l'extérieur, qui rend visite à ses voisines, se voit extrêmement limitée dans le choix de ses échanges et de ses relations. Ce sont les circonstances qui les imposent et elles sont toujours surveillées, limitées."

En 1985, la perception de Camille Lacoste-Dujardin n'est guère différente: "les femmes voient se rétrécir l'espace de leurs activités, du territoire lignager villageois, champs compris, au seul espace étroit de l'appartement urbain. Dans cet espace réduit leur rôle s'amenuise pareillement, désormais restreint aux seules activités à exercer dans le cadre des nouvelles familles: procréation et travail domestique."

Réforme agraire et reterritorialisation

L'histoire de l'Algérie est une histoire de dépossession (Sari, 1978), de déterritorialisation. Face à ce mouvement, la population algérienne s'est posée comme nombre premier (Nouschi, 1962; voir aussi 1e partie, chapitre 3). Même pour le jeune Etat indépendant, cette "indépendance" vis-à-vis de la terre était vue comme une menace. La proportion élevée de sans-terres pouvait à juste titre être considérée comme un fléau social - en 1966, 71.6% des Algériens travaillant dans l'agriculture étaient non-propriétaires[4] -, un plan de réforme s'imposait. Il ne pouvait simplement s'agir de redistribuer des terres en supposant intact le réseau d'activités agraires. Il fallait faire une révolution agraire. S'appuyer sur le mouvement social pour faire de la terre une réalité nouvelle. Le radicalisme d'un certain nombre de mesures allait dans ce sens. Si objectivation nouvelle il y eût, c'est surtout pour la jeunesse mobilisée (Leca, Vatin, 1975: 342 et sv.), à un niveau symbolique certes mais ce qui n'enlève rien à son importance: il était enfin permis d'identifier un ennemi de classe dans une société où la lutte de classes était déniée (Sanson, 1979). Dans ce qui constituera une étape dans l'étatisation du marxisme à travers la jeunesse scolarisée (Benkheira, 1985, a), la fonction de reterritorialisation agit faiblement. Elle agit faiblement pour les personnes qui y sont engagées en tant qu'attributaires (Bedrani, 1981; Elaïdi, 1980), elle n'anéantit pas les stratégies de mobilité qu'elles pouvaient avoir antérieurement. Elle agit faiblement aussi pour l'Etat encore qu'elle permette d'alimenter un discours sur le vagabondage même si elle ne parvient pas à freiner l'exode rural (Benachenhou, 1979).

On peut attribuer l'échec de ce qui, malgré tout, s'appelle "révolution agraire" aux dix années qu'il a fallu pour l'entreprendre. Le mouvement vers de nouvelles objectivations s'est épuisé; il s'est transformé en son contraire: reterritorialisation, claustration... L'argument mérite d'être précisé. Au Mexique, près de vingt-cinq ans séparent la fin de la révolution et la mise en oeuvre à grande échelle de la réforme agraire durant la présidence de Cárdenas (1934-40) (Paré, 1977; Meister, 1971; Meyer, 1977). Pendant vingt ans, l'Etat se structure comme renversement de la tendance à l'élargissement de la proportion de sans-terres qui avait fait éclater la révolution de 1910 (de la Peña, 1975). Depuis 1960, il est vrai, il ne peut plus prétendre qu'à une stagnation du nombre de sans-terres dans un contexte de baisse radicale de la proportion d'actifs agricoles[5].

On verra plus loin les termes du contrat social de l'Etat mexicain moderne qui est fondé sur la réussite de la réforme agraire. Relevons ici que l'*ejido*, cette forme collective de propriété, qui se présente comme reterritorialisation, parce qu'il offre un retour à un système communautaire détruit par le capitalisme - et donc succédané de système communautaire, comme toute forme de retour - ne l'est pas, ne fût-ce que parce qu'il consacre le métissage moderne de l'Indien. La mexicanisation de l'Indien devient l'objectivation sociale qui fait du territoire, tel qu'il sort de la révolution, quelque chose de nouveau. Si l'on veut toucher du doigt la prolétarisation au Mexique, c'est bien par cette objectivation-là. C'est elle qui rend compte de ce phénomène peut-être sans précédent à l'époque contemporaine: celui d'une inversion au profit des campagnes de la croissance de la proportion de la population.

Fixation au territoire et paupérisation

Des enquêtes permettent de voir plus clairement certaines relations. Fétichisme des chiffres sans doute. Commentons pourtant un tableau (Corten, Tahon, 1986: 16) présentant les résultats de nos enquêtes:

Tableau: Lieux d'origine selon les catégories et le sexe au Mexique

Hommes Catégories de travailleurs	1 fixes	2 transitoires	3 très précaires	4 salariés artisanaux	Total
1) Proportion de la population d'origine urbaine née dans la même ville	79.4	62.3	90.5	68.4	70.6
2) Proportion de la population d'origine rurale née dans le même Etat.	47.4	42.9	79.2	92.8	59.5

Parmi les hommes, la catégorie 3 est constituée de ce qu'on appelle couramment des semi-prolétaires (emploi salarié très instable - revenu familial au seuil de subsistance). Cette catégorie est la plus fixée territorialement tant pour ceux d'origine urbaine nés dans la ville même que pour ceux d'origine rurale nés dans l'Etat même. La fixation fait partie du mouvement de déterritorialisation. On l'observe au niveau de la famille: c'est dans cette catégorie que les conjointes sont les moins nombreuses à travailler à l'extérieur, ne fût-ce que dans une activité informelle. La paupérisation résulte d'un certain rapport à ce qui est considéré comme le territoire mais où les activités sont vidées de toute mémoire collective. C'est le cas en particulier du travail domestique. Les ingrédients et les instruments utilisés sont rudimentaires et les gestes eux-mêmes en viennent à être complètement appauvris. Il s'agit d'une monotonie concrète indifférente à la mesure du temps: un travail concret mais vide, totalement distinct du travail abstrait.

Tableau: Lieux d'origine selon les catégories et le sexe (suite)

Femmes	1	2	4	5	6	Total
Catégories de travailleuses	institutrices etc.	ouvrières d'usine	salariées artisanales	actives informelles	ménagères	
1) Proportion de la pop. urbaine née dans la même ville	68.5	86.2	88.0	46.1	70.8	70.4
2) Proportion de la pop. d'origine rurale née dans le même Etat	44.4	5.0	50.0	65.9	75.9	67.8
						N=617

Source: Nos enquêtes 1983 réalisées dans les régions de Villahermosa, Córdoba, Aguascalientes, voir annexe II.

Une figure inverse est fournie par la catégorie[6] apparemment équivalente des femmes semi-prolétaires (catégorie 5). Sur le plan des revenus familiaux, cette catégorie se situe également au niveau de subsistance. Par contre, l'activité de ces femmes n'est pas salariée, elle appartient au secteur informel. Deux fois plus migrantes que les hommes semi-prolétaires, ayant migré depuis longtemps, ces femmes proviennent souvent d'autres villes (Corten, Tahon, 1986, tableau 6: 19).Cette expérience urbaine leur donne à première vue plus d'atouts pour s'insérer dans le tissu des activités informelles. Mais nombreuses sont aussi celles qui sont nées à la campagne, dans une famille d'*ejidatarios* et dans laquelle les femmes travaillaient dans l'agriculture. Arrivées en ville, elles recomposent leur activité: le travail domestique, au lieu de se rétrécir, s'élargit, se fait à l'extérieur du foyer contre rémunération (vente ambulante d'aliments, lessive, repassage, soins du corps, etc.). On ne rencontre donc pas, comme chez les compagnes des hommes de la catégorie 3, d'appauvrissement des tâches, elles ne subissent pas non plus une sorte d'exclusion culturelle à l'oeuvre chez les précédents. Les femmes de la catégorie 5 sont en moyenne deux fois plus scolarisées que les hommes semi-prolétaires, même si elles le sont moins que la moyenne. Il en va de même pour leur famille d'origine (Corten, Tahon, 1986: 17). Elles ont aussi eu, en général, une part plus active dans la décision de migrer.

Au niveau des revenus, hommes et femmes semi-prolétaires sont aussi paupérisés les uns que les autres. Mais on constate des différences très importantes entre eux au niveau de la richesse des tâches, de la mémoire collective du groupe et de l'accès au monde des signes de la société globale. La paupérisation a alors une dimension plus profonde. On constate aussi que les processus de prolétarisation sont sexués.

Le territoire familial

Le rapport à l'espace n'est qu'un indicateur de la fixation au territoire. Plus fondamentalement, cette fixation est le rétrécissement des processus d'objectivation. Ce rétrécissement renforce l'opacité, la facticité d'un certain nombre de relations[7]. C'est le cas notamment de la famille. S'y opère une réduction des besoins dans la même proportion que s'exacerbe le sentiment de responsabilité. La famille nucléaire en représente la forme la plus classique. Si l'on compare toujours les deux catégories des hommes semi-prolétaires et des femmes semi-prolétaires, on constate que chez les premiers domine la forme nucléaire (au sens étroit du terme: les deux parents et des enfants en bas âge) et chez les secondes la forme élargie (Corten, 1985, c, tableau 6). Toutefois, le territoire familial comme élément de fixation ne peut pas être identifié à une forme de famille mais à des processus de réduction des besoins. Il y a réduction dans la famille nucléaire non seulement par le simple fait que le nombre de participants adultes est très réduit mais surtout dans la mesure où un seul individu se sent investi de la responsabilité de tous les autres. Cela définit évidemment les enfants comme des êtres sans responsabilités et donc exclus des processus d'objectivation sociale qui leur permettraient de définir des besoins. Cela définit un des adultes comme chargé de reproduire cet état de non-responsabilité; l'opacité, la facticité de la relation se manifestant dans le fait qu'il est "naturel" que ce soit à la femme que soit assignée cette fonction.

Le processus de rétrécissement, tel qu'il détermine les structures familiales, n'est qu'une forme de fixation au territoire. Dans la migration, on le voit opérer à travers la variable scolarisation. En général, les migrants ont un niveau de scolarité plus élevé que ceux qu'ils laissent. Cela atténue partiellement la différence de niveau, en ville, entre personnes d'origine urbaine et celles d'origine rurale. Cela annule même cette différence pour certaines catégories. Par exemple, celle des ouvriers transitoires (catégorie 2 Hommes; ils ont un travail régulier mais des contrats de un à trois mois) (Corten, 1985, c, tableau 11). Ceux ou celles qui accompagnent un migrant sont souvent moins instruits (Corten, Tahon, 1986, tableau 7)[8]; c'est déterminant dans le processus de rétrécissement des objectivations. Leur entourage - y compris les frères et soeurs - peut compenser cette faiblesse (Corten, Tahon, 1986, tableau 7). C'est le cas des travailleuses (semi-prolétaires) du secteur informel (catégorie 5) dont on a déjà parlé. Pour d'autres l'adaptation urbaine implique au contraire une prise de distance très nette à l'égard de leur milieu d'origine (Corten, Tahon, 1986). C'est le cas des ouvrières d'usine (catégorie 2 Femmes); en principe, il s'agit de la catégorie féminine correspondante à la catégorie masculine, les femmes sont cependant moins scolarisées lorsqu'elles proviennent d'un milieu rural

La scolarisation intervient comme facteur qui, en donnant une certaine maîtrise sur la recomposition des tâches, influe sur la *prolétarisation familiale*, comme nous l'avons déjà observé dans d'autres enquêtes (Corten, Tahon, 1982, b). Sans doute la scolarisation est-elle aussi un instrument de désagrégation de la mémoire collective, mais cette désagrégation opère alors également sur les non-scolarisés pour qui le rétrécissement des processus d'objectivation se fixe dans des formes familiales qui reproduisent la paupérisation culturelle, tandis que, pour les scolarisés, elle peut se poser comme force de recomposition des tâches et dans cette mesure comme mise en question du *principe de responsabilité*.

Les espaces régionaux

La force de recomposition des tâches dépend de la manière dont elle s'objective dans l'espace régional. Comme objectivation sociale, l'espace régional peut être plus ou moins rétréci et cela détermine les formes que revêt la prolétarisation. Ce rétrécissement ne doit pas être évalué en termes de kilomètres. Les deux principaux espaces étudiés dans la littérature - celui de la frontière américaine et celui de la ville de Mexico - sont très étendus géographiquement. Selon les périodes, ils ne le sont pas toujours dans leur capacité de définir des besoins. Quoique les études importantes (Diéz, Ruíz, 1984; Cornelius, 1980; Bustamante et Malagamba, 1980; Garcia, Muñoz, de Oliveira, dont 1982), qui existent sur ces régions, n'aient pas été menées dans cette perspective, on peut en retirer de précieux éléments d'analyse.

Comment l'apparition de la rente pétrolière objective-t-elle de nouveaux espaces? Notre enquête présente à cet égard une dimension comparative. En plus de la nouvelle région pétrolière à proximité de Villahermosa, ont été étudiées une zone non pétrolière du Centre-Nord (la ville d'Aguascalientes) qui semblait, au plan de l'expansion industrielle, profiter du boom pétrolier ainsi qu'une autre zone non pétrolière, celle-là de vieille industrialisation (le couloir Orizaba-Córdoba dans l'Etat de Veracruz).

Dans la région pétrolière, les deux tiers de notre échantillon sont des migrants et des migrants récents. La moitié sont d'origine urbaine - c'est beaucoup plus rare dans les autres zones (Corten, 1985, c) -, ils proviennent en fait souvent des anciennes zones pétrolières (Prevôt-Schapira, 1982). Au plan intergénérationnel, ils sont plus nombreux à être d'origine rurale. Malgré des problèmes dramatiques d'urbanisation - parfois exagérés[9] - ces hommes et ces femmes ont institué un nouveau rapport au territoire. La recomposition des tâches se trouve cependant fortement freinée par le manque de diversification industrielle - par ce qui apparaît comme l'échec de la politique des pôles industriels. Vue d'une autre façon, elle l'est aussi par le fait que la migration récente est massive, ce qui engendre une exacerbation du principe de responsabilité. Ce n'est pas non plus un hasard si l'écart de conditions de vie entre travailleurs permanents (catégorie 1 Hommes) et autres catégories de travailleurs y est le plus large.

La ville d'Aguascalientes, capitale du plus petit Etat de la fédération, au Nord de Mexico, est un centre ferroviaire important doté d'une industrie artisanale de broderie. La ville a connu un développement industriel récent, notamment dans l'automobile. Des trois régions étudiées, c'est, de loin, la plus urbanisée. Le canal de liaison entre les campagnes et les villes, à travers les migrations, est d'ailleurs desséché: la force de recomposition des tâches de la part des migrants ruraux est faible. Peu sont nés à la campagne, même si près des deux tiers des interviewés avaient encore un grand-père dans l'agriculture. Les quelques migrants d'origine rurale sont souvent des semi-prolétaires (schéma inverse de celui des zones pétrolières). Par contre, l'écart entre travailleurs permanents et travailleurs transitoires se rétrécit. Notons aussi que les ouvrières d'ateliers artisanaux (catégorie 4 Femmes) sont très scolarisées. Leurs père et mère aussi. Elles ont un profil qui se rapproche des institutrices, infirmières et femmes "cols blancs" (catégorie 1 Femmes) qui appartiennent généralement au même milieu que les ouvriers permanents. Elles sont souvent les filles de ces ouvriers. En resserrant dans l'espace urbain un certain nombre de pratiques, l'espace devient le lieu d'un élargissement des objectivations sociales. Nous parlerons plus tard de nouvelle culture urbaine.

Le corridor industriel Orizaba-Córdoba - vieux centre de l'industrie alimentaire - se situe dans une région agricole de café et de canne à sucre. Les femmes surtout sont nombreuses à être d'origine rurale. Dans le même temps, le taux d'ouvrières y est un des plus élevés du pays. L'ancienneté de la migration a permis la remise en question du principe de responsabilité et des formes familiales dans lesquelles il se reproduit. Cela permet à la région de résister partiellement à la puissance d'attraction du district de México. Le canal de liaison entre les campagnes et les villes est un canal d'encadrement de la rente agricole[10]. Les bas salaires payés aux ouvrières d'usine mais même aux ouvriers permanents d'une des plus importantes brasseries du pays participent, mais de façon délocalisée, aux mécanismes d'encadrement de la rente de la région métropolitaine de México. Simultanément, de par la souvent dirigées par des femmes, l'accès aux aliments se présente comme provision sociale non réifiée. La région étudiée est une objectivation sociale intermédiaire dans la constitution de cette provision, intermédiaire entre les mécanismes macro-économiques réglant les subventions et le mode de gestion familiale.

Notes

1 Une des rares études est celle de Si Ammour (1984) qui montre d'ailleurs que la jouissance d'un logement dans les "quartiers européens" apparut très rapidement tributaire de l'appropriation des postes d'emploi "vacants". Dès lors, écrit-il, "les différenciations sociales commencent à se creuser entre les groupes sociaux qui contrôlent <<l'héritage colonial>> et ceux qui ont gardé leur situation antérieure à l'indépendance; mais le poids de ces différenciations liées au contrôle des emplois administratifs et industriels était plus ou moins instable en raison des flottements des responsabilités et de l'incertitude des situations acquises".

2 Ce qui se traduit par la configuration très particulière de la population urbaine. Voir Brulé, Mutin, 1982.

3 L'expression de "ruralisation du mode de consommation" est malheureuse si elle laisse entendre un prolongement là où il y a rupture de mode de vie. Cependant telle qu'utilisée par Radji et Bedrani (1982) pour désigner un mode de consommation qui n'est pas non plus classiquement urbain, cette expression désigne une réalité totalement originale.

4 Le nombre de propriétaires ne cesse de décroître alors que la population agricole augmente: en 1901, ils étaient 620.899, soit 54.7% de la population agricole; en 1938, ils étaient 549.395 (30.8%); en 1966, ils étaient 367.365 (28.4%). En 1977, après la réforme, ils sont 256.846 mais représentent 37.2% d'une population agricole en nette diminution. Voir Benachenhou, 1976: 289 et 437; Nouschi, 1962: 120; Recensements 1966 et 1977.

5 D'après Paré, 1980 et 1977, la population active agricole et la population de salariés agricoles sans-terres sont respectivement (en milliers) en 1910, de 3.597 et 3.130; en 1930, de 3.626 et 2.479; en 1940, de 3.831 et 1.913; en 1950, de 4.008 et 1.472; en 1960, de 5.045 et 2.204; en 1970, de 5.122 et 2.552.

6 Voir annexe II.

7 Lukács (1960) parle d'immédiateté pour désigner cette facticité. Il postule cependant que c'est l'universalisation du monde des marchandises qui détermine l'"immédiateté" la plus fondamentale.

8 Notons que, dans notre échantillon, les femmes sont plus nombreuses à être migrantes que les hommes (Corten, 1985, c, tableau 10).

9 Selon les statistiques des recensements, la population aurait en fait augmenté de 55% de 1970 à 1980, soit moins que durant la décennie antérieure (Corten, 1986, d).

10 Ce canal n'est pas le même que celui observé à Santiago (république Dominicaine) auprès des ouvrières de zones franches. Là aussi on relève une forme de mobilisation de la rente qui se fixe dans une catégorie de jeunes migrants scolarisés. Mais ceux-ci, en attirant des capitaux étrangers, n'ont aucune prise pour retenir la rente (Corten, 1986, e, en particulier: 54-60; Corten, 1988: 118-123).

Chapitre 2

Le rapport aux aliments

Il n'y a sans doute jamais d'accès direct aux aliments. Les aliments se présentent, y compris dans une société de chasse et de cueillette, sous la forme d'une provision. La provision est l'objectivation sociale d'un besoin, en l'occurrence d'un besoin vital. Dans cette objectivation, les aliments font perdre au besoin son caractère naturel (Heller, 1974). Dans ce sens, il n'y a pas d'accès direct aux aliments. On ne saurait donc considérer en soi le manque d'accès aux aliments comme un phénomène de prolétarisation.

Le rapport aux aliments offre un champ où les activités sociales chargées de leur savoir-faire peuvent se décomposer en séquences distinctes coordonnées en dehors de la mémoire collective. C'est dans cette décomposition que l'être humain peut être réduit à s'alimenter pour sa seule survie, ce qui n'exclut pas, en l'occurrence, qu'il puisse être suralimenté. C'est dans cette décomposition aussi que les êtres humains se sentent responsabilisés d'assurer cette survie pour d'autres, d'en faire des dépendants. Resurgit ainsi l'image d'une sorte de nécessité naturelle. Curieusement, ce n'est pas la femme, pourtant "naturellement" capable de répondre à cette exigence d'êtres totalement dépendants, qui prend figure de nourricière, c'est l'homme, cela lui accorde le rôle de père.

Vue de cette façon, la décomposition des activités sociales ne date pas d'aujourd'hui. Dès l'abord, toute activité sociale se développant dans le champ du rapport aux aliments est marquée de repères mythiques, nous l'avons vu dans l'introduction. La prolétarisation comme libération d'initiative peut aussi être un processus de dégagement de ces repères.

Provision alimentaire et type de famille

La provision alimentaire, qui est l'objectivation sociale d'un besoin, est définie par le groupe qu'elle réunit. Elle est donc définie par le combien. Y en a-t-il qui se sentent plus responsables de ce qu'ils considèrent comme la survie? Une division s'opère-t-elle entre ceux qui apportent et ceux qui transforment ou l'apport n'est-il qu'un aspect d'un processus plus général de transformation comme dans le cas des femmes qui, par exemple, tiennent à domicile une cantine pour travailleurs ?

A manger pour combien, ce n'est évidemment pas seulement un nombre. Ou bien, dit autrement, le combien, c'est aussi combien de générations. C'est dès lors aussi les repères d'articulation entre générations. Familles nucléaires, familles monoparentales, familles élargies, familles matrifocales, etc. Au Mexique comme en Algérie, on relève, on y a déjà fait référence, le phénomène connu de la nucléarisation de la famille en milieu urbain. Au Mexique, selon nos enquêtes (Corten, Tahon, 1986, en particulier tableau 8), 60% des travailleurs interrogés vivent dans des familles nucléaires avec enfants mineurs. Dans la ville de Mexico, la proportion est d'environ 50% là où les chefs de ménage sont des hommes (Garcia, Muñoz, de Oliveira, 1982: 84)[1]. En Algérie, la part de familles nucléaires en ville (y compris les familles réunissant des enfants adultes non mariés) est d'environ 60%: on ne constate pas une différence de la structure familiale entre la période précédant et celle suivant la migration quoique la plupart des migrants passent d'une famille nucléaire ascendante à une famille nucléaire descendante. Certaines catégories sociales rurales n'en connaissent pas moins, il est vrai, une proportion plus élevée de familles élargies: les agriculteurs mais aussi les commerçants ont pour moitié ce type de famille (AARDES, 1979).

Avec l'entrée des femmes sur "le marché du travail", apparaît en ville un nouveau type de famille non nucléaire. Nécessairement peu apparent en Algérie avec sa faible féminisation de la population active, ce phénomène l'est, en revanche, très nettement au Mexique. Phénomène nouveau dans la mesure où il est plus accentué chez les travailleuses d'origine urbaine que rurale. Selon nos enquêtes, 45% des travailleuses d'origine urbaine vivent dans des familles élargies, matrifocales ou monoparentales féminines. La proportion s'élève à 55% dans la ville de Mexico (Garcia, Muñoz, de Oliveira, 1984: 86).

Provision alimentaire et structure des apports

Il n'y a pourtant pas de rapport direct entre type de famille et nombre d'apports (de revenus) par famille. Le caractère nucléaire de la famille n'implique pas nécessairement la réduction à un seul revenu. Dans 40% des cas, lorsqu'il y a deux apports, l'un est celui de l'enquêté-(e) et l'autre celui du-de la conjoint-(e). Par contre, lorsqu'il y a trois apports, l'un de ceux-ci n'est celui du-(de la) conjoint-(e) que dans 20% des cas. Se dégage un double modèle. Un modèle *continu* pour les travailleurs interrogés: la nucléarisation baisse avec le nombre d'apports. Un modèle *discontinu* pour les travailleuses interrogées: avec deux apports, c'est souvent une famille nucléaire, avec trois, c'est rarement une famille nucléaire (Corten, Tahon, 1986, tableau 13).

Ce double modèle en cache un autre, plus important encore. Plus les hommes sont paupérisés, plus ils se replient sur un seul apport alors que les femmes à bas revenus les multiplient (Corten, 1985, c, tableau 4). Ainsi, les trois quarts des semi-prolétaires n'ont qu'un seul revenu alors que plus de la moitié des travailleurs permanents en ont deux ou plus. Notons que dans les régions pétrolières, le nombre d'apports est plus réduit, comme il l'est d'ailleurs chez les récents immigrants. On en a fourni une explication plus haut. Pour les travailleuses, on compte rarement trois apports chez les cols blancs et institutrices, il y en a dans le tiers des cas chez les travailleuses du secteur informel et chez une ouvrière d'usine sur quatre. Celle-ci est alors plus instruite[2].

L'élargissement de la provision alimentaire comme figure de prolétarisation

La provision alimentaire se constitue très différemment selon le sexe du chef de famille. Comparons les semi-prolétaires et les ouvrières d'usine qui ont des salaires précisément assez comparables[3]. Les premiers ne prennent trois repas par jour que dans 45% des cas, les secondes dans 83%. Chez 31% des semi-prolétaires, on ne boit pas de lait à la maison; cela n'arrive pas chez les ouvrières. 37% des premiers mais 79% des secondes mangent de la viande au moins trois fois par semaine (Corten, 1985, c, tableau 7). La manière dont se constitue le stock alimentaire familial dénote aussi un changement de mode alimentaire. La moitié des ouvrières d'usine mangent du pain, les deux tiers mangent des pâtes tous les jours. Elles sont aussi moins dépendantes de l'épicier du coin. Ce changement de mode alimentaire, souvent décrié, s'inscrit dans un comportement général dans lequel on attache plus d'importance à une meilleure alimentation. Les ouvrières d'usine consacrent 75% de leurs revenus à l'alimentation alors que les semi-prolétaires (masculins) en consacrent 65% (Corten, 1985, c. tableau 8).

Cette propension à une plus grande générosité alimentaire va de pair avec des ménages plus nombreux. Le nombre moyen de personnes par ménage est plus élévé chez les ouvrières d'usine que chez les semi-prolétaires. Le nombre d'enfants lui-même est plus élevé bien qu'en général le travail des femmes à l'extérieur fasse baisser leur fécondité[4].

Tout cela indique une tendance à l'élargissement de la provision alimentaire comme forme d'objectivation sociale des besoins vitaux. Cet élargissement permet une sorte de recomposition des activités sociales, ce qui se note aussi chez les ouvrières d'usine dans le plus grand partage des tâches domestiques entre femmes (Corten, 1985, c, tableau 9). Pour l'achat des aliments, la préparation des repas et la vaisselle, le partage est important, non seulement avec les mères mais aussi avec les soeurs. Alors que le partage avec les mères bloque souvent leur propre processus de salarisation, il se pourrait que l'on assiste à une tendance contraire lorsque le partage s'effectue entre soeurs[5]. Soulignons ici la relation entre élargissement des processus d'objectivation et phénomènes de recomposition des activités sociales qui est au centre d'un des axes du phénomène de prolétarisation. Sur cet axe, les ouvrières d'usine se trouvent à l'extrême opposé des semi-prolétaires. D'une part, ceux-ci se nourrissent mal et, d'autre part, chez eux, le travail domestique est peu partagé entre femmes dans le même temps qu'il est vidé de sa substance. Au contraire, les ouvrières d'usine occupent une position marquée par une recomposition des tâches dans une activité sociale unitaire - la production de la descendance -, cette activité exprimant immédiatement un besoin social.

Fonds familial des salaires

Elargissement des objectivations et recomposition des tâches se font dans un cadre familial. Ce cadre permet-il de reproduire la dynamique entre élargissement et recomposition et d'étendre les positions occupées sur l'axe au point d'en marginaliser l'autre extrême? Au point d'en être la force dominante? Une double question surgit. Tant que l'objectivation sociale des besoins vitaux se fait dans le cadre familial, un certain nombre de pratiques du corps - hygiène, sport, médecine - ne risquent-elles pas de fonctionner, faute d'espace, comme disciplines déterminées par un espace urbain objectivé en dehors de toute mémoire collective[6]? Des études concrètes (Corten, Tahon, 1984) montrent que, si ces pratiques échappent au cadre familial, elles ne sont pas nécessairement régies par une logique panoptique. Elles peuvent fournir des cadres d'objectivation sociale, certes mineurs par rapport au cadre familial mais servant de relais vis-à-vis des espaces macro-sociaux comme ceux dans lesquels la ville se forme.

Par ailleurs, dans quelle mesure le cadre familial peut-il être le lieu stratégique où faire éclater les schèmes symboliques fondamentaux qui instituent les sexes en fonction du rôle de maître de la vie? Sans pouvoir vraiment répondre à cette question, on peut émettre quelques observations. L'élargissement de la provision alimentaire est possible parce qu'il y a un *fonds familial des salaires*: les revenus de chacun des membres de la famille sont sommés sans qu'aucun d'entre eux ne dépasse significativement la moitié des revenus totaux. Il y a bien une communauté qui s'établit - chacun n'assure pas sa propre survie - mais il n'y a pas de rôle de nouricier. Deuxième observation: c'est l'existence de ce *fonds familial* qui, pour les femmes, rend moins difficile la séparation d'avec leur conjoint. Ceci se vérifie au moins pour les ouvrières d'usine actuellement séparées: elles étaient, dans leur immense majorité, sur le marché du travail avant leur séparation (Corten, 1985, c: 31-32). Cela semble moins vrai pour les travailleuses du secteur informel dont près de la moitié ont entrepris ces activités après leur séparation.

Troisième observation: la production de la descendance, qui est, dans ce schéma de prolétarisation, l'activité sociale unitaire dans laquelle se recomposent les tâches, opère aussi bien dans les familles où les femmes sont séparées de leur conjoint. Selon nos enquêtes, les femmes séparées ont en moyenne un nombre d'enfants comparable aux femmes mariées qui travaillent contre rémunération (Corten, 1985, c: 54). De façon plus générale, on peut dire que, dans la société mexicaine, c'est leur nombre élevé d'enfants qui pousse de nombreuses femmes à travailler à l'extérieur. C'est dans ce contexte-là que fonctionne le fonds familial des salaires. Inversement, la réduction du nombre d'enfants peut être vue comme une stratégie pour rétablir un rôle de nourricier.

Algérie: un fonds masculin?

En Algérie, la provision alimentaire s'est élargie considérablement. Mais peut-on parler de fonds familial? Dans ce pays, on assiste à cet égard à une sorte d'homogénéisation de la consommation sur le modèle urbain: plus de viande et plus de lait, par exemple[7]. Cette homogénéisation traduit un élargissement de la provision alimentaire. Comme on l'a déjà vu, la loi d'Engel ne joue pas: on ne restreint pas la part des dépenses consacrée aux aliments lorsque les revenus augmentent[8]. Autre aspect de l'élargissement de la provision: le nombre de personnes par ménage est élevé ainsi que le nombre d'enfants[9].

Le nombre d'apports par famille en Algérie[10] est moins élevé qu'au Mexique[11] mais il a très fortement crû depuis 1966, ce qui est partiellement dû à l'occupation beaucoup plus intensive des logements[12] puisqu'il y a presque deux personnes de plus par logement, en moyenne, en 1984 qu'en 1966. En 1966, le nombre d'apports est très faible, on ne compte même pas un occupé par ménage. Mais des apports complémentaires viennent de l'étranger. Au moins 10% des occupés algériens sont en France[13]. Ils envoient près d'un milliard de nouveaux francs en 1966, cela représente environ 20% de la masse salariale algérienne[14]. On estime en effet que, à cette époque, l'émigration "permet à plus d'un million et demi de personnes de subsister en Algérie"[15]. Jusqu'en 1976, le nombre d'Algériens en France ne cesse d'augmenter mais l'immigration devient plus familiale. Dès 1973, le nombre d'actifs commence à diminuer[16]. Ainsi, de 1967 à 1977, les montants envoyés n'augmentent pas en termes réels et diminuent sérieusement par rapport à la masse des salaires[17].

On a déjà souligné l'aspect de rente (agricole) que revêt l'envoi de fonds des émigrés (Corten, 1986, b). Est-ce à la lumière du phénomène de rente - substitution par la rente pétrolière - que l'on peut regarder l'accroissement très rapide du nombre d'apports par ménage à partir de 1977? On peut en tout cas relever que cet accroissement fait beaucoup plus que compenser le manque a gagner qui résulte de l'effondrement des transferts de fonds.

Il y a un double changement à partir de 1977. Jusqu'alors, il n'y a généralement qu'un apport par ménage. C'est un apport masculin. Il provient d'un homme vivant dans sa famille ou d'un homme absent. A partir de 1977, on s'habitue à ce qu'un ménage ne vive plus d'un seul apport. Ces apports nouveaux sont presqu'exclusivement masculins. Un sur dix provient d'une femme. Bon nombre de femmes qui travaillent contre rémunération ne fournissent d'ailleurs pas un apport additionnel mais, c'est le cas des veuves et des divorcées, l'apport principal et souvent unique.

La situation est différente de celle du Mexique où l'accroissement du nombre d'apports est moins important mais où, par contre, la part féminine dans cet accroissement est très grande. La proportion de chefs de ménage féminins n'est pas plus élevée au Mexique qu'en Algérie mais près d'un ménage sur deux compte sur un apport féminin et c'est là le phénomène le plus remarquable de ces dernières années.

La multiplication des apports intervient au Mexique dans le cadre de l'élargissement d'objectivations sociales et coïncide avec une recomposition des tâches. En Algérie, revenons sur les deux séquences de l'évolution. Remplacement progressif de l'apport d'un homme absent par un homme présent, encore qu'il faille noter la résistance à ce remplacement qu'indique le nombre de chefs de ménage féminins. On peut penser que ce remplacement constitue un rétrécissement du champ d'objectivations sociales. Dans la seconde séquence, habitude dans un ménage de compter sur plusieurs apports, il y a sans doute élargissement de ce champ mais cet élargissement ne coïncide pas avec une recomposition des tâches. Des études récentes seraient nécessaires pour évaluer si cette disjonction, qui s'observe dans ses effets de reterritorialisation et en particulier de claustration pour les femmes, décompose à terme les objectivations sociales qui avaient permis d'enrichir les besoins. Concrètement, l'amélioration alimentaire continue-t-elle de s'observer?

La provision du ramadan

Et le carême? Au moins en Algérie, le ramadan, c'est le mois de la dépense, de l'abondance, de la prodigalité. Prodigalité alimentaire. "La dépense, comme figure de l'excès, semble être la seule en mesure de produire de la jouissance" (Benkheira, 1986, a: 38). L'islam populaire s'oppose sur ce point aux énoncés des lettrés et aux énoncés technocratiques qui, chacun à leur manière, parlent d'un ramadan sérieux et austère. Cet islam populaire n'est pas pour autant l'islam traditionnel. Le discours réformateur a produit ses effets. Les marabouts sont de moins en moins vénérés, on prend ses distances vis-à-vis des superstitions. Un islam populaire urbain s'affirme de plus en plus.

Le jeûne n'est pas le contraire de la fête. Il permet à la communauté de se manifester. Si, durant l'année, la religion est affaire strictement privée, le jeûne, lui, est obligatoire et manger avant le coucher du soleil expose le contrevenant à se faire exclure du groupe. L'espace public s'empare des pratiques les plus quotidiennes. Par exemple, dans les quelques restaurants restés ouverts, on refuse presque toujours de servir la clientèle algérienne supposée musulmane. Dans cet élargissement de l'espace public, mais non politique, se développe une sorte de fraternité générale. Durant le jour, on joue avec la faim. La nuit, c'est la fête, on mange, on mange plus que d'habitude, on mange mieux que d'habitude. Au moins durant un mois, le manger mieux fait partie de l'islam populaire urbain. C'est la fête aussi parce qu'on passe la nuit à parler, à rire, à raconter des histoires. Les temps sont inversés: le jour est immobile, la nuit est animée. Durant le ramadan seulement, il fait bon se promener le soir dans les rues. En particulier pour les femmes et les enfants. En temps ordinaires, la nuit leur est interdite. Pendant le ramadan, "jusqu'à une heure tardive de la nuit, les femmes et les enfants peuvent se mêler à la foule des adultes mâles" (Benkheira, 1986, a: 45).

Inversion du monde quotidien? Suspension de son ordre? Ou, malgré et dans la fête, exacerbation de cet ordre? Au niveau des objectivations sociales, il y a élargissement. Non seulement parce que l'on mange de la viande et des gâteaux mais aussi parce qu'on prend le temps de les savourer. Le ramadan se présente comme l'inverse du schéma de reproduction de la force de travail. On se refait le jour pour pouvoir mieux goûter la nuit. Dans cet élargissement, les tâches domestiques se trouvent alourdies mais aussi enrichies. La division sexuelle des tâches se trouve renforcée mais tout s'organise autour des tâches domestiques. Cette division fonctionne à la complémentarité et donne une réalité à la provision alimentaire. Cette provision n'est pas seulement soumise à la scansion des paies. Bien des semaines, sinon des mois, à l'avance, il faut y penser: faire des provisions d'amandes, de fruits secs, d'épices; faire des conserves de tomates et de piments. C'est d'autant plus nécessaires que les prix augmentent durant le ramadan. Il peut aussi y avoir pénurie de certains produits malgré les efforts des autorités administratives qui résistent pourtant, à afficher trop ouvertement leur rôle d'Etat nourricier, au sens, ici, littéral. La prévoyance constitue d'ailleurs à son tour une forme de résistance latente à s'engager dans cette relation: autonomie de la provision familiale ou communautaire face au stock de l'Etat. Enfin, il y va de l'autonomie des femmes par rapport aux hommes, même s'ils sont le plus souvent les seuls à apporter des revenus en argent et à pouvoir épargner en espèces ou payer des dettes, encore que épargne et dette ne soient pas équivalentes dans la distribution sexuelle des rôles de prévoyance.

La question reste: cette provision, avec ce qu'elle suppose de distribution des tâches et des manières dont les apports en argent interviennent dans cette distribution institue-t-elle un fonds familial, un fonds masculin, ou, encore, laisse-t-elle pénétrer des mécanismes de réduction au seul besoin de reproduction de la force de travail? En d'autres mots, et pour reprendre les termes de l'alternative à l'envers, la provision du ramadan sert-elle à *masquer* l'absence de provision quotidienne, permet-elle de *légitimer* le fonds masculin sur la base d'une valorisation illusoire du rôle des femmes comme gardiennes des traditions ou, au contraire, est-elle le champ où le *"domaine public" s'organise dans la société civile* en contre-point mais sans opposition vis-à-vis de l'Etat, en décalage par rapport à la masculinisation de l'emploi qu'il institue? Dans la provision du ramadan, les trois processus sont à l'oeuvre.

Notes

[1] Plus précisément encore, 50% = le pourcentage parmi les salariés manuels de ménages nucléaires dont le chef a moins de 45 ans.

[2] 70% ont un certificat d'études primaires contre 36% lorsqu'il n'y a qu'un apport (Corten, Tahon, 1986, tableau 15).

[3] En dehors des zones pétrolières, les semi-prolétaires ont, en moyenne, 12.000 pesos mensuellement et les ouvrières d'usine en ont 13.000. Le salaire minimum moyen peut être estimé à l'époque (juillet 1983) à 12.800 pesos. Notons cependant que les revenus familiaux sont plus élevés chez les ouvrières, en raison de la multiplication des apports. Ils y sont de 24.800 contre 17.600 chez les semi-prolétaires.

[4] Selon nos enquêtes, le nombre de personnes par ménage est de 7.2 pour les ouvrières d'usine et de 5.3 pour les semi-prolétaires (moyenne nationale = 5.3). Les ouvrières d'usine ont 4.1 enfants (elles ont une moyenne d'âge de 34.1 ans) alors que les semi-prolétaires en ont 4.0 (mais ils sont de 4 ans plus âgés en moyenne) et les femmes au foyer (catégorie 6 Femmes) en ont 4.3 (moyenne d'âge = 37.6 ans) (Corten, 1985, c, tableau 12). Selon les statistiques globales de 1970, le nombre moyen d'enfants des femmes du groupe d'âge 35-39 ans est de 3.9 pour les "actives" et de 6.1 pour les "inactives" (Ordorica Mellado, 1984, cuadro 7: 93).

[5] Ce phénomène avait été observé auprès des ouvrières de zones franches en république Dominicaine (Corten, 1986, e: 34-43).

[6] On se rend compte qu'il est question ici d'un problème de théorisation qui se pose en termes d'objectivations versus de disciplines. On reviendra sur ce problème à l'égard duquel cette recherche tente de se situer par rapport aux thèses de Foucault. Voir en particulier 4e partie, chapitre 4.

[7] De 1968 à 1979, la consommation de viande et de lait est passée respectivement de 8.67 à 15.68 kg et de 34.00 à 61.35 litres. Cela représente 34.2% des dépenses alimentaires des ouvriers spécialisés et des manoeuvres (Bedrani, 1982: 30).

[8] Que la loi d'Engel semble avoir été confirmée dans les études menées sur l'Europe et qu'elle semble infirmée pour l'Algérie (voir 1e partie, chapitre 1) n'enlève rien à l'intérêt de la comparaison avec ces études. Notamment l'étude classique d'Halbwachs (1912). Notons que la dépense en viande est assez comparable et que Halbwachs constatait déjà aussi une augmentation de ce type de consommation par rapport au lait. Selon des enquêtes sur le Grand-Alger (Benferhat, 1985), la part de viande, volaille et poisson est passée de 22.4% en 1969 à 31.5% en 1979, celle de pain et céréales a baissé de 25.0 à 14.3%.

[9] La population résidente totale (en milliers) passe de 12.018 en 1966 à 16.948 en 1977, à 19.835 en 1982 et est estimée à 20.842 en 1984. Le nombre de ménages s'élève respectivement à 1.976, 2.226, 2.666 et 2.684. Le nombre de personnes par ménage est respectivement de 6.08, 8.20, 7.43 et 7.77. Sources: pour 1966 et 1977, *Recensements* tels que repris dans les Annuaires 1972 & 1981. Pour 1982 et 1984, *Enquêtes MOD*, 1984 et 1985.

[10] La population occupée (en milliers) s'élève à 1.725 en 1966, 2.337 en 1977, 3.474 en 1982 et est estimée à 3.750 en 1984. Le nombre de femmes "occupées" est de 96.427 en 1966, 138.000 en 1977 et 245.000 en 1982. Le taux de féminisation des occupés est donc de 5.0 en 1966, de 6.2 en 1977 (avec les femmes partiellement occupées: 8%) et de 7.0 en 1982. D'après *Enquêtes MOD*, 1982: 79, 1984: 43, 276.000 ménages sur 2.666.000 seraient dirigés par une femme en 1982 et 311.000 sur 2.684.000 en 1984. Le nombre d'occupés par ménage est de 0.87 en 1966, 1.03 en 1977, 1.30 en 1982 et 1.40 en 1984. Enfin, le nombre de femmes "occupées" par ménage est de 0.05 en 1966, 0.06 en 1977 et de 0.09 en 1982.

[11] Les chiffres suivants concernent respectivement les années 1970 et 1980. La population occupée (en milliers) est estimée à 12.863 et à 18.795 (INEGI, 1983). La population active de 12.909 (IX Censo 1970) et de 22.066. Les femmes "actives" sont 2.466 et 6.141. Le taux de féminisation est donc de 19.0 et 27.8. Le nombre de ménages est de 8.286 et 12.074. Le nombre d'occupés par ménage est de 1.55 et 1.54. Le nombre d'actifs par ménage est de 1.56 et 1.83. Le nombre de femmes actives par logement est de 0.30 et de 0.51. On notera la très grande différence entre 1970 et 1980 quant à la distinction de l'estimation des actifs et des occupés. D'après d'autres sources (SPP, 1982), on peut estimer à 1.7 le nombre d'occupés par ménage en 1979.

[12] Au Mexique, le taux d'occupation par logement a peu varié, il est de 5.5 personnes en 1960, 5.8 en 1970 et 5.5 en 1980.

[13] En 1968, on compte 249.000 Algériens occupés en France sur une population algérienne totale en France de 471.000 (CICRED, 1974: 89).

[14] En 1966, les envois s'élèvent à 846 millions, en 1967 à 967. La même année, la rémunération des salariés est de 5.813 DA. En supposant le DA à parité avec le franc français, ils représentent 16.7% de la masse salariale en 1967. Pour l'envoi de fonds, voir Garson, Tapinos, 1981: 38. Pour la masse salariale, voir *Comptes Economiques 1967-1978*.

[15] Minces, Chaliand, *Le Monde Diplomatique*, juillet 1972, cité par Garson, Tapinos, 1981.

[16] Les actifs algériens sont 322.600 en octobre 1973, 263.000 en octobre 1976 et 251.300 en octobre 1979 (Verhaeren, 1983: 122).

[17] 1.818 millions de FF sont envoyés pour une masse salariale de 36.253 millions de DA. L'indice des prix de détail passe de 1967 à 1977 de 95.8 à 167.2.

Chapitre 3

Le rapport aux machines

Les machines sont une extension du corps du travailleur. Elles sont les aptitudes de l'être humain objectivées. Le rapport à l'objet distingue fondamentalement l'humain de l'animal. Non pas dans la manipulation d'un instrument mais dans le rapport comme conscience, la conscience n'apparaissant qu'avec le besoin du "commerce entre les hommes" (Marx, 1845). L'aliénation est dès lors définie par la privation de l'objet ou du moins par la séparation par rapport à lui mais aussi par une sorte d'extériorité par rapport à sa propre conscience. Pourtant tout aliéné soit-il, l'humain ne redevient jamais un animal, ni ne se transforme vraiment en machine.

Les machines modernes deviennent un monde objectivé qui se dresse face à l'être humain comme une puissance étrangère. Les capacités des machines ont de moins en moins à voir avec les aptitudes humaines manuelles. On s'interroge aujourd'hui, notamment dans le débat sur l'intelligence artificielle, sur leur rapport avec les aptitudes intellectuelles. Mais cette transformation révèle moins un duel entre l'humain et la machine qu'elle n'exprime un certain état du "commerce entre les hommes". Etat de monopolisation des connaissances du système des machines d'un côté et déqualification de l'autre. L'objectivation sociale n'est pas dans la machine, elle est dans le savoir-faire. Que le savoir-faire soit monopolisé par quelques-uns et arraché à la majorité caractérise l'époque moderne. Ce qui est vrai pour les grands centres ouvriers du Nord ne l'est-il pas plus encore pour les pays du Sud où machines et savoir-faire sont importés?

Cette vision de l'atelier et du chronomètre (Coriat, 1979) est néanmoins contestable. Elle a d'ailleurs été contestée (Doña Gimenez, 1984).

Elle l'a été pour restaurer l'image d'une conscience qui se forge dans le travail et qui fonde le concept classique de prolétariat. Et de montrer, enquêtes à l'appui, qu'un savoir collectif reste entre les mains des travailleurs. Il le reste parce qu'existe un travailleur collectif. Ce refus d'adieux au prolétariat classique impulse une analyse dont le corollaire est intéressant pour les pays du Sud dans la mesure où il oblige à imaginer un prolétariat très peu classique (Palloix, 1980). Cet intérêt est pourtant limité, on le verra plus loin.

Par rapport aux théoriciens de la qualification et de la taylorisation, le mérite de cette critique réside surtout dans le rappel que le rapport à l'objet est dans la conscience de ce rapport. Même si les travailleurs mexicains et algériens se trouvent face à des machines qui leur sont étrangères dans le double sens du terme, ils en ont pourtant un savoir quotidien, non seulement savoir de manipulation immédiate mais encore intégration à leur manière de gestes dans un ensemble d'autres gestes chargés de sentiment et de signification. Dans ce savoir, les machines sont objectivées socialement. C'est par rapport à cette objectivation sociale-là que doivent être étudiées la prolétarisation des différentes catégories de personnes et la formation des procès déterminés de travail. On peut donc concevoir que les machines sont des objectivations sociales principalement dans ce savoir. Celui-ci est totalement distinct du "savoir collectif" qui se forge avec le "travailleur collectif". Il ne s'agit d'un savoir individuel que par rapport à un supposé savoir collectif. On l'appellera plutôt ici savoir ou savoir-faire commun. Il n'est pas lié à une place dans un processus de production, à une place *différenciée*. Il n'est pas le produit d'une formation professionnelle méthodique. Il est, comme le dit Mebtoul (1986: 59) dans une étude sur la discipline d'usine, "davantage le résultat d'une socialisation acquise dans la vie sociale".

Le mythe de la mentalité paysanne

Savoir commun mais sans savoir collectif. Cette situation est visée lorsque l'on parle d'absence de mentalité industrielle ou de "survivance" d'une mentalité paysanne chez les travailleurs d'usine. Cette expression de "mentalité paysanne" sera d'autant plus volontiers utilisée qu'il est entendu qu'un prolétariat en formation est d'origine rurale. Le discours de ce cadre algérien de la Société Nationale de Sidérurgie (SNS) exprime bien cette préconception: "Souvent ces gens te parlent de zinc comme s'ils te parlent des pommes de terre ou des pastèques [...]. Ils ont compris qu'ils ont une influence directe [...]. Ils ont très vite vu la similitude avec le travail de la terre: il plonge la cathode et il obtient du zinc, comme il plante un grain et il en sort des pastèques. Ces gens travaillaient, mais ils n'avaient aucune notion de la présence, pas de mentalité industrielle... Ils s'absentent puis viennent te dire: «J'ai été au mariage de mon cousin» etc." (Guerid, 1982: 90)

En fait, on ne peut pas affirmer de manière générale que les "nouveaux ouvriers" proviennent en majorité de milieu agricole. En Algérie, la population antérieurement occupée dans l'agriculture ne s'oriente pas vers l'industrie mais plutôt vers le bâtiment (*Statistiques*, 1983, 1: 66; Semmoud, Prenant, 1985). Au Mexique - ou plus précisément à Mexico -, une même tendance s'observe sinon que ceux qui s'adonnaient à des activités agricoles s'orientent surtout vers les services. Si l'on constate un changement durant la décennie 60, pendant laquelle plus de la moitié des migrants d'origine rurale se dirigent vers l'industrie, ceux-ci deviennent des manoeuvres (Muñoz, Oliveira, Stern,1983: 41). Selon nos enquêtes, les travailleurs sur machine sont moins souvent - la moitié moins souvent - issus d'un milieu rural.

Dans sa confusion entre opérations agricoles et opérations industrielles, le discours du cadre algérien ne rapporte donc pas le cas le plus courant. Il représente pourtant l'interprétation la plus répandue de l'absence de "mentalité industrielle": la mentalité paysanne. Or, on verra que cette absence de "mentalité industrielle" peut tout aussi bien être imputable au milieu urbain. En fait, l'idée d'une mentalité paysanne qui empêcherait la constitution d'un "travailleur collectif" (Doña Gimenez, 1984) a pour conséquence de postuler qu'une fois la mémoire collective paysanne désagrégée par le changement de condition de vie et de travail, un savoir collectif ne peut se reconstituer qu'autour de l'accomplissement des opérations industrielles. Il faut simplement attendre que cela se produise: une, deux générations... Cette manière de voir dissimule trois éléments importants pour l'analyse. D'abord, une mémoire collective peut s'organiser ailleurs que dans la coordination des opérations divisées par les machines. Ensuite, l'initiative est du côté des travailleurs[1]. Par une mobilisation sociale sans précédent dans la migration et l'instruction, elle définit le terrain sur lequel les propriétaires sont capables de tirer profit. En l'occurrence ici, on l'a vu, les propriétaires s'intéressent à l'activité industrielle comme terrain pour capter la rente. Enfin, il existe un savoir-faire quotidien indépendamment d'un savoir éventuel d'un travailleur collectif. L'exemple du zinc et de la pastèque illustre ce savoir-faire quotidien et commun, bien que, dans le discours du cadre algérien, ce savoir-faire soit dénié.

Les rapports sociaux de sexes organisent la manière dont ces différents éléments - savoir-faire commun, mémoire collective (non nécessairement industrielle) et mobilisation sociale - interviennent pour structurer les procès de travail. Ce n'est évidemment pas un hasard. Ce que nous appelons le procès de travail industriel est profondément marqué par ces rapports.

La discipline de fabrique comme dressage familial urbain

Au Mexique, les travailleuses ont un rapport aux machines dans lequel le savoir-faire commun est préparé et reproduit par tout un ensemble de processus de sélection et de dressage (Foucault, 1975) - souvent couplés avec ceux de la famille - qui ne réussissent pourtant pas à se consolider. Dans notre enquête, parmi les travailleurs et travailleuses des catégories 1, 2 et 3, certains travaillent avec des machines qui déterminent alors leur rythme de travail, d'autres, quoiqu'utilisant éventuellement des outils, produisent essentiellement grâce à leurs aptitudes physiques - on les appellera travailleurs manuels.

Les travailleuses sur machine se caractérisent d'abord par le fait qu'elles ne parviennent pas à se maintenir longtemps sur le marché du travail. Leur vie de travail dépasse rarement dix ans alors que les femmes qui ne travaillent pas sur machine (les travailleuses manuelles) ont une vie de travail d'une durée comparable à celle des hommes. Les travailleuses sur machine se caractérisent ensuite par le fait d'être astreintes à un ensemble de disciplines: scolaires, familiales, professionnelles, voire médicales. Près de la moitié d'entre elles ont entrepris des études post-primaires. Leur conjoint aussi. Leurs enfants vont régulièrement à l'école et ont très peu de retard scolaire. Leurs attentes à leur égard sont très élevées: elles espèrent que leurs filles comme leurs fils feront des études universitaires et deviendront des professionnels. Ces modes de dressage sont liés à leur jeune âge. Bon nombre ont moins de vingt-cinq ans; la moitié d'entre elles sont célibataires, celles qui ne le sont pas ont moins d'enfants que les autres travailleuses mariées, les divorcées sont peu nombreuses. Au plan professionnel, elles ont généralement suivi un apprentissage et n'ont eu très souvent qu'un seul emploi. Enfin, indice de médicalisation, elles ont presque toutes une mère qui a accouché en milieu hospitalier, alors que seulement la moitié des travailleuses manuelles sont dans ce cas. Ce dernier indice ne fait que refléter leur appartenance urbaine: cinq sur six sont nées en ville, quatre sur cinq ont un père qui réside dans la même ville qu'elles, trois sur quatre sont d'ailleurs nées dans la ville où a lieu l'enquête. Rares sont celles dont le père ou la mère travaillait dans l'agriculture.

Le profil de ces femmes ressemble beaucoup à celui des travailleuses de *maquiladoras* (zones franches), établies à la frontière américaine à partir de 1965 et dans lesquelles le nombre d'emplois a presque doublé depuis l'éclatement de la crise de 1982[2]. Ces travailleuses ont aussi une moyenne d'âge très basse - 20 ans dans la branche électrique/électronique, 26 ans dans la branche vêtement à Ciudad Juárez. Elles ont égalemment un niveau de scolarité supérieur à la moyenne: la majorité des ouvrières ont terminé le primaire. Elles aussi sont d'origine urbaine (92% d'entre elles); si la plupart proviennent d'autres villes, elles résident dans la ville où elles travaillent depuis longtemps (14 ans en moyenne) (Fernández, 1982: 154-156). Dans l'aire métropolitaine de México, les statistiques indiquent qu'en moyenne 55% de la main-d'oeuvre féminine occupée a moins de 26 ans et 15% plus de 35 ans. Elles indiquent également un taux élevé de célibataires: 80%. Ce taux est un peu plus bas pour les ouvrières d'usine (Jiménez de Ramo, 1978; Alonso, 1984)[3].

La plupart des travailleuses sur machine appartiennent à une famille qui compte plusieurs travailleurs. Le revenu familial est dès lors souvent bien supérieur à la moyenne[4]. Et cela tant pour les travailleuses de *maquiladoras* que pour celles de notre population, même si les premières ont un salaire individuel encore plus bas que les travailleuses sur machine interrogées[5]. Mais si ces dernières gagnent en moyenne 40% de plus que les travailleuses manuelles, il faut souligner que les travailleurs masculins sur machine gagnent 70% de plus qu'elles.

Les processus de prolétarisation qui se développent dans ce rapport des femmes aux machines ont été interprétés comme une sorte d'usure forcenée de la force de travail tant est implacable la soumission aux machines (Salama, Tissier, 1982; Fröbel, Heinrichs, Kreye, 1980). Une fois usée, la main-d'oeuvre serait rejetée dans la population stagnante. Dans une étude antérieure sur les ouvrières de zones franches des régions sucrières de république Dominicaine (Corten, Tahon, 1982, b), nous avons plutôt montré quel rôle ce rapport pouvait jouer dans le caractère familial de la prolétarisation. D'une part, le salaire des femmes contribue à maintenir la fiction d'un salaire familial ramené par le père de famille; d'autre part, la soumission des femmes à la discipline d'usine contribue à reproduire la discipline de l'ordre familial. C'est en fonction de ces mêmes facteurs, nous semble-t-il, que ces femmes se retirent ou sont retirées assez rapidement du marché du travail. L'interprétation peut être étendue en nous basant sur ce que nous avons appris ici relativement aux processus de dressage de type urbain dans lesquels s'insère le rapport aux machines. Ce dressage renvoie aussi à l'expérience de l'occupation collective de la ville. Il est symptomatique que les travailleuses sur machine soient beaucoup moins sensibles au discours de peur vis-à-vis des "classes dangereuses"; elles stigmatisent, beaucoup moins que les hommes, la délinquance comme un problème grave du quartier; elles désignent moins souvent aussi la police comme l'instance à même de résoudre les problèmes du quartier. Ces travailleuses sont aussi beaucoup moins assujetties au clientélisme syndical qui, au Mexique, surdétermine l'ordre urbain[6]. Le dressage auquel sont soumises ces travailleuses constitue un vecteur qui traverse l'ordre urbain, qui le menace, dans le même temps qu'il les autonomise par rapport à l'ordre industriel.

La gestion des réseaux sociaux

Les travailleurs masculins, eux non plus, ne se soumettent pas à l'ordre industriel. Leur rapport aux machines n'est pas articulé à la manière dont est organisée leur vie. Les travailleurs sur machine ne sont pas moins nombreux que les travailleurs manuels à avoir un père qui a travaillé dans l'agriculture, même si celui-ci était, pour les premiers, plus souvent journalier agricole. Ils ne sont pas plus scolarisés que les travailleurs manuels, leur conjointe non plus. Par ailleurs, ils ont plus d'enfants. Les travailleurs sur machine ne sont donc pas soumis aux processus de dressage qui caractérisent les travailleuses sur machine. Par contre, même s'ils ne sont pas nécessairement plus âgés, ils sont plus nombreux que les travailleurs manuels et que les travailleuses sur machine à avoir une vie de travail déjà longue[7]. Cette ancienneté explique probablement pour nombre d'entre eux le fait qu'ils travaillent sur machine. Il faut en tout cas constater qu'ils n'ont pas plus que les travailleurs manuels (contrairement aux travailleuses sur machine) suivi un apprentissage. Ils ont acquis un savoir-faire; ils l'ont acquis sur le tas. Les mécanismes de reproduction de ce savoir-faire - dans sa double dimension contrôle/perte de contrôle - sont souvent limités à l'entreprise dans laquelle ils travaillent, ces mécanismes n'affectent pas la manière dont le procès de travail industriel se découpe des autres procès.

Il n'en va pas de même si l'on considère le statut de permanence de l'emploi. Une cloison très nette s'établit par rapport au travail agricole. Pour être travailleur fixe, il faut être né en ville, avoir une mère et un père qui n'ont pas travaillé dans l'agriculture, sinon pour le père, tout au plus, comme journalier. Ces conditions ne sont pourtant pas suffisantes pour acquérir un savoir-faire technique tel qu'il pourrait être préparé, par exemple, par la scolarité. Mais ces conditions sont nécessaires pour détenir une connaissance des réseaux sociaux qui permet d'être bien placé dans l'ordre urbain. Pour être un travailleur fixe, il n'est pas décisif d'être plus scolarisé mais il vaut mieux s'assurer d'avoir une épouse qui le soit. Il faut s'arranger pour avoir des membres de sa famille dans la même entreprise. Il faut rester en contact étroit avec ses parents, profiter des réseaux de relations de son père et de ses frères; il est donc préférable de rester sous le toit paternel ou, au moins, de résider dans la même ville que son père. C'est dans ces relations que s'enracinent les rapports de clientélisme.

Dans cet espace, une mémoire collective s'organise. Elle porte non pas sur la manière d'associer des tâches mais sur celle de gérer des relations. Au moins, la première est-elle subordonnée à la seconde. Que ces travailleurs soient plus nombreux à avoir suivi un apprentissage ne détermine pas qu'ils soient travailleurs fixes mais, inversement, le fait d'être dans la filière leur permet plus facilement d'accéder à un apprentissage. Celui-ci est d'ailleurs souvent organisé par l'entreprise. Ceci est d'autant plus nécessaire que ce ne sont pas des critères de qualification qui régissent l'embauche mais des réseaux de relations. Ainsi le père a-t-il le droit de transmettre son poste à l'un de ses fils. Pour ceux qui n'ont pas un parent de qui hériter, il est beaucoup plus difficile d'obtenir un poste. Cela fonctionne aussi aux relations. Dans ces réseaux, au sein desquels les syndicats constituent des connexions importantes, circulent des sommes considérables d'argent en échange de l'obtention de contrats ou de l'acquisition de la permanence. Dans le secteur pétrolier, on cite le chiffre de 100.000 pesos en 1979 (*Excelsior*, cité par Prevôt-Shapira, 1982: 335) pour acheter un poste permanent, soit l'équivalent de deux ans et demi de salaire minimum ou neuf mois de salaire de pétrolier. En 1982, avec 120.000 pesos (Corten, Tahon, 1984), la somme n'a pas suivi l'inflation mais reste pourtant équivalente à deux ans de salaire minimum. Cette vénalité de certains chefs syndicaux - "conséquence de l'héritage des postes et du sous-emploi" (Prevôt-Shapira, 1982: 335) - non seulement n'est pas exceptionnelle mais elle illustre surtout l'étendue de ces réseaux de relations qui "détournent" les relations marchandes. En l'occurrence, il ne suffit pas d'avoir l'argent, encore faut-il avoir la bonne connexion pour l'échanger. Cet exemple de "détournement" des rapports marchands n'est, par ailleurs, pas unique: les travailleurs fixes et syndiqués ont souvent accès à des magasins spéciaux, à des cliniques spéciales et, parfois même, à des collèges spéciaux pour leurs enfants. Le tout tenu pour une qualité largement supérieure à la moyenne, faut-il le dire?

S'il s'agit aussi de cerner la signification du clientélisme dans la structuration de l'Etat, ce qui sera fait dans le chapitre 4 de la 4e partie, ici, nous nous intéresserons à la manière dont le clientélisme découpe des procès de travail plus ou moins spécifiés dans un ordre urbain déterminé et nous nous interrogerons sur la manière dont ceux qui sont exclus de cet ordre fermé se trouvent placés dans ces procès de travail. Que la gestion de réseaux sociaux apparaisse extérieure à l'organisation technique des tâches n'implique pas qu'elle ne la détermine pas d'une certaine façon. Une même mémoire collective régit des catégories de tâches manuelles et non manuelles. Elle joue à l'intérieur de la famille où l'on rencontre des hommes manuels et des femmes et/ou des filles non manuelles, ou encore des hommes qui ont un savoir professionnel traditionnel et des femmes sur machine très scolarisées, ou enfin un père ouvrier qualifié et des fils puînés obligés de rechercher dans les études une manière de rivaliser avec le fils aîné qui héritera du poste du père. Elle joue dans les quartiers - les *colonias* -, en particulier lorsqu'ils regroupent des travailleurs d'une même entreprise: les *colonias* pétrolières, par exemple. Elle joue aussi dans les académies, ces cycles d'enseignement courts qui permettent aux jeunes de se sentir initiés à un monde professionnel moderne.

En Algérie: la "communauté des hommes"

En Algérie, la gestion des réseaux passerait, selon Benkheira (1987) par la "communauté des hommes". Celle-ci s'approprie la *hawma*, le quartier. "L'appropriation effective et réelle repose sur la soumission de cette portion de l'espace urbain à un *code moral* essentiellement fondé sur le *sens de l'honneur*." L'ordre de la *hawma* repose sur trois facteurs principaux. La séparation des sexes; la soumission des cadets aux aînés; l'exclusion ou, au moins, l'isolement de l'impur personnifié par "la ville [européenne]". Une culture s'impose dans cet espace: la *rujla* (terme du dialecte qui désigne le fait d'être un homme). Les lieux de sociabilité masculine, où s'enracine la communauté des hommes, sont la rue, le café et le bar, la mosquée et le stade de football. S'y cultive la fraternité fictive qui fonde cette communauté. Le recours aux "frères" est indispensable pour acquérir un logement, faire des démarches administratives, se soigner et soigner les membres de sa famille, faire des études et... trouver un emploi (voir Benkheira, 1987: 122-127).

En Algérie, comme partout, il n'est pas facile de trouver un emploi. N'y existe pourtant pas cette différence, si décisive au Mexique, entre emploi fixe et emploi transitoire. Par contre, le réseau pour accéder aux emplois y est, plus encore qu'au Mexique, *masculin*. Une autre caractéristique algérienne réside en ce qu'une partie importante des travailleurs sont des travailleurs *indirects*. Accéder à ces travaux plutôt qu'à des emplois directement productifs n'obéit pas à la même logique d'accès et la division entre ces deux types d'emploi affecte la constitution d'un *travailleur collectif*. Des études effectuées sur certaines entreprises nationales montrent que la part de la main-d'oeuvre indirecte peut s'élever aux trois quarts (Safir, 1985: 203). Cet aspect quantitatif est significatif dans la mesure où les emplois indirects bénéficient d'une valorisation objective et subjective. Aussi les revendications salariales émises par les catégories les moins qualifiées des travailleurs directs visent-elles à rattraper le niveau de rémunération des travailleurs indirects. Cela explique, selon Safir (1985: 204), que les cadres puissent prendre parti, en matière de revendications salariales, en faveur des travailleurs directs. Cette position illustre pour le moins la croyance, parmi les cadres, en un lieu où devrait se constituer une mémoire collective. Lieu pourtant bien flou, si l'on tient compte de l'importance en Algérie, soulignée par de nombreux travaux, de l'absentéisme et de la mobilité.

Une nouvelle culture urbaine

De cette mémoire collective sont exclus la grande majorité des travailleurs. C'est d'ailleurs sur cette exclusion que la mémoire collective semble construite, à en juger par la peur que suscitent les "classes dangereuses". Elle n'est pas principe de généralisation. Mémoire transmise mais non acquise. Au Mexique, les travailleurs transitoires (c'est-à-dire à contrat de durée déterminée), pourtant non moins scolarisés que les travailleurs fixes, se trouvent, eux, placés dans des agrégats d'opérations définis par la précarité des postes occupés - précarité, c'est-à-dire multiplicité des postes mais aussi interruption plus ou moins prolongée de leur occupation. S'ils détiennent la clé de l'agrégation des opérations au niveau du savoir-faire quotidien, du fait de leur sens de la débrouillardise mais aussi de leur scolarisation, ils ne l'ont pas au niveau du savoir collectif.

La séparation entre une minorité qui participe au savoir collectif et une majorité qui en est exclue n'est pas du tout propre au Mexique. On la trouve également dans les sociétés anciennement industrialisées. Néanmoins dans ces sociétés, cette séparation prend la forme d'une relation entre aristocratie du travail et masse des travailleurs dans laquelle la première exerce son hégémonie sur la seconde à travers une idéologie du travail productif. L'aristocratie ouvrière est moins la section la mieux payée des travailleurs que cette catégorie de travailleurs qui a un véritable orgueil du travail de fabrication de biens conçu comme puissance collective (Corten, 1975 et 1979). Ce type d'aristocratie n'existe pas au Mexique. La mémoire collective que partagent les travailleurs fixes, ils la partagent d'ailleurs avec des travailleurs non manuels, des travailleurs "improductifs". Surtout, cette mémoire ne porte pas sur la coordination d'opérations mais sur l'accès à des réseaux sociaux.

Le travailleur transitoire ou même tout à fait précaire se trouve placé, dans l'usine ou sur le chantier, côte à côte avec le travailleur permanent bénéficiaire de toutes sortes de privilèges, mais la relation à la machine de ce dernier ne lui permet pas d'exercer une hégémonie sur le premier. Le rapport aux machines est un champ non structurant. Y sont juxtaposés des travailleurs ayant une expérience de vie très différente mais exécutant des tâches pour lesquelles la différence de savoir-faire ne recouvre pas la différence d'expérience de vie. C'est en ce sens aussi que le procès de travail industriel ne parvient pas à se dégager comme procès propre. Que l'ouvrier transitoire et l'ouvrier précaire et paupérisé soient exclus de la mémoire collective n'implique pas à proprement parler leur exclusion du procès de travail industriel. Celui-ci, tout simplement, n'est pas reproduit comme tel. Comme tel, c'est-à-dire pour lui-même, car il est reproduit comme moyen de dressage pour l'ordre familial urbain, on l'a vu en analysant le profil jeune et discipliné des ouvrières sur machine. Vu du côté des propriétaires, il n'est pas non plus reproduit comme tel. Il est un moyen pour capter la rente. La crise qui éclate en 1982 en est une bonne illustration. L'irruption brusque de la rente pétrolière à partir de 1976 dans une société organisée autour de la rente agricole - et puis, lorsque celle-ci marque des signes d'épuisement, autour des emprunts extérieurs - a déplacé le terrain sur lequel était captée la rente par les propriétaires. Du secteur industriel à des secteurs plus spéculatifs, des secteurs aussi où la capacité de rétention de la rente était plus faible.

"Le fordisme comme forme d'industrialisation ne résume pas toute l'industrialisation dans la périphérie, même dans les NPI" met en garde Alain Lipietz (1985: 77). Nous allons évidemment beaucoup plus loin. Le concept même de *fordisme périphérique* paraît dénué de sens. Il n'y a pas *couplage* d'une accumulation intensive à travers la mécanisation et de la croissance des débouchés du côté des biens de consommation durables (Lipietz, 1985: 75). Au Mexique, l'univers des machines, comme ensemble, est *agrafé* à un ordre social urbain. *Agrafage* pour ceux qui sont exclus de la mémoire collective et non articulation à travers une pratique propre comme le seraient l'ensemble des comportements de défense de l'initiative liés à ce qu'on appelle le métier (Steiner, 1984: 213).

Quant aux exclus de cette mémoire collective, c'est-à-dire la majorité des masses populaires, ce n'est pas au niveau du travail d'usine ou de chantier qu'ils saisissent leur exclusion. A leurs propres yeux, la source de la richesse ne réside d'ailleurs pas dans ce travail. Si un savoir collectif se constitue parmi eux, il se polarise sur un terrain tout autre, celui des connaissances acquises (par eux ou par leurs enfants) dans l'expérience scolaire. Ces connaissances, souvent mal assimilées il est vrai, en fait mal assimilables, les laissent toujours en quelque sorte étrangers au commandement de l'usine. Etrangers non pas parce qu'ils y opposent une autre rationalité[8]. Qu'ils soient étrangers n'empêche pas - au contraire - qu'ils puissent être dociles. Le dressage est là pour maîtriser cet aspect d'extranéité dans l'ordre familial urbain. Mais là où, au lieu d'aboutir à une normalisation, il généralise une attitude de docilité et d'indifférence, d'autant plus que la syndicalisation est faible ou inexistante pour ces catégories de travailleurs et de travailleuses, il laisse le champ libre à l'accumulation d'un savoir-faire commun dans des cadres sociaux qui correspondent à l'expérience de mobilisation urbaine. Là prend forme une nouvelle culture - à la fois discipline et initiative -, ce n'est pas une culture du travail, cette culture est étrangère à l'expérience syndicale. Elle n'est pas non plus une culture de la pauvreté. Une différence très nette apparaît entre travailleurs transitoires et ouvrières d'usine d'une part et travailleurs très précarisés d'autre part. Elle se manifeste non seulement dans une différence de savoir-faire quotidien mais aussi dans une attitude très différente vis-à-vis de la multiplication des sources de revenus. Personne comme l'homme paupérisé ne s'accroche à vouloir être la seule source de revenus. L'homme paupérisé se vit d'abord comme privé de l'accès aux réseaux sociaux. Bien qu'aussi souvent d'origine urbaine que les autres, il ne participe pas à cette nouvelle culture urbaine.

L'étatisation de la culture

Si l'on entend par culture l'héritage ethnique, éthique, artistique, philosophique, religieux, scientifique et technique du passé, l'Algérie a une culture totalement différente de celle du Mexique. Si l'on entend par culture l'ensemble des traits qui permettent à des couches sociales de se composer et de s'orienter dans des transformations radicales, ces deux pays présentent bien des ressemblances. Pourtant, même à cet égard, il est nécessaire de rappeler deux différences: l'Algérie a un secteur public (notamment industriel) beaucoup plus développé - largement majoritaire en termes d'emploi[9] -, elle a un taux de féminisation particulièrement bas[10], ces deux phénomènes étant d'ailleurs liés (Corten, Tahon, 1982, a).

L'inexistence d'un "travailleur collectif", c'est-à-dire de la structuration des travailleurs par un savoir collectif correspondant aux opérations industrielles, est encore plus manifeste en Algérie qu'au Mexique. L'Algérie a connu un gonflement de l'emploi industriel[11] presque unique dans l'histoire en une si courte période, ce gonflement s'est traduit par une baisse considérable de la productivité. Si on peut prétendre qu'un savoir collectif s'est quand même constitué, on ne peut le détecter que dans des secteurs très restreints. Certains l'attribuent à la nécessité de la valorisation internationale des ressources pétrolières (Palloix, 1983, 1980)[12]. D'autres, au fait que la tradition du mouvement ouvrier algérien est susceptible d'ancrer un certain attachement au métier (Gallissot, 1980)[13].

Cette seconde interprétation implique qu'existe une sorte d'aristocratie du travail formée d'ouvriers qualifiés ayant une culture syndicale. Pourquoi, dès lors, cette aristocratie ouvrière ne parvient-elle pas à exercer son hégémonie sur le nouveau "prolétariat"? Pourquoi, en propageant sa culture du travail aux masses prolétarisées, ne réussit-elle pas à généraliser le "travailleur collectif" et à constituer le travail industriel en procès propre? Selon plusieurs études (El Kenz, Guerid, Chiki, 1982; Doña Gimenez, 1984)[14], cette incapacité reposerait sur le fait que ne seraient pas mises en place les pratiques de reproduction des masses prolétarisées ni même celles de l'aristocratie ouvrière. Les déplorables conditions de logement notamment, en particulier dans les nouveaux pôles industriels, l'illustreraient. Différente est l'explication qui voudrait qu'en Algérie la socialisation du mode de vie ait précédé, en tant qu'initiative de la classe ouvrière, la socialisation de la production. Surtout si l'on précise que la socialisation du mode de vie se développe de façon antagonique à l'égard de la socialisation de la production (Palloix, 1981-1980). Les aménagements des conditions de vie, plus annoncés que réalisés (Boubekeur, 1986), ne pourraient dès lors rendre compte d'une possible formation d'un "travailleur collectif"[15].

Parler d'une sorte d'anticipation ouvrière[16] dans la socialisation du mode de vie revient à reconnaître le développement d'une mémoire collective qui structure le savoir-faire dans un nouvel ordre urbain. Cette anticipation n'est pas celle de l'*ouvrier-masse*[17], il n'y a aucun mouvement de valorisation de la force de travail[18]. Ce nouvel ordre est une culture à la fois d'initiative d'occupation de la ville et de disciplinarisation. Mais comment expliquer, dans cette hypothèse, qu'en Algérie, le rapport aux machines ne soit pas utilisé comme moyen de dressage des jeunes femmes à l'ordre familial? Deux explications circulent. La première est celle du fordisme ménager (Talahite-Hakiki, 1982). Les femmes seraient dressées à travers la multiplication des appareils (ménagers) modernes. La seconde soutient qu'un ordre traditionnel, antécapitaliste, a été préservé à l'intérieur de la maison. La préservation de cet ordre permettrait une adaptation aux mutations brutales de l'urbanisation et de l'industrialisation[19].

En comparant l'Algérie au Mexique, on découvre une explication plus satisfaisante. Au Mexique, la nouvelle culture urbaine s'est constituée à partir des canaux d'encadrement de la rente agricole et s'est par là enracinée dans la société civile. Elle se pose comme alternative à la société de gestion des réseaux. En Algérie, le nouvel ordre urbain résulte d'une sorte de mise devant le fait accompli face à la guerre, c'est-à-dire aux énormes déplacements de population qu'elle représente. Cette situation rendrait compte d'une étatisation plus poussée de la société civile (Benkheira, 1985, c). Cette étatisation explique le "montage" indépendant du système productif et du système salarial urbain. Au niveau du système productif, l'aristocratie ouvrière est constamment sommée d'abandonner ses prétentions ouvriéristes au nom d'une idéologie "populiste" (Benkheira, 1981). Au niveau du système salarial, l'égalité formelle des femmes est décrétée en raison de leur participation à la guerre de libération (Tahon, 1985). L'égalité, qui ailleurs se développe avec la société civile (Heller, 1981) et se négocie dans une multiplicité de procédures de normalisation, est ici décrétée d'en haut. L'égalité est formelle. Le décret, lui, n'est pas formel, il est performatif. C'est ce décret qui donne aux femmes, en tant que mères et belles-mères [20], un rôle majeur dans la disciplinarisation des modes de vie.

En Algérie, le procès de travail industriel ne parvient pas à se constituer comme procès propre, en raison de l'étatisation de la société civile. C'est dans ce contexte-là que peut s'éclairer la relation secteur public/secteur privé si sensible en Algérie, comme si toutes les inflexions politiques ne pouvaient se faire que sur cet axe. Cette relation, telle qu'elle apparaît dans le discours politique, redouble bien, effectivement, le rapport d'instrumentalisation que chacun des secteurs a vis-à-vis de l'autre. Plusieurs études (Khelladi, Liabès, 1982: 31; El Kenz, Guerid, Chiki, 1982) ont en effet montré que le secteur public est, pour les catégories les plus qualifiées, un lieu de préparation au secteur privé. Un travailleur collectif pourrait y être en voie de formation. Il le serait si une mémoire collective parvenait à s'y constituer. Or, si les travailleurs qualifiés pénètrent effectivement dans le secteur privé avec un savoir-faire commun, ils entrent dans une structure de qualification encore plus déprimée (Thiéry, s.d.)[21] que celle qui existe dans le secteur public. Cette structure résulte de la manière dont la rente est captée dans le secteur privé. C'est donc directement dans cette relation secteur public/secteur privé qu'apparaissent les contradictions sur le plan politique de l'agrafage d'un univers de machines à l'ordre social urbain.

Un machinisme sans travail industriel

Aussi bien au Mexique qu'en Algérie se dégage ainsi un machinisme sans travail industriel. Dans les deux pays, la formation du capital fixe accapare d'importantes ressources. En 1981, 26% du PIB au Mexique, (SPP, 1983), 38% en Algérie et 46% en 1978 (*Algérie en chiffres*, 1983). Un important stock de machines est ainsi constitué. Il est remarquable si on le compare à d'autres pays (B.M., 1983) ou à des situations passées (Bairoch, 1967: 182). Par ailleurs, une population importante est rassemblée face à ce stock. Le gonflement récent est spectaculaire, en particulier en Algérie, même si la proportion de travailleurs occupés dans l'industrie manufacturière (proprement dite) reste, avec ses 20 et 15%, en deçà du niveau des pays anciennement industrialisés (Bairoch, 1967: 105). Il y a donc des machines et le rapport aux machines concerne une partie significative de la population. Pourtant, ne se découpe pas un travail industrialisé, c'est-à-dire un travail abstrait, abstrait à travers la mesure du temps, simplifié et homogénéisé par la machine et unifié par le travailleur collectif. Un certain nombre d'opérations sont bien regroupées dans des procès de travail industriel et des catégories déterminées de travailleuses et de travailleurs sont placés dans ces procès. Mais, aussi dure la discipline soit-elle, elle prend place dans des mécanismes de reproduction de l'ordre urbain plus que de l'ordre industriel. La machine ne revêt pas ce caractère *quasi sacré* qui, dans la conscience du travailleur collectif, la distingue de tout autre objet mais qui, en même temps, fonde le projet d'émancipation du prolétariat classique et peut l'amener à une sorte d'extranéité de sa propre conscience. Le savoir-faire que les travailleurs ont, de façon d'ailleurs inégale, de la manipulation des machines se dilue dans le savoir-faire diversifié de la manipulation des objets d'un ordre urbain moderne. C'est un savoir-faire commun.

Notes

[1] Tronti (1977: 177) a justement souligné ce caractère premier par rapport à la classe bourgeoise et la nécessité d'une histoire interne de la classe ouvrière. Par contre, comme les autres auteurs du courant opéraïste, il ne parvient pas à penser dans sa différence la question du prolétariat dans le tiers monde. Par exemple, lorsqu'il écrit (106): "La force de travail ouvrière est dès sa naissance historique homogène et selon une dimension internationale [...] *l'unité avec laquelle se meut* la classe ouvrière au plan mondial oblige le capital à retrouver, sans délai, une riposte unitaire dont il ait la maîtrise".

[2] En 1982, on estime le nombre de travailleurs à 122.493; en 1984, à 211.247 (SPP, vol. IX, 1985: 71). On sait que les trois quarts de ces travailleurs sont des femmes (Nurayama, Muñoz, 1979).

[3] En 1970, 33.5% des femmes ont fait des études post-primaires contre 15.5% des hommes.

[4] Il est équivalent à celui des travailleurs fixes, soit 2.5 fois le salaire minimum. Du reste, la moitié des célibataires sont filles de travailleurs fixes et la moitié des mariées sont épouses de travailleurs fixes.

[5] Selon une enquête réalisée dans les *maquiladoras* de Tijuana, 18.3% des travailleurs et travailleuses gagnent moins que le salaire minimum, 45.5% gagnent le salaire minimum et 31.3% gagnent plus que le salaire minimum, dans cette dernière tranche se trouvent proportionnellement plus d'hommes (Le Doaré, 1984: 181). Dans notre enquête, le salaire moyen est 9% supérieur au salaire minimum.

[6] Elles sont deux fois moins syndiquées que les travailleurs sur machines.

[7] 40% ont 10 ans de vie de travail, contre 31.5% des travailleurs manuels. Pour les travailleuses, les chiffres sont de 12.5 et 31%.

[8] Cette extranéité au commandement est très différente de la position d'attaque contre le commandement relevée par Negri, 1976.

[9] Alors que le secteur public mexicain est très développé du point de vue de l'investissement, il ne compte que pour 10% dans l'emploi. En Algérie, l'Etat emploie les deux tiers des salariés urbains. Ceci, dans les deux pays, sans compter l'administration.

[10] Selon les données des recensements, 30% au Mexique et 6% en Algérie.

[11] L'indice de l'emploi dans l'industrie manufacturière et la construction est de 502 en 1979 pour 1967 = 100.

[12] La thèse de la bipolarisation développée dans ces deux articles est critiquée par Semmoud, Prenant, 1985.

[13] Gallissot relève qu'au Maghreb le mouvement ouvrier précède la classe.

[14] Cette interprétation est particulièrement théorisé par Doña Gimenez qui note: "mieux vaut ne pas se voiler la face: le développement de systèmes industriels dans certains pays du tiers-monde se fait de telle manière qu'il appelle, pour être <<efficient>>, le développement d'une classe ouvrière dont les pratiques de production et de reproduction soient les mêmes, avec des *aménagements*, que celles en vigueur dans les pays capitalistes développés."

[15] Il semble ici que Palloix recule en 1983 par rapport à son analyse de 1980 lorsqu'il écrit: "De 1978 à 1982, la politique économique suivie par l'Etat algérien tente d'effacer pour partie la dichotomie entre système productif et système salarial, ne serait-ce que sur le plan de l'implication du système productif national dans ses modalités de reconstitution et de reproduction du salariat" (Palloix, 1983: 25).

[16] Ce qui rejoint - paradoxalement pour Palloix - les thèses des opéraïstes italiens. Voir Tronti, 1977.

[17] Pour un exposé critique de la conception de l'opéraïsme italien, voir Moulier, 1986.

[18] On se souvient que les salaires réels fonctionnent dans ces deux pays comme "fonds des salaires".

[19] Cette explication se dégage des discours officiels, elle est présentée dans Tahon, 1979.

[20] Lacoste-Dujardin (1985) aborde cette question mais la cantonne à un univers essentiellement symbolique.

[21] Le secteur privé ne compte que 7% d'ouvriers qualifiés contre 12% dans le secteur public.

Chapitre 4

Le rapport aux biens multipliables

Le téléviseur et le réfrigérateur ne sont, ni au Mexique ni en Algérie, des *biens de luxe*, c'est-à-dire des objets inaccessibles à la demande solvable des ouvriers (Heller, 1978: 55; Braudel, 1967: 134). On peut estimer que plus de la moitié des salariés possèdent un téléviseur et un réfrigérateur[1]. Les considérer comme des *biens nécessaires* est dès lors logique. Cette "nécessité" peut certes apparaître comme étant d'abord celle de l'Occident qui tente d'imposer ses modes de vie et dès lors de donner un contenu à la prolétarisation dans le tiers monde. Est-ce aussi simple? L'usage de ces objets renvoie au logement. En Algérie, l'usage de la télévision, par exemple, apparaît partiellement détourné, tout en étant marqué lui aussi par les relations entre sexes. Ainsi, aux dires du correspondant du *Monde* (2/7/87), "il est frappant de voir, dans les quartiers populaires, les rues se vider subitement d'une jeunesse exclusivement masculine au moment où les programmes de télévision prennent fin. Les postes sont poussés dans un coin, on déplie les matelas et tout le monde rentre dormir".

La question des besoins nécessaires

On remarque rapidement que le concept de biens nécessaires ou celui corrélatif de *besoins nécessaires* posent des problèmes redoutables. D'abord, sous l'apparence de l'élargissement de la conception des besoins nécessaires à des "besoins non vitaux", on fait accepter la réduction de "tous les sens physiques et intellectuels" au "sens de l'avoir" (Marx, 1844: 91), c'est-à-dire de l'*avoir nécessaire* pour se maintenir en vie selon les normes d'une société. Ensuite, ce caractère historique et moral des besoins nécessaires est immédiatement reporté sur la valeur de la force de travail, en présupposant ainsi l'existence d'un salaire principal par famille. Ce double glissement ne permet pas de dégager, dans le rapport aux objets, les processus de prolétarisation qui découpent les procès de travail. Au contraire, en fixant l'attention sur la manière dont ces besoins nécessaires sont plus ou moins bien satisfaits, on se prive de toute possibilité d'entamer une réflexion plus fondamentale sur la manière dont le développement des besoins détermine aussi la nature de la catégorie travail.

Un autre problème surgit avec la prise en considération de ces biens non alimentaires entrant dans la consommation ouvrière. Ces biens sont produits dans un procès de production capitaliste, c'est pour cette raison qu'ils deviennent accessibles à la demande solvable des ouvriers. Ces biens sont produits dans une logique de multiplication indéfinie d'objets. Il semble donc, de ce point de vue, que le procès de travail détermine le contenu des besoins. Procès de travail ou procès d'absorption des signes dans l'hypothèse du miroir de la production (Baudrillard, 1970: 294). Le multipliable donne aux biens leur caractère et forme ainsi le contenu des besoins. La multiplication produit la peur de la pénurie. Multiplication inverse de la prodigalité.

Faut-il présupposer ce déterminisme? Si ces biens arrivent dans les sociétés mexicaine et algérienne avec ce caractère de biens multipliables, ils ne deviennent des objets sociaux que dans les processus de prolétarisation. Dans ces processus, ces objets se distinguent par rapport à la *provision*. Une provision est une quantité relativement fixe de biens que l'on tient, par précaution, à sa disposition immédiate. L'existence d'une provision n'exclut pas un approvisionnement incessant. Au contraire, elle n'existe que dans la fluidité continuelle des biens (éventuellement périssables), ce qui n'empêche pas une fixité de l'objet social. C'est notamment le cas dans la provision alimentaire. Même s'il y a une certaine amélioration de l'alimentation au Mexique et en Algérie, les biens alimentaires ne sont jamais indéfiniment multipliables. C'est évident en quantité - on ne mange pas d'autant plus que l'on a des ressources élevées - mais aussi en variété ou en somptuosité festive - en Algérie, toute relative soit-elle, cette somptuosité festive doit aussi compter avec le "cycle chronique des pénuries" de biens de première nécessité comme l'huile, le café ou la poudre à lessiver (*Le Monde*, 23-24/11/1986). Dans la provision du pauvre, il y a souvent cette prévoyance de la fête qui rend partiellement compte du retour régulier de ce cycle, principalement dû à l'incurie des technocrates. Elle disparaît parfois avec l'élévation des revenus. Peut-être est-ce parce que la provision disparaît.

Comme il y a un flux incessant dans la provision, il y en a un dans les apports. Dans ces apports de revenus, on relève cet aspect fractionnable d'un flux qui reconstitue continuellement la provision. Les apports font en quelque sorte partie de la provision. On l'a déjà relevé précédemment. La question qui se pose ici est de comprendre comment fonctionnent ces apports de revenus face à des biens de consommation durable.

Ces biens ne sont pas reconstitués constamment. Par ailleurs, une fois un bien acquis, aucune limite ne s'impose par rapport à l'aspiration d'en acquérir d'autres. Au-delà de la proposition naturaliste relative à la satiabilité de tout besoin déterminé et à l'insatiabilité des besoins en général, et en nous référant partiellement à la problématique tournant autour de la distinction entre besoins quantitatifs et besoins qualitatifs (Heller, 1981), cernons comment le rapport à ces biens peut constituer un rapport à un objet social. Le fonctionnement des apports de revenus est sans doute ici aussi déterminant. Un fonctionnement particulier surgit: l'emploi stable se transforme en besoin. Alors que l'homme libre de la *polis* préférait "l'insécurité d'un marché du travail soumis aux hasards quotidiens à des besoins réguliers, bien assurés" dans lesquels il voyait une "servitude" (Arendt, 1958: 41), l'homme moderne se trouve placé dans une relation de dépendance vis-à-vis de l'emploi stable. Besoin nécessaire, dira-t-on. Il reste pourtant toujours distinct du besoin de survie alimentaire. Il peut même miner le rapport aux aliments en termes de provision.

La prolétarisation familiale opère dans la façon dont le rapport à l'objet social - emploi stable - distribue les rôles familiaux en spécialisant (ou éventuellement en ne spécialisant pas) la fonction de chacun des apports selon les sexes, les âges et les rapports de parenté. Une nouvelle notion de responsabilité surgit avec l'apparition du besoin d'emploi stable. Ce besoin fixe le rôle de chef de famille en même temps qu'il rend compte du caractère fictif de ce rôle dans un jeu complexe de relations aux différentes catégories de biens qui sont à la fois considérés comme nécessaires (pour majorer le statut du chef de famille) et comme non nécessaires (dans la mesure où son revenu est insuffisant). Il fixe aussi le rôle de l'épouse, du fils, de la fille dont les revenus - et plus encore lorsqu'il s'agit d'un emploi stable - servent à acquérir des biens nécessaires au statut de la famille, biens qui par ailleurs sont considérés comme des biens superflus pour maintenir la fiction du chef de famille. Ce partage de rôles trouve sa forme d'équilibre dans la source double de revenus. Y apparaissent bien les difficultés de la notion de besoins nécessaires. Dès lors que l'on excède un minimum, disparaît une catégorie de biens clairement définis comme correspondant à un besoin nécessaire mais une idée de minimum subsiste pourtant. Le besoin nécessaire est là - en particulier, paradoxalement, lorsque les deux conjoints apportent un revenu comparable - pour renforcer ou rétablir le rôle de nourricier.

Le rapport aux biens est un champ dans lequel se structurent des processus de prolétarisation. Notamment celui qui rapidement, au Mexique, retire les ouvrières sur machine du marché du travail, comme on l'a vu plus haut. Les femmes sont retirées du marché du travail dès lors que leur revenu pourrait apparaître comme nécessaire. Ce champ se structure sur deux axes.

Le premier répartit les inclus et les exclus de la société salariale, entendue dans le sens d'une société où l'emploi stable est considéré comme le bien par excellence. Sur le premier axe, le rapport aux aliments, à la limite, se fond à un rapport plus général aux biens multipliables. C'est la logique des besoins quantitatifs. Sur le second axe, le bien (non alimentaire) est particularisé, il est intégré à l'ordre de la provision. Le réfrigérateur en est l'exemple littéral. Mais il participe plus profondément de l'ordre de la provision en le poussant plus loin, il dilate la satisfaction en élargissant le nombre d'usagers des biens.

Cette dilatation de la satisfaction s'accompagne également d'une multiplication du nombre de revenus. Celle-ci déborde souvent la forme d'une double source mais ce n'est pas là l'important. L'est le fait que c'est à partir d'un *besoin de communauté* (Marx, 1844: 108; Heller, 1978: 73) ne coïncidant pas avec le partage des rôles de la famille nucléaire que se composent à la fois le rapport aux sources de revenu (qui souvent n'est pas le besoin d'emploi stable) et le rapport aux objets. De même que se dessinent des objectivations sociales irréductibles à ces sources et aux objets multipliables, se cordonnent dans une mémoire propre - bien que circonscrite - les activités des individus de sexes et d'âges différents. C'est l'histoire d'une autre catégorie travail.

Ces deux axes qui traversent le champ des rapports aux biens durables se dégagent clairement des enquêtes menées au Mexique. A une extrémité du premier axe se placent les travailleuses non manuelles (catégorie Femmes, 1)[2]. Dans les deux tiers des cas, leur apport vient compléter le revenu du père ou de l'époux (Corten, 1985, tableau 4). Ces ménages sont bien pourvus en biens durables: téléviseur et frigidaire ainsi que machine à laver (Corten, Tahon, 1986, a, tableau 34). Ce dernier bien n'est encore accessible, au Mexique, qu'à une couche privilégiée d'ouvriers. A cette structure typique à deux revenus, avec son partage des dépenses défini plus haut, vient s'adjoindre un modèle un peu différent où plus il y a de revenus, plus aussi il y a de biens durables (Corten, Tahon, 1986, a, tableau 35). Dans ce modèle, plus masculin, les emplois sont, au contraire de la structure précédente à double revenus, uniquement un moyen d'accès aux biens multipliables. Mais il ne s'agit pas nécessairement d'emplois stables.

A l'autre extrémité du premier axe, les travailleurs au seuil de la subsistance (catégorie Hommes, 3) sont dépourvus de biens durables. Par définition, dira-t-on. Ils n'en sont pas totalement dépourvus néanmoins. La moitié ont un téléviseur pour seul bien durable mais un quart seulement ont un réfrigérateur (Corten, Tahon, 1986, a, tableau 34). Pour eux, les aliments ne se constituent pas en provision familiale. Quelques indicateurs. Pour les aliments, ils ne dépensent pas proportionnellement plus que les travailleurs transitoires qui ont des revenus supérieurs de moitié (Corten, 1985, tableau 8). Moins de la moitié prennent trois repas par jour. Les trois quarts font des achats journaliers chez l'épicier du coin de qui ils sont souvent débiteurs (Corten, 1985, tableau 7). Sous ces traits, ils sont très différents des autres catégories de travailleurs. Comme, le plus souvent, ils n'ont qu'un seul revenu, c'est en se privant d'aliments qu'ils ont acquis le téléviseur. Ce comportement - où l'accès aux aliments entre dans un même calcul que l'accès aux biens durables et où les deux sont vécus sous le mode de l'insatisfaction extrême - exacerbe le rôle de nourricier de l'homme chef de famille. Cette exacerbation rend compte du rapport aux sources de revenus: refus d'admettre qu'un autre revenu serait nécessaire pour la survie alimentaire de la famille, réticence à accepter un emploi qui n'ait pas une apparence de stabilité. Le travailleur au seuil de la subsistance apparaît ainsi comme la figure de la frustration au regard du travailleur fixe dont il essaie vainement de suivre le modèle de comportement.

Les conditions de mise au "travail" des différents membres de la famille et les conditions d'organisation du travail domestique, c'est-à-dire aussi la structuration de la famille telle qu'elle est, sont réglées par la manière dont sont objectivés les besoins. Cette objectivation n'est pas seulement le produit d'une sorte de logique de multiplication des biens matériels, elle prend forme, nous l'avons vu, dans une définition du *nécessaire* instituante de certains rapports sociaux de sexes. Ces rapports structurent les individus autour d'une famille nucléarisée.

La famille nucléarisée est l'unité sociale construite sur le besoin d'emploi stable. Ce besoin, qu'il reçoive une réponse satisfaisante ou une réponse frustrante, partage les sexes face à la responsabilité. Est responsable, celui qui pourvoit au "nécessaire". Le nécessaire est ce à quoi pourvoit l'homme adulte. Cela peut inclure des biens durables et surtout des services mais cela peut supposer une restriction de la consommation alimentaire. Le nécessaire est souvent objectivé dans le *salaire indirect*, privilège des travailleurs bénéficiant d'une certaine stabilité d'emploi; à la limite il s'objective dans cette catégorie d'emplois.

Dans cette perspective, on l'a dit, tous les autres rôles objectivent des biens ou des services qui ne sont pas considérés comme nécessaires mais qui peuvent être accessibles à une demande solvable des ouvriers. Ils sont dès lors facilement attribués à "l'embourgeoisement" de ceux-ci et, de ce point de vue, ils sont censés ne pas avoir de solvabilité politique. Sentiment d'"embourgeoisement" et définition du nécessaire rendent compte de la mise au travail de plusieurs membres de la famille, là où les besoins vitaux sont satisfaits, et de la réduction du nombre d'apports, là où ils ne sont pas satisfaits, ce qui renforce la paupérisation (Corten, 1985, tableau 4).

Ces deux facteurs rendent compte aussi de la dévalorisation du travail domestique avec l'introduction des appareils ménagers dans les familles à multiples revenus - de la même façon que les appareils ne sont pas jugés vraiment nécessaires, ne le sont pas non plus les tâches domestiques - et de l'autre côté, de l'appauvrissement des activités domestiques là où il y a compression dans la consommation alimentaire. Elle détermine comment évolue la catégorie travail: affaiblissement de l'importance du savoir-faire technique, renforcé, surtout en Algérie, par les constantes pénuries de biens alimentaires et singulièrement par la pénurie d'eau. Sur un pôle de l'axe, c'est le statut qui importe plus que le travail voire même que le revenu, à l'autre pôle, l'exclusion du statut coïncide avec un rétrécissement des tâches à l'intérieur ou à l'extérieur de la maison où peut se valoriser un savoir-faire. Le besoin d'emploi stable ne garantit donc pas que les conditions de reproduction de la force de travail soient réunies. Le besoin d'emploi stable n'engendre pas une société salariale dans le sens courant du terme.

Par ailleurs, même si les biens durables pénètrent la société avec leur caractère de biens multipliables, le fait que s'y substitue le besoin d'emploi stable et que l'aspect instrumental de cet emploi pour acquérir régulièrement ces biens passe au second plan institue et reproduit un rapport institutionnel où une instance est rendue responsable de la création de cet emploi. Ce qui est demandé dans ce rapport, ce n'est pas l'accès à des biens de consommation mais la garantie à travers l'emploi de satisfaire le "nécessaire" avec son caractère instituant de rapport de sexes. Ce caractère est dès lors bien, quelque part, fondateur de la forme de l'Etat nourricier qui se structure par rapport à cette demande. Du père nourricier à l'Etat nourricier.

Les besoins radicaux

La prolétarisation subordonne les biens multipliables au besoin d'emploi stable. Ni la société mexicaine, ni la société algérienne ne sont, au moins pour ce qui concerne le "salarié majoritaire"[3] des sociétés de consommation même si y pénètrent en masse les biens multipliables. Mais au sein de ce "salarié majoritaire" se déroule aussi un autre axe de prolétarisation dans lequel intervient un *besoin qualitatif*, le besoin de communauté. C'est par rapport à ce besoin qu'on observe le phénomène de la dilatation de la satisfaction des biens durables. C'est là une manière plus radicale d'échapper à l'idéologie multiplicatrice.

On observe cet autre rapport aux biens multipliables à travers nos enquêtes mexicaines, on l'observe aussi, pour l'Algérie, à travers les statistiques disponibles[4]. D'une part, la multiplication du nombre d'apports n'entraîne pas une multiplication de biens durables mais, proportionnellement à leurs revenus, certains biens, comme frigidaires et machines à coudre, sont plus fréquemment disponibles dans ces milieux. D'autre part, un nombre plus important de personnes par logement jouissent de ces biens, ne fût-ce qu'en raison du nombre important d'enfants par famille. Que cette dernière situation soit le simple effet de la crise du logement, comme c'est plus généralement le cas en Algérie (ONRS, 1976), ou qu'elle traduise la (re)constitution de familles élargies, éventuellement conséquente à cette crise, n'enlève rien à la réalité propre de ce rapport aux objets. Encore que, on l'a vu pour la télévision, les conditions de logement peuvent être telles qu'elles excluent des membres de la famille de l'usage d'un bien, même si celui-ci y est présent. Cette exclusion est marquée par la ségrégation sexuelle de l'espace.

Il n'en demeure pas moins que si le nécessaire est plus traditionnellement défini ici comme les biens alimentaires, un certain nombre de biens durables entrent dans cette objectivation. Par ailleurs, le nombre d'usagers introduit un autre principe de définition du nécessaire. Se trouve ainsi élargie l'objectivation du besoin nécessaire. Cet élargissement coïncide avec une conception du revenu qui, ne se distinguant pas en principal et complémentaire, contribue à maintenir une provision communautaire dans laquelle le besoin de vie commune ne s'aliène pas dans la croyance au rôle de nourricier. Si subsiste une notion de chef de famille, elle ne coïncide pas avec le rôle de pourvoyeur (Garcia, Muñoz, de Oliveira, 1984). Sans doute ne faut-il pas idéaliser le savoir-faire qui correspond à l'existence d'un rôle de chef de famille distinct de pourvoyeur, il indique néanmoins l'existence d'une mémoire collective qui intègre les diverses tâches des participants au ménage.

Gardons-nous de considérer cette mémoire comme une survivance d'un état antérieur ou comme un refus de développement (Latouche, 1986). Elle n'est pas le résultat d'un manque d'adaptation à la ville. Pour le Mexique, selon nos enquêtes, les personnes vivant dans un type de famille autre que la famille nucléaire classique sont aussi nombreuses à être d'origine urbaine que les autres; leurs parents sont aussi souvent nés en ville; elles sont aussi instruites que les autres (Corten, Tahon, 1986, a, tableau 37).

Le caractère intégrateur de cette mémoire collective dépend en fait, en grande partie, de la manière dont elle parvient à attribuer une place au savoir-faire principalement symbolique acquis à travers la scolarisation et, par là, à donner une place aux jeunes. Sur cette base encore, peut se dilater la satisfaction des biens comme le téléviseur auquel se substitue souvent le lecteur de cassettes, véhicule d'une culture plus souterraine. S'opère incontestablement par là une occidentalisation de l'*intérieur* mais il y a en même temps une réappropriation, un usage nouveau qui s'enracine parfois dans la tradition culturelle et la religiosité locale. L'exemple de la musique raï en Algérie (Benkheira, 1986, b) montre comment ce processus est susceptible d'ouvrir des espaces "publics" en dehors de l'Etat dans lequel peut se dilater l'usage de biens culturels. Cette dilatation "éclipse le souci quasi-obsessionnel de satisfaire des besoins vitaux" (Nasroui, 1986) et mine donc la notion de besoin nécessaire. Par ailleurs, la scolarisation des jeunes, en particulier des jeunes garçons, peut aussi miner l'autorité du chef de famille: "grâce à l'école, le fils peut désormais contester la légitimité des croyances et de la pratique religieuse de son père. Le conflit des générations recouvre un conflit entre deux systèmes de transmission. L'école, en encourageant le sentiment de toute-puissance que donnerait la connaissance des textes, renforce l'illusion d'auto-fondation du sujet. Les aînés étant presque tous «ignares» l'individu n'aurait plus besoin d'un initiateur. Là réside une des racines du fondamentalisme politique contemporain." (Benkheira, 1987: 123). Ainsi, la prolétarisation n'apparaît pas simplement comme réaffirmation du principe de responsabilité. La prolétarisation se laisse voir, selon ce second axe, comme la libération non pas tellement de la nécessité mais de l'ordre de la nécessité. Avec l'enrichissement des besoins, se pose de façon nouvelle le besoin de travail, non pas comme besoin d'emploi, mais comme besoin - en partie aliéné, il est vrai, dans la recherche d'un statut imaginaire - de réalisation de soi-même. Il s'agit d'un *besoin "radical"* en ce sens qu'il ne peut être satisfait pleinement dans le cadre de la société existante (Heller, 1974: 2805). Au Mexique comme en Algérie, ce *besoin "radical"* raconte-t-il l'histoire d'une autre catégorie travail[5] qui devancerait la formation d'un procès de travail industriel? Est-ce là qu'il faut voir se dessiner, sinon un projet, une conviction d'émancipation? Quoi qu'il en soit, dans la constitution du prolétariat de ces deux pays, est déterminante la manière dont le besoin radical engendre des stratégies de satisfaction qui ne soient pas simple acceptation de tout différer à un renversement de l'ordre existant ou à la prise de pouvoir d'Etat.

Notes

[1] Dans l'échantillon de notre enquête au Mexique, 60% des ménages disposent d'un réfrigérateur et 80% d'un téléviseur (Corten, Tahon, 1986, a, tableau 39). En Algérie, en 1982, 48.8% des ménages sont équipés du premier et 56.6% du second. En 1984, ils sont 61.1% et 69.2% (*Enquête Main-d'oeuvre*, 1984).

[2] Voir 3e partie, chapitre 1, note 6.

[3] Comme on l'a défini dans l'introduction de la 1e partie, globalement ceux situés entre les 20% les plus pauvres (surtout ruraux) et les 30% les plus riches.

[4] Pour l'Algérie, selon l'enquête *Main d'oeuvre*, 1982: 62, le taux de possession des équipements ménagers (radio, téléviseur, réfrigérateur, cuisinière) varie très significativement (dans un rapport de 1 à 2) entre les ménages où il n'y a aucun occupé et ceux où il y a un ou plusieurs occupés. Il varie moins selon le nombre d'occupés (de 20 à 40% entre ménages à un occupé et ménages à 4 occupés et plus) (Corten, Tahon, 1986, a, tableau 41). Seule la possession d'une voiture varie du simple au double entre ménages à 1 occupé et ménages à 4 occupés et plus. Pour le Mexique, il faut distinguer les réponses obtenues auprès des travailleurs et auprès des travailleuses. Pour les travailleurs, les ménages possédant machine à laver, frigidaire et téléviseur sont d'autant plus nombreux qu'il y a d'apports. Nous avons présenté ce modèle plus haut. Pour les travailleuses, et c'est le modèle qui nous intéresse ici, le taux de possession ne varie pratiquement pas (sauf pour deux sources de revenus, ce qui peut alors aussi correspondre au premier modèle) (Corten, Tahon, 1986, a, tableau 35).

[5] C'est bien la conception profonde de Marx. Heller (1978: 128) le note: "la pensée selon laquelle les besoins radicaux se constituent d'une façon ou d'une autre à partir du travail est un fil conducteur à travers l'oeuvre de Marx".

PARTIE IV

ETAT ET CLASSEMENT

INTRODUCTION

Dans la mesure où la production de population se pose en tant que telle comme besoin immédiatement social, elle ne laisse pas à l'Etat d'espace pour se constituer. Mais cette production s'opère dans un certain nombre de relations où sont produites des objectivations qui concrétisent ce besoin. Dans la mesure où certaines couches populaires ne parviennent pas à organiser leurs moyens disponibles en fonction de ces objectivations - soit parce qu'elles s'imaginent manquer de moyens en raison du principe de responsabilité (c'est le cas des semi-prolétaires), soit parce qu'elles n'identifient pas clairement ces objectivations à travers des valeurs auxquelles elles s'attachent (c'est le cas des travailleurs permanents) - un espace peut s'ouvrir. Les processus de prolétarisation, qui sont à la fois la production de ces objectivations et la manière dont les couches populaires sont décalées par rapport à elle, sont très divers; ils peuvent se présenter sous la forme de l'unité renversée dans la figure de l'Etat.

Vis-à-vis de cette figure unitaire de l'Etat se définissent les demandes, demandes qui deviennent sociales dans la manière dont elles renforcent l'interlocuteur[1]. La forme de l'Etat dépendra dès lors de la façon dont ces demandes deviennent sociales[2]. Pour constituer des groupes en sujets, les interpellations fonctionnent sur le mode de la concurrence. Les régimes politiques forment les cadres dans lesquels les demandes sont formulées et expriment le degré de concurrence qu'elles peuvent avoir (Rouquié, 1975). Cette concurrence peut aller jusqu'à l'antagonisme et porter les demandes jusqu'à la négation de l'interlocuteur auquel elles s'adressent. Figure du prolétariat détruisant l'Etat. Mais, dans l'interpellation, le sujet peut aussi se confondre avec celui auquel s'adressent les demandes soit par inclusion, soit par exclusion (O'Donnel, 1977). Cette confusion s'opère à travers les procédures de compromis qui caractérisent le fonctionnement d'un système corporatiste. Dans ce système, les différents corps ou corporations renferment précisément le trait essentiel de ne pas être susceptibles d'être interpelés comme sujets.

L'Etat nourricier est un type d'Etat qui se structure sur la base de la transformation d'un besoin immédiatement social en une demande sociale dont la solvabilité est reconnue et à laquelle correspond un stock disponible. Ce stock n'est pas une quantité de marchandises. Il ne s'agit pas non plus d'un grenier dans lequel chacun peut puiser. L'Etat se structure avec la constitution de stock précisément en enlevant aux biens rassemblés leur valeur d'usage direct. Par Etat nourricier, on n'entend donc pas strictement un Etat qui détient les aliments. L'Etat nourricier se pose comme instance de reproduction matérielle face à une population segmentée en corps ou en catégories, il compose ainsi la demande sociale. Cette composition est aussi une formulation. Cette formulation opère dans un régime corporatiste, populiste et semi-compétitif. L'Etat nourricier a un régime *corporatiste*: des instances sont déterminées pour que chaque corps social définisse ses intérêts et, dans ce mécanisme de *représentation*, il y a glissement de la définition de besoins en définition d'intérêts (Heller, 1978: 86 et sv.). L'Etat nourricier a un régime *populiste*. Dans ce sens, ce n'est pas l'opposition d'un intérêt général vis-à-vis d'intérêts particuliers qui règle la formulation de la demande, l'allocutaire de la demande se retourne vers le locuteur et le pose en sujet, sujet normalement unique - le peuple. Le peuple est porteur d'une demande unique dans un refoulement constant d'énoncés alternatifs et c'est dans ce refoulement que la demande qui n'a pas de caractère transcendant prend sa consistance sociale. Le refoulement suppose un certain degré de compétition: l'Etat nourricier a dans ce sens un régime *semi-compétitif* (Rouquié, 1975).

Il n'y a pas seulement refoulement d'énoncés alternatifs, il y a refoulement du fondement même d'une forme alternative d'agrégation de la demande: la grève. Dans la grève, un besoin immédiatement social d'un temps libre de toute mesure s'exprime en même temps qu'il se transforme en revendications. Si, dans ces pays, la grève n'est pas toujours interdite, elle n'est pas reconnue comme mode de formulation de la demande. Au mieux, elle est reconnue comme expression d'intérêts particuliers. Cette non-reconnaissance rend alors compte du fait que l'Etat nourricier, dans son mode de fonctionnement, empêche la mise en place de la généralisation de la force de travail. Avec le syndicalisme officiel, la formulation de la demande n'enclenche pas le cycle de médiations qui aboutit à la réduction de tous les besoins à un seul: celui de reproduire la force de travail. La demande reste toujours extérieure au locuteur à tel point qu'il peut même disparaître des énoncés.

Cette extériorité rend compte du fait que l'immédiateté des besoins reste juxtaposée à leur aliénation. Il y a, à la fois, une sorte d'épaisseur de la société civile qui se manifeste dans le caractère de masse d'une culture moderne nouvelle et propre, et une sorte d'étatisation de la société civile (Camau, 1979, en particulier: 401). En ce sens, le prolétariat se trouve en quelque sorte étatisé. A des degrés différents selon les pays, du reste, la juxtaposition de ces deux tendances se réalise dans le type de rapport au particulier qu'il suscite dans la masse, dans la manière dont s'articulent espace privé et espace public et dans le caractère non totalitaire de l'Etat. La nature de la société civile, que l'Etat est obligé de confisquer parce qu'il ne peut pas la rationaliser, définit les conditions finalement restreintes dans lesquelles on peut parler de classe. Au-delà du phénomène de classe, la masse déborde l'Etat. L'indifférenciation sociale est conjurée par le classement à travers la formulation de la demande sociale - ce qui ne s'effectue pas dans d'autres sociétés à rente agricole dans lesquelles on est en présence d'un *Etat faible* (Corten, 1988) - mais ce classement n'assigne pas une place dans la société civile. Faut-il en conclure que l'émergence même d'un sujet y est rendue impossible? En nous référant, dans la partie antérieure, à une stratégie anonyme de prolétarisation, ne définissions-nous pas un préalable méthodologico-théorique à cette question?

Notes

[1] On se basera dans cette partie sur une conception performative de la demande. Voir Slakta, 1971.

[2] La théorie systémiste suppose au contraire les *demandes* comme des *inputs* d'un système. Voir Easton, 1953.

Chapitre 1

La transformation du nombre

La production de la population est un besoin immédiatement social. Il s'agit maintenant de préciser cette proposition déjà énoncée à plusieurs reprises. Un besoin social - par opposition à naturel - est une forme de socialité à laquelle est subordonné le rapport au monde, en particulier le monde des objets. Le rapport au monde est vécu par le nombre. Cette forme de socialité se distingue d'au moins trois autres formes. Dans les formes lignagère, bureaucratique et élective, le nombre ne constitue pas un facteur aussi important. Qu'une lignée *nombreuse* fournisse une modalité particulière du rapport au nombre dans une socialité lignagère, celui-ci s'établit d'abord à travers la hiérarchie qui renvoie aux origines, à la perpétuation. Dans ces conditions, n'importe qui n'a pas prise sur le nombre, ne peut se produire en lui. Trivialement, n'importe qui n'a pas le droit de procréer n'importe quand (Meillassoux, 1975). Dans la socialité bureaucratique, celle qui règne dans les grosses organisations modernes, le nombre intervient dans la coopération simple[1], il est moins important dans la coopération complexe, encore que s'y maintient longtemps une rigidité concentrationnaire[2]. La socialité élective prend le plus souvent la forme de la relation interpersonnelle[3].

Le rapport au monde par le nombre

Dans la production de la population, un rapport s'établit par le nombre. Ce nombre ne se réduit ni à la prolifération ni à la limitation en tant que phénomènes "naturels". La prolifération elle-même est traduite par une peur de la mort constituée socialement[4]. Dans les faits, l'effet de compensation à la mortalité infantile par une fécondité accrue est loin d'être établi (Herrero Alvarez, 1984). La limitation est une mesure du nombre, une mesure qui résulte de la référence à un nouveau monde, le monde des objets parmi lesquels figure le corps lui-même (Ariès, 1971: 403 et sv.).

Un besoin est immédiatement social dans la mesure où le nombre n'est pas un simple moyen: moyen de réalisation d'une tâche déterminée; moyen d'existence dans son rapport à un autre nombre à travers la réalité de la minorité/majorité; moyen de renforcement du sentiment d'appartenance, appartenance à une lignée nombreuse mais aussi plus simplement à une grosse entreprise; moyen d'affirmation plus ou moins diffus de sa puissance. Au contraire, pour le dire de manière positive, un besoin est immédiatement social dans le mesure où il matérialise l'existence de l'individu social[5]. Cette existence n'a rien d'élémentaire ou de primitif, elle est le point d'aboutissement d'une profonde division sociale du travail. Quel que soit le caractère inadéquat ou oppressif du système éducatif ou du système sanitaire et médical, c'est par rapport à eux que se définissent la vivacité de l'esprit ou l'harmonie du corps telles qu'elles s'expriment dans les yeux d'une cohorte d'enfants. Le nombre est une richesse parce que et dans la mesure où il réfléchit, avant toute velléité d'appropriation, cette vivacité et cette harmonie. Le nombre est émancipé de toute correspondance avec une autre grandeur - la terre et les fruits qu'elle est supposée produire en proportion de son étendue. Il est aussi libre de tout rapport nouveau d'appropriation basé sur un calcul de jouissance en termes de quantité, comme c'est le cas dans une économie d'objets multipliables. Dans la forme de socialité propre à la production de la population, la jouissance s'opère à travers le nombre et pourtant elle n'est pas proportionnelle au nombre pas plus qu'elle n'est inversément proportionnelle à lui. La caractérise sa liberté par rapport à toute mesure. Liberté par rapport à l'espace-mesure, elle se traduit dans l'énorme mobilisation que constitue l'urbanisation. Liberté par rapport au temps, elle ne fonctionne pas en termes d'accumulation: la multiplication future ne donne aucun sens au nombre d'aujourd'hui.

La ville est le lieu où cette liberté a trouvé son cadre d'extension. On sait (Bairoch, 1985: 574-578) que pendant très longtemps les fortes densités de populations urbaines occasionnaient une surmortalité qui obligeait les villes à s'alimenter sans cesse en ruraux, la situation s'est diamétralement modifiée depuis quelques décennies. La ville constitue dès lors un cadre totalement nouveau dans lequel la production de population comme forme de socialité peut s'affirmer.

Que la mortalité - surtout infantile et juvénile - ait pu être drastiquement réduite (Thovez, Martínez, 1986) laisse aussi apparaître le milieu urbain comme le lieu où le besoin de production de population s'impose le plus immédiatement. Lieu d'une nouvelle socialité, la ville déploie des conditions propices à l'observation du processus contradictoire de prolétarisation en tant qu'élan à l'initiative et qu'aliénation. Plus particulièrement, à partir de la ville peut être étudiée la transformation d'un besoin immédiatement social, tel qu'analysé plus haut, en des demandes sociales adressées à un allocutaire: l'Etat.

Besoin et demande

Comment un besoin immédiatement social, c'est-à-dire un besoin dont la reconnaissance sociale et la satisfaction résultent directement de la participation à la société, peut-il se transformer en une demande? La demande implique un mécanisme de médiation, ce que semble contredire le caractère immédiatement social du besoin. Il faut voir que le besoin immédiatement social n'est pas antérieur à la demande. L'un se transforme à partir de l'autre et réciproquement. La contradiction n'est pas une contradiction logique; elle fait partie de la réalité.

Avant d'aller plus loin, précisons deux choses. Une demande est sociale lorsqu'elle acquiert sa légitimité à travers la configuration d'un jeu d'interpellations idéologiques. Des sujets entrent en scène; des actants sont définis. Et c'est au nom de valeurs que sont formulées les demandes. En ce sens, toute société est formée d'un tissu de demandes sociales. Par ailleurs, une demande est solvable lorsqu'est clairement identifiée l'instance qui peut la satisfaire et que sont distribués des moyens ou des ressources[6] pour y avoir accès. Un besoin peut être défini en termes de manque lorsque ces conditions ne sont pas réunies. C'est entre ce manque et la solvabilité que s'inscrit ce que nous appelons le principe de responsabilité.

La prolétarisation est une remise en cause de ce principe ou plutôt de la manière dont il s'applique. Lorsqu'elle s'affirme en un besoin immédiatement social, on assiste à un affaiblissement de ce principe et de l'attitude de dépendance qu'il suppose. Il y a donc là une réduction de la demande sans qu'il n'y ait une quelconque réduction de la solvabilité du besoin. De façon concrète, dans notre analyse, on a relevé une réduction du principe de responsabilité dans les rapports entre les sexes, notamment dans la gestion de la provision alimentaire. Le rôle du père nourricier est miné. De ce point de vue, le besoin immédiatement social apparaît bien comme résultant d'une réduction d'un type de demande sociale.

La demande sociale se fait à travers une configuration d'interpellations. Sa réduction est en même temps une redistribution dans le jeu d'interpellations. Deux facteurs vont contribuer à son *extériorisation* au champ de l'immédiateté sociale. Il y a d'une part le caractère peu cohérent du système de marché. On y reviendra. Il en résulte, en tout cas, que l'argent ne parvient pas à constituer une référence fixe dans les rapports mimétiques entre les gens. Pour prendre un exemple précis, un bien acquiert une valeur différente selon que l'échange se fait au cours libre ou au cours officiel. Il y a d'autre part la nécessité de trouver une identité qui dépasse le clivage, au sein des couches populaires urbaines, au sujet de l'immédiateté sociale des besoins. Cette nécessité relève du fait que ces couches partagent souvent, au moins par contiguïté, un même champ d'interpellations. Ainsi, semi-prolétaires et ouvriers transitoires se trouvent placés dans une même situation de revenus de subsistance, alors qu'ouvriers transitoires et ouvriers permanents partagent la même condition de multiplicité de sources de revenus (Corten, 1985, b).

La demande dirigée vers l'Etat est dotée d'une force qui résulte de ces deux facteurs. L'argent ne se constituant pas comme *sacré laïcisé* (Enriquez, 1983: 303), l'Etat en absorbe directement la fonction. Au lieu de symboliser des intérêts individuels opposés et se sacralisant au niveau même de la société civile à travers l'argent (Aglietta, Orléan, 1982)[7], l'Etat symbolise directement le rapport mimétique vis-à-vis de l'autre, un autre qui est le Nord, l'Occident. Le second facteur rend tout autant compte de la force de la demande. Recherche d'identité sans doute mais sur la base d'un besoin défini. Ce n'est pas l'Etat qui, unifiant les désirs, les convertit en besoins (Enriquez, 1983: 303 et 332), comme c'est le cas dans l'Etat providence, c'est un besoin solvable qui est présenté à l'Etat.

De l'arme alimentaire à l'Etat nourricier

Jusqu'au début des années 1960, la plupart des pays du tiers monde étaient autosuffisants au plan alimentaire. Certes, l'expansion des cultures de rente avait-elle eu pour effet de refouler les cultures vivrières sur des terres moins fertiles. Cette expansion avait surtout été spectaculaire durant la première partie de ce siècle[8]. Mais elle est encore importante durant la seconde partie. Moitié plus importante que celle de la culture vivrière[9]. Sans doute s'agissait-il d'une autosuffisance globale; des produits, notamment du blé, étaient couramment importés mais les exportations de denrées alimentaires représentaient en moyenne le double des importations (Jalée, 1965: 44) et on observait même un certain équilibre en ce qui concerne les céréales.

Un pays pouvait être considéré comme une unité domaniale. Même lorsqu'il s'agissait d'une colonie où régnait le régime du travail forcé (Babassana, 1978), la puissance coloniale estimait qu'elle ne devait pas couper les travailleurs de leurs moyens de subsistance[10]. Toute une littérature a rendu compte de ce phénomène en parlant de la conservation des modes de production pré-capitalistes (Rey, 1973). Ce caractère d'unité domaniale des pays rend compte, selon cette conception, du fait que les différentes économies ne pouvaient être régies par une même loi de la valeur. Même si des politiques agricoles étaient mises en oeuvre pour assurer l'autosuffisance, celle-ci comportait un caractère immédiatement social. Périodiquement, les menaces de famine pouvaient contribuer à extérioriser la responsabilité d'approvisionnement. En Algérie, on l'a vu (1e partie, chapitre 3), la dérision à l'égard de cette responsabilité a contribué au développement du mouvement national.

Le changement de rapports agro-alimentaires, au niveau mondial (*Amérique Latine*, 19, 1984: 24-72) dans les années 1960, constitue un tournant dans l'extériorisation de la responsabilité d'approvisionnement. Il est lié à ce que l'on appelle la révolution verte. Mais, à partir de cette extériorisation, il ne va constituer un facteur constitutif de certains Etats du tiers monde que dans la décennie suivante. D'une part, le marché international des céréales, qui jusqu'alors se réduisait à des livraisons nord américaines à l'Europe, s'ouvre, dans une flambée des prix, à l'URSS et aux pays du Sud - les pays d'Asie étaient déjà de bons clients, il est vrai, depuis les années 60[11]. D'autre part et surtout, on assiste à une mutation langagière. Alors qu'auparavant on parlait éventuellement d'aide alimentaire, on parle désormais d'*arme alimentaire* (Bessis, 1982). L'expression lancée dans le cadre des rapports Est-Ouest est reprise par les pays du Sud. L'état latent de guerre alimentaire impose, selon le discours consacré, une *autosuffisance alimentaire*. L'Algérie et le Mexique vont se trouver en première ligne pour développer ce discours dans les forums internationaux, comme lors des réunions du groupe des 77, des conférences de la CNUCED, dans les agences spéciales des Nations-Unies et surtout au Conseil Mondial de l'Alimentation qui sort en 1979 une résolution très claire en ce sens (Remili, s.d.).

En Algérie, l'autosuffisance alimentaire est inscrite dans la *Charte Nationale*[12], approuvée par referendum en 1976, après un débat public soigneusement organisé. On en reparlera. Au Mexique, dès son installation à la présidence, López Portillo charge un groupe d'intellectuels de mettre en place le *Système alimentaire mexicain* (SAM) (Lerin, Tubiana, 1983; Tubiana, 1984; *Nueva Anthropologia*, 1981). Lancé en 1979, l'autosuffisance alimentaire en est un des objectifs principaux.

Il n'y a aucun rapport direct entre le discours sur l'autosuffisance et sa réalité. L'Algérie, tout en proclamant encore récemment le principe de l'autosuffisance alimentaire, importe 60% de sa consommation alimentaire[13]. Par contre, si le SAM est abandonné en décembre 1982 par le Président de la Madrid, le successeur de López Portillo, la dépendance alimentaire du Mexique ne s'est pas aggravée[14]. Le discours, lui, a bien une réalité. Avec la circulation d'énoncés autour de l'arme alimentaire, la rivalité mimétique avec l'autre, avec l'Occident (Laroui, 1973), se focalise sur ce qui apparaît être la racine de la vie. Cette focalisation intime exige une extériorisation d'autant plus marquée. Sur cette base se construit un Etat moderne d'un type particulier: l'*Etat nourricier*. Il est moderne en ce sens qu'il n'est pas simplement la représentation du maître d'une unité domaniale. Ce qui est le cas dans les Etats de type oligarchique où l'échange avec l'extérieur vise primitivement à couvrir les besoins "somptuaires" du maître. La modernité de cet Etat est d'un type particulier. La désignation de l'*autre* n'est pas interne mais externe[15].

Le stock

Une demande se constitue face à l'Etat nourricier en même temps qu'elle le constitue. Mais c'est aussi comme demande solvable que cela se fait. On a vu dès le début (1e partie, chapitre 1) les deux modalités particulières de cette solvabilité: la multiplication des revenus "salariés" (donc, pas principalement "informels") et les subventions aux produits de première nécessité.

Les subventions aux produits de première nécessité constituent une pratique étatique courante dans de nombreux pays du tiers monde, leur effet bénéfique sur le bien-être des populations aux ressources plus faibles peut évidemment être mis en doute. En particulier, sur celui de la paysannerie (Bouchanine, 1983). Mais la question ici posée est plutôt de savoir comment ces subventions influent sur les médiations qui font apparaître la demande comme sociale et dans quelles conditions elles relèvent du fonctionnement de l'Etat nourricier. Contribuent-elles à faire de l'emploi la principale demande ou, au contraire, favorisent-elles l'acceptation de prestations très fractionnables, caractéristiques du secteur informel? Comment constituent-elles ces aliments subventionnés en objets séparés? Les constituent-elles en stock, c'est-à-dire en un ensemble d'objets ou, au contraire, renforcent-elles l'effet de fractionnement du système des prix qui rend chaque objet distinct et le place en concurrence par rapport aux autres? Dans le premier cas, la valeur d'usage des objets est complètement transformée par leur appartenance au stock, ce qui peut se traduire par ailleurs dans les changements de mode alimentaire. Dans le second cas, ces objets distincts peuvent plus facilement être revêtus de signification symbolique renvoyant notamment à la notion de *besoins nécessaires*. Un changement dans les subventions peut toucher directement la signification de l'un de ces objets, c'est le cas du pain; il peut ainsi affaiblir les processus de médiation sociale de la demande, c'est-à-dire la base même de l'Etat nourricier. Mais, de façon générale, dans l'Etat nourricier, le nombre de la population se voit transformé en un autre nombre représenté par un stock d'objets constituant *un ensemble*.

Parce qu'il est un ensemble, les différents éléments du stock n'entrent pas dans des relations de substituabilité ou de concurrence et ne peuvent avoir de *valeur d'échange* qui serait déterminée en termes de quantum de temps de travail. Mais si l'idée d'ensemble exclut la référence à la valeur d'échange, elle ne renvoie pas non plus à la *valeur d'usage*. Le stock n'a pas de valeur d'usage. L'Etat n'est pas nourricier en ce sens qu'il distribuerait directement des aliments. En se constituant comme réponse à une demande sociale de création d'emplois, l'Etat pose les aliments comme appartenant à un ensemble abstrait mais dont l'abstraction n'est pas définie en référence à un quantum de travail. La réification y est donc d'une autre nature que là où la marchandise est devenue "la catégorie universelle de l'être social" (Lukács, 1960: 113).

Quand la formation de ce stock comme abstraction du besoin immédiatement social de vivre à travers le nombre se réalise-t-elle au Mexique et en Algérie? Faut-il voir, au Mexique, la période du "développement stabilisateur" (plus ou moins identifiée aux années 1956-1970) comme celle de consolidation de ce stock? La crise de ce modèle de développement indique-t-elle dès lors aussi une crise de l'Etat nourricier? En Algérie, quatre séquences historiques doivent être examinées: celle du plan de Constantine, dernier effort du pouvoir colonial pour maintenir sa domination; celle de l'autogestion qui n'attendra pas le "redressement révolutionnaire" de Boumedienne (1965) pour perdre sa force; celle du développement du secteur public qui prend corps avec la nationalisation du pétrole en 1971; celle de la Présidence de Chadli qui, du moins dans sa première période et au niveau du discours, se présente comme correction par rapport aux "excès" de la séquence précédente.

La formation du stock au Mexique

Contrairement à la plupart des analyses[16], nous ne considérons pas que la période appelée "développement stabilisateur" permet d'identifier le "modèle d'accumulation" dont l'épuisement ouvrirait la crise. Selon les variables qui nous intéressent au plan de la solvabilité de la demande et du fonds des salaires, cette période constitue plutôt une parenthèse. Elle se caractérise en effet par une quasi-stagnation de la population occupée totale et industrielle et par un gonflement du secteur informel. Elle se caractérise aussi par une élévation des salaires réels (de l'ordre de 50%). Parenthèse par rapport aux périodes antérieure et postérieure qui présentent les caractéristiques inverses: gonflement de la population occupée totale et industrielle, stagnation du secteur informel et faible augmentation des salaires réels[17]. La période de "développement stabilisateur" marque une transition dans le rapport vis-à-vis du stock des biens. De 1946 à 1956, suite aux grands travaux d'infrastructure entrepris sous la Présidence d'Alemán et à l'accroissement de la production agricole[18], prévaut l'image de la campagne approvisionnant les villes alors que de 1970 à 1980 domine, au contraire, l'image de la ville devant assurer son propre approvisionnement tant au niveau des prix (par le biais des subventions croissantes) qu'à celui des quantités (par un recours aux importations). C'est à travers ces images que le stock se consolide.

Si la crise du "développement stabilisateur" ne peut être interprétée comme crise de l'Etat nourricier, la baisse de la fécondité à la fin de cette période (précisément à partir de 1969) (Welti Chanes, 1984) repose la question d'une autre façon. Ce mode de développement aurait-il modifié le besoin même de production de population? En changeant ce besoin, ce mode de développement modifierait-il - lorsque ce changement aura produit ses effets - les conditions de structuration de l'Etat? Mais, du point de vue de la production de la population, est-ce la baisse de la fécondité qui est importante ou est-ce la relation au nombre? Constatons que, jusqu'en 1975, la baisse de la natalité suit simplement la baisse de la mortalité et, qu'en 1980, le taux de croissance naturelle dépasse encore légèrement celui d'il y a trente ans. Rien ne permet donc jusqu'alors de parler, à ce niveau, de modification des conditions de structuration de l'Etat. Mais la poursuite de la baisse de la fécondité associée au changement brutal, avec la crise, d'autres variables, comme l'emploi et la taille du secteur informel, laissent aujourd'hui la question ouverte.

La formation du stock en Algérie

Du strict point de vue de la composition de la population, la période 1954-1961 présente en Algérie des traits caractéristiques d'un Etat nourricier. On constate en effet une forte expansion du "salariat" urbain due à l'augmentation énorme des dépenses militaires (de 21 à 420 milliards), au développement des travaux d'infrastructure (les investissements passent de 28 à 200 millions) et à l'exploitation du pétrole (les investissements passent de 10 à 131 milliards) (Amin, 1970: 118) tandis que l'accroissement de la production est faible et donc l'accroissement des importations spectaculaire et qu'on assiste aussi, de par la guerre, à une mobilisation et à un déplacement forcé de la population rurale - qui n'exerce ses effets que durant la période ultérieure. Toutefois, cette période est marquée par une forte régression du pouvoir d'achat (baisse réelle du SMIG de 33%) (Benachenhou, 1976: 450), ce qui est atypique d'un Etat nourricier.

L'occupation par les travailleurs des domaines et des usines abandonnés par leurs propriétaires européens en 1962 est l'expression d'une demande sociale en termes de garantie d'emploi dans un contexte général d'effondrement des emplois salariés non agricoles, de reterritorialisation à travers l'habitat et les postes administratifs laissés vacants en ville, et du gonflement du secteur informel (Duprat, 1973; Tidafi, 1969). L'échec de l'autogestion marque aussi l'échec de l'expression de la demande sociale sous la forme de la concurrence et ouvre la voie à la consolidation d'un stock constitué face à une population segmentée, ce qui forme une condition de la structuration d'un Etat nourricier. Cette consolidation se fera sur la base d'un affaiblissement des capacités d'approvisionnement des villes par les campagnes. C'est loin d'être le cas en 1963 qui connaît une récolte record de céréales (26 millions de quintaux), récolte qui ne sera plus jamais aussi élevée sinon, une fois, en 1974-75 (*Annuaire Statistique de l'Algérie*).

A partir du premier plan quadriennal (1970-73), le volume de l'emploi salarié non agricole, et en particulier de l'emploi industriel, augmente sérieusement. Les critiques de gauche du régime, en contestant la possibilité de créer de nombreux emplois à partir du modèle de l'industrie industrialisante[19], se font, malgré eux, les locuteurs d'une demande sociale dans laquelle se structure l'Etat. Non seulement les emplois augmentent-ils de façon spectaculaire mais les disparités entre types d'emploi tendent à disparaître - avec l'extension du secteur public, la majorité des emplois sont permanents - et les salaires les plus bas - en particulier agricoles - finissent par être relevés tandis que le salaire moyen maintient son pouvoir d'achat. Toutefois, le gonflement de l'emploi salarié (Corten, Tahon, 1982), contrairement à ce qui se passe au Mexique, est associé en Algérie à une quasi-stagnation de l'emploi féminin et à une masculinisation encore accrue de l'emploi manufacturier (Tahon, 1982) (la part des femmes dans le secteur manufacturier baisse de 9.3 à 6.6% de 1966 à 1977)[20].

Toute la décennie 70 est donc marquée par une consolidation du stock dont le caractère abstrait est souligné par l'homogénéisation des revenus salariaux, par l'affaiblissement des circuits commerciaux et par le renforcement des bases sexuelles de la formation des procès de travail. La nature sociale de ce stock est pourtant partiellement marquée par la constitution d'un autre stock, symétrique, le stock de machines (Palloix, 1980). Cet autre stock, qui règle en effet le fonctionnement du fonds des salaires, est mis en cause avec le changement de personnel politique à la mort de Boumedienne. Mais, on l'a vu pour le Mexique, il est d'autres manières de régler le fonctionnement du fonds des salaires que par une ponction sur les revenus pour accroître le stock de machines. Si des changements doivent apparaître en Algérie, ils pourraient n'être ainsi qu'un réaménagement de l'Etat nourricier tel qu'il s'est défini durant la décennie 70. Ce réaménagement sera-t-il associé à une masculinisation moins totale de l'emploi? On pourra bientôt évaluer dans quelle mesure les prévisions du Plan Quinquennal 1980-1984 d'un taux de participation de 8.7% des femmes à l'emploi auront été atteintes. Les données de l'*Enquête main-d'oeuvre* (1982) proposent un taux de 7.6%, celles de 1983 un taux de 6.8%.

Notes

[1] Proudhon, par exemple, voyait dans le nombre la source d'un surplus qui peut être volé: "cette force immense qui résulte de l'union et de l'harmonie des travailleurs, de la convergence et de la simultanéité de leurs efforts" et de citer le cas des 200 grenadiers et de l'obélisque de Luqsor.

[2] Ce n'est qu'avec le passage de l'ouvrier masse à l'ouvrier social que cette rigidité s'estompe.

[3] La communauté élective s'établit dans un rapport au nombre. Dans les faits, ce rapport est subordonné à un objectif qui la règle.

[4] Pour Vovelle (1982: 92), "la crispation sur la mort et les proliférations qui l'accompagnent seraient plutôt une dérivée de l'espérance du bonheur". Plus modestement, ne peut-on penser qu'une certaine prolifération observée au moment de l'arrivée en ville est liée à la manière dont on conçoit la mort en milieu urbain? La hâte de se débarrasser du corps en serait une expression. Voir à ce sujet les points de vue contradictoires de Vovelle et d'Ariès (1975).

[5] Au sens où Marx en parle notamment dans les *Manuscrits* (1844: 90 et sv.), en relation avec la conception de *l'être générique*.

[6] On reconnaît là des termes utilisés par l'analyse systémique (voir, par exemple, à ce sujet l'introduction et chapitre 2 de Lapierre, 1973). Une des hypothèses de l'analyse systémique consiste à dire que les chances de faire entrer dans le système politique des demandes sont d'autant plus fortes que la position occupée dans la stratification sociale est plus haute. Cette hypothèse n'est pas reprise ici.

[7] Notons qu'Aglietta et Orléan, d'une part, Enriquez, d'autre part, tout en s'inspirant de Girard (1972), semblent mutuellement s'ignorer.

[8] 230% entre 1898-1902 et 1934-1938; 115% de 1934-1938 à 1968-1972. Voir Bairoch, 1983: 176.

[9] La production alimentaire s'est par contre élevée de 70% durant la période 1934-1938 à 1968-1972.

[10] Contrairement au régime de plantation pure que décrit Best (1971) dans lequel la distinction des cultures vivrières sert à éviter toute possibilité de "marronnage".

[11] Le solde positif de l'Amérique du Nord passe de 39 millions de tonnes en 1960 à 56 en 1970 et à 131 en 1980. En Amérique latine, de 0 en 1960, le solde passe à + 4 en 1970 et à - 10 en 1980. En Afrique, il est successivement de - 2, - 5 et - 15 et en Asie, de - 17, - 37 et - 63. En URSS, il est de 0 en 1960 et 1970 et de - 46 en 1980. Voir Chonchol, 1982, tableau 3: 39.

[12] "La mission [de l'agriculture] vise d'abord à assurer l'autosuffisance du pays dans les produits d'origine agricole". FLN, 1976.

[13] Estimée à 10% en 1967 et à 50% en 1980 (Thiery, s.d.), l'importation l'est aujourd'hui à 60% (Ramonet, 1986). Voir aussi Mutin, 1980; Delorme, 1980; Humbert, 1981.

[14] Le solde total (agriculture et élevage), positif jusqu'en 1979, est négatif en 1980: - 566 millions de US $, - 938 en 1981, + 134 en 1982, - 415^{P} en 1983, - 20^{P} en 1984 (jusqu'en octobre). Voir Tubiana, 1984: 67 et *Boletin Mensual de Información Económica*, IX, 4, 1985: 93.

[15] On pourrait déceler ici une convergence avec les théoriciens de l'*Etat périphérique* (Evers, 1979: 77 et sv.; Mathias, Salama, 1983: 25-45) qui déduisent la constitution de cet Etat de sa dépendance à l'égard du marché mondial. Mais cette convergence est ténue. Nous ne postulons absolument pas la *dépendance*. Par ailleurs, le rapport au marché n'est pas du tout constitutif de l'Etat. La formation de l'Etat transcende la réalité des rapports économiques: nous essayons de le montrer à propos de l'Etat nourricier.

[16] Pour un résumé de ces analyses, voir Hector, 1983.

[17] L'augmentation du salaire réel est de 15% de 1946 à 1955 et de 10% de 1970 à 1980. Ces deux périodes sont elles-mêmes encadrées par des périodes de baisse des salaires: - 30% de 1940 à 1946 et de 1980 à fin 1984. Les salaires réels à la fin 1984 sont ainsi à un niveau comparable à 1940. Sources: Aboites, 1983: 107-108 et González Chavez, 1984: 112.

[18] De 7.8% par an de 1947 à 1956 (Barkin, Suárez, 1982: 59).

[19] L'ouvrage de Raffinot et Jacquemot (1977, notamment: 215) ne fait que traduire une analyse de la gauche algérienne assez généralement partagée à l'époque. Voir, au sujet de ce courant, son rôle dans le circuit quasi-fermé d'énoncés, 4e partie, chapitre 2.

20 Notons qu'en 1947, 19.3% des travailleurs non européens de l'industrie manufacturière étaient des femmes. Cette part tombe à 6% en 1954 et à 1.3% en 1960. Sources: *Recensements*.

Chapitre 2

La formulation de la demande sociale

Entre la demande et l'allocutaire, il y a un phénomène intermédiaire: la formulation. Au Mexique et en Algérie, la formulation de la demande sociale est un phénomène central. Elle détermine la/les formes que revêt l'Etat: cela relève de l'analyse des régimes politiques. Des formes correspondant à plusieurs régimes distincts peuvent coïncider néanmoins dans un même type d'Etat.

L'Etat nourricier n'existe pas sans que ne soit constitué un stock. Ce stock est formé d'une série de biens institués en ensemble. Cet ensemble est placé en position d'extériorité par rapport aux individus et aux groupes sociaux. Pour rendre compte des régimes politiques, l'analyse du stock constitué implique de poser la question: pourquoi la formulation de la demande sociale constitue-t-elle la population en segments, en *intérêts corporatifs*? Il faut commencer par répondre à une question préalable: en quoi cette formulation empêche-t-elle les procédures de normalisation de réduire les groupes sociaux, formés autour du nombre, en éléments d'un cycle de marché? Mais il n'y va pas seulement d'une normalisation incomplète. Il y va aussi d'un fonctionnement différent de l'idéologie qui aboutit à une interpellation unique: le *populisme* en est la forme générale. Dans le populisme, ne se dégagent ni la figure transcendante de l'universalité ni la figure dévorante qui exclut toute alternative. Des énoncés alternatifs sont produits mais ils sont refoulés. On parle alors de régimes *semi-compétitifs*.

La formulation: sa place dans le circuit anthropologique de la différenciation sociale

La formulation ne se confond ni avec la demande, ni avec l'allocutaire de la demande. Elle fait partie d'un circuit: le circuit anthropologique de la différenciation sociale. Legendre (1985) étudie ce circuit à travers l'autorité des textes. Pour lui, l'ordre de la généalogie, provenant des textes juridiques, coupe radicalement l'indifférenciation première de l'inceste et, au bout du processus, institue l'Etat comme référent absolu. Nous, nous avons abordé cette question dès le début de ce livre en parlant du principe de responsabilité. Ce principe donne une clé de lecture des fondements de l'Etat sans recourir au versant psychanalytique de la perspective legendrienne. Le principe de responsabilité est au-delà du circuit de la demande sociale comme facteur de différenciation. Il est, de ce point de vue, un référent. Concrètement, la responsabilité présuppose trois moments: elle présuppose qu'il y a une demande, qu'il faut y répondre et, enfin, que c'est à soi que revient cette obligation de réponse. Mais dans cette triple supposition, l'obligation devient un droit.

Revenons au circuit proprement dit. On peut le présenter selon le schéma suivant:

---

homme responsable
besoins-objectivation-demande-formulation-allocutaire
Etat

Dans ce schéma, l'objectivation vient après les besoins, alors que c'est elle qui définit leur contenu. A cette première extrémité du circuit, les choses semblent en effet se renverser avec la définition des "*besoins nécessaires* ". Nous en avons déjà parlé (chapitre 4 de la 3e partie). De façon plus générale, aucune nécessité n'oblige à passer d'un maillon à l'autre. Les travailleurs n'objectivent pas directement le contenu des besoins qui s'imposent à eux. De même, une objectivation sociale ne se transforme pas automatiquement en demande sociale dès que l'accès aux objets n'est pas assuré. En troisième lieu, la demande peut exister sans être formulée. C'est généralement le cas dans un système de marché. Enfin, la formulation de la demande ne préjuge pas qui en est l'allocutaire. C'est du reste dans ce flou du *qui* que l'Etat se constitue.

Dans ce circuit, on passe si peu spontanément d'une place à l'autre que la différenciation sociale n'en emprunte que des segments. Ou bien la différenciation trouve son fondement dans la propriété privée et se réalise dans l'échange marchand tandis que la formulation est faible. Ou, au contraire, la différenciation s'opère dans le fait même de nommer des catégories, la formulation est alors claire parce qu'unique par catégorie.

La solvabilité de la demande sur le marché

Comment des groupes sociaux formés autour du *nombre* ne sont-ils pas réduits à des éléments du cycle du marché? Cela relève de la nature même du processus d'objectivation. Regardons comment ce processus se matérialise dans le marché. Il le fait dans la division d'une réalité en deux séries atomisées qui se rencontrent de façon continuelle, d'où la loi des débouchés, etc. Marx (1867: 467) lui-même soulignait à propos de la population salariée: "l'offre et la demande de travail cessent d'être des mouvements partant de deux côtés opposés, celui du capital et celui de la force ouvrière. Le capital agit des deux côtés à la fois".

Pour ceux qui font partie du marché, la solvabilité n'est pas tellement aléatoire. Elle va même en quelque sorte *de soi* et entraîne chez les participants une attitude *"contemplative"*, c'est-à-dire qu'elle enlève à la demande son caractère d'activité (Lukács, 1961). Dans le système de marché, le besoin n'existe que comme *manque* et jamais comme *projet*[1] mais il est en même temps *solvable*.

Les demandes ne peuvent être *faites* que par ceux qui ont de l'argent et par ceux qui ont le moyen d'en avoir régulièrement. Voilà un trait banal. L'est moins l'observation selon laquelle les demandes sur le marché ont ce caractère fondamental de *ne pas être formulées*. Dans la demande, il n'y a pas vraiment d'allocutaire. Dans la demande faite sur le marché, il y a par ailleurs *contemplation de l'objet*: l'objectivation est là, toute faite, sans que l'activité du demandeur y soit pour quelque chose (même s'il est le producteur de l'objet matériel correspondant). La solvabilité du marché est dès lors une solvabilité *insignifiante*.

N'y aurait-il aucune formulation de la demande dans une société où la marchandise est devenue la catégorie universelle de l'être social? Non. La société offre un cadre au sein duquel des interpellations se forment. C'est le cadre de l'idéologie, idéologie qui est d'autant plus importante que la solvabilité du marché est insignifiante (Baechler, 1976). L'idéologie fonctionne dans sa double dimension de désignation et de voilement. Désignation qui s'élève d'autant plus dans l'échelle des valeurs que les mécanismes du marché sont abstraits. Les alternatives qui fondent le régime politique compétitif ne portent pas sur la définition des besoins car il faudrait avoir prise sur les processus d'objectivation. Elles renvoient à un principe de totalité[2]. Voilement puisque rapidement c'est sur la répartition que se formulent les demandes sociales en mettant entre parenthèses la définition des besoins. Une consistance est alors donnée à la solvabilité selon une conception juridique de l'égalité et la demande sociale est réduite à la référence d'un minimum de biens nécessaires pour chacun.

Récapitulons avec le schéma suivant:

besoins privés nécessaires	**pas d'activité d'objectivation**	**pas d'allocutaire**
	demande - offre	
luxe	**contemplation**	**recherche d'une alternative globale**

Dans le système de marché, il est supposé que tout le monde participe. Mais l'argent fonctionne de deux façons. Pour la majorité, il fonctionne pour rendre solvables des besoins imposés comme nécessaires ainsi que pour les rendre dès lors nécessaires. Pour la minorité, l'argent doit être pure dépense de luxe. Dans les deux cas, aucune activité d'objectivation: les besoins sont passivement acceptés.

L'offre est anonyme, la demande solvable n'est adressée à personne. Par ailleurs, celle-ci n'est dans sa détermination qu'une réplique de l'offre. L'alternative globale est le seul débouché mais elle ne peut concerner que la structure de l'offre (redistribution sociale) ou celle de la demande (hiérarchie des besoins) sans viser l'activité même d'objectivation.

La constitution de la population en segments

Le stock est l'objectivation sociale par rapport à laquelle la population se positionne dans sa demande. De par la nature de cette objectivation qui n'est mesurable ni en valeur d'échange, ni en valeur d'usage, et de par le fait même de la demande, on assiste à une transformation du besoin immédiatement social qui s'exprimait dans le nombre. Le besoin se transforme en intérêt (Heller, 1978)[3]. L'intérêt dont il est question est certes particulier - il n'est pas commun - mais il n'est pas pour autant privé, il est public: il définit ce qui peut être vu de tous.

Le public n'a pas pour effet de montrer quelque chose de générique, il montre au contraire le *caractère incomplet* de chacune des catégories vis-à-vis d'une prétention au générique (Heller, 1977). Car si, en principe, chacune des catégories peut formuler des doléances, le caractère public est attribué à l'incomplétude. Aussi, c'est en tant que segment que la population formule des demandes. Dans ces demandes, le locuteur est faible. Il a tendance à s'effacer pour renforcer d'autant plus l'allocutaire. Dans ces conditions, le domaine public[4] est à la fois très large et très superficiel. Est déterminée jusque dans les détails la manière dont doivent être manipulés un certain nombre d'objets mais est en même temps ignorée toute initiative pour désigner ces objets par rapport à une certaine définition des besoins. Ainsi, pour prendre un exemple tout à fait concret, peut être vilipendé le gaspillage de l'eau sans que la population n'ait la possibilité de faire savoir dans quelles conditions de temps et d'espace elle en a besoin. C'est statistiquement que l'Etat comptabilise les intérêts et les demandes: la satisfaction des besoins concrets échappe au domaine public.

Les processus d'objectivation revêtent une forme particulière. Les objets sont regroupés en fonction des catégories. Ils sont alors distribués indistinctement aux ayant-droits des catégories comme si tous ces objets regroupés avaient un usage équivalent. Le caractère bureaucratique de cette distribution rend les processus d'objectivation plus observables. Qu'un cadre algérien reçoive une machine à laver plutôt qu'un téléviseur parce qu'il était sur une liste d'attente de biens réservés à sa catégorie est plus qu'une anecdote. Cela renvoie au fait que les objets sont eux-mêmes des segments d'un stock. Le système de pénurie, en particulier dans les magasins publics, induit l'achat, parfois au prix d'interminables "chaînes" d'attente, des produits du dernier arrivage même si on en dispose déjà en réserve. Ce phénomène s'observe aussi au Mexique. Cela peut aussi prendre la forme d'attribution de logements dont les normes de construction sont tout à fait incontrôlées. Le tremblement de terre de septembre 1985 à Mexico l'a publicisé de manière aussi impromptue que dramatique.

L'intérêt est l'expression de ce processus d'objectivation dans lequel les objets n'ont pas de valeur d'usage en ce sens que ces objets ne sont pas posés par des sujets face à eux-mêmes comme expressions d'un besoin. Une cartographie des intérêts[5] s'institue là où les catégories sont réifiées à travers les objets dont on leur alloue la demande. La demande est indistincte mais solvable. C'est à travers la cartographie des intérêts que se constitue un stock correspondant à cette demande indistincte et solvable.

Nommer des catégories

L'incomplétude des catégories prises séparément - mais même globalement en ce sens que la sommation de ces intérêts des catégories ne fait pas un intérêt général - résulte d'un jeu du discours dans lequel les catégories sont nommées. Ce n'est pas le contenu explicite - banal, sociologiste ou naturaliste - de ces catégories qui *montre* publiquement l'incomplétude.

En Algérie, des textes codifient ce qui relève du domaine public, ce sont les chartes. Dans la *Charte Nationale* de 1976 sont nommées les forces sociales de la révolution. "Quelles sont les forces fondamentales de la Révolution? Ces forces sont les travailleurs - manuels et intellectuels -, les paysans, les djounoud [les appelés du service national], la jeunesse et les éléments patriotiques révolutionnaires" (FLN, 1976). Ce texte n'intervient que tardivement dans l'histoire de l'Algérie indépendante (Leca et Vatin,

1979; Entelis, 1980) et si n'apparaissent pas comme telles des catégories comme l'armée, les étudiants, le secteur autogéré, le secteur privé ou encore le religieux, c'est le résultat d'un jeu du discours qui organise la cartographie des intérêts d'une certaine façon suite à l'évolution d'un certain nombre de rapports de forces. Ce n'est pas le lieu d'en faire une analyse détaillée (Leca et Vatin, 1979). Relevons d'abord que contrairement au *Programme de Tripoli* de 1962, la *Charte Nationale* n'énumère pas des catégories socio-professionnelles[6] et que, par rapport à la *Plate-forme de la Soummam* de 1956 (Harbi, 1980; Teguia, s.d.) qui nommait les jeunes et les femmes, ici, il n'est pas explicitement question des femmes. En bref, il n'y a pas un principe unique de catégorisation ni même plusieurs principes appliqués de façon cohérente. Mais il n'y a pas non plus de cohérence entre cette énumération des forces fondamentales et celle des organisations de masse où figurent, à la suite des Travailleurs, des Paysans, des Jeunes, les Moudjahidine [combattants de la guerre de libération] et les Femmes. Il faut souligner que la justification de l'existence de ces deux dernières organisations est pratiquemment la même: la participation de leurs membres à la lutte de libération nationale[7]. Elles sont nommées comme locutrices d'un récit. C'est ce récit qui confère sa légitimité au discours dans sa délimitation de l'espace public, mais il est refoulé de ce discours (Tahon, 1985) dans la mesure même où il menace le caractère d'incomplétude qui définit les catégories de l'espace public.

L'armée ne figure pas non plus parmi les forces sociales fondamentales. Or, ne s'agit-il pas de la force politique principale si on en juge d'après le processus de succession de la Présidence tel qu'il a fonctionné à la mort de Boumedienne (Waterbury, 1979)? L'armée en Algérie est régie par deux principes: l'un de légitimité révolutionnaire et l'autre de corps fonctionnel. La lutte entre ces deux principes périodise l'histoire algérienne, en particulier entre 1954 et 1965. C'est la lutte entre l'armée des wilayates et l'armée de l'extérieur qui rebondit au moment de l'indépendance dans la lutte entre le GPRA et cette armée qui porte Ben Bella au pouvoir mais c'est la tentative du premier Président de reprendre appui sur les maquisards des willayates qui aboutit à son renversement en 1965 par Boumedienne, le ministre de la défense nationale et commandant de l'Etat-major général à la fin de la guerre.

Le régime du 19 juin 1965 n'en est pas pour autant militaire. Au contraire (Haouchine, 1983). La respectabilité de l'armée repose sur sa soumission au principe d'incomplétude au point que dans son mode de fonction interne elle en constitue un modèle. C'est bien ce qui est symbolisé lorsque sont nommés, parmi les forces sociales de la révolution, les djounouds, les appelés du service national, ceux qui, tout en étant nécessaires à la défense nationale et à la réalisation des grands travaux économiques, n'ont aucun pouvoir.

Les conditions mêmes de la formation de l'armée en Algérie illustrent le fait que le corporatisme dans ces sociétés ne résulte pas d'un phénomène de rationalisation bureaucratique mais correspond à ce que plusieurs auteurs (Leca, Schemeil, 1983; Grindle, 1977) ont analysé sous des termes différents de clientélisme ou de néo-patrimonialisme. Le système de clientèle rend compte d'un type particulier de solvabilité qui ne correspond ni au fait de posséder de l'argent, ni d'avoir un emploi, mais d'être assuré d'une relation de protection ou de médiation avec un allié qui occupe une position supérieure ou inférieure. Sont ainsi réunies dans un même corps des personnes qui ont un accès très différencié aux ressources. En l'occurrence, les syndicats réunissent aussi bien des ouvriers professionnels que des masses prolétarisées sans emploi régulier. Ces dernières ne jouent dès lors pas par rapport aux premiers le rôle d'armée de réserve qui pèse sur les salaires et les conditions de travail.

Pourquoi le secteur privé, dont on reconnaît qu'"il n'est pas contradictoire avec l'étape historique actuelle où le secteur socialiste occupe une place prédominante" (FLN, 1976: 30), dont on déclare donc la nécessaire incomplétude, n'est-il pas nommé comme force sociale? Pourquoi n'est-il pas prévu une organisation pour le canaliser si tant est la crainte qu'il ne se transforme en "plate-forme pour la prise du pouvoir" (FLN, 1976: 31)? Les contorsions discursives dans la *Charte Nationale* sur la propriété "non exploiteuse" indiquent un problème d'énoncé à propos duquel se poursuit toujours une lutte sournoise au sujet de son "enrichissement"[8], problème sérieux puisqu'il renvoie à la réification des catégories dans leur rapport avec le monde des objets.

Au Mexique, le secteur privé est beaucoup plus important qu'en Algérie[9]. Ne s'y présente pas le même problème d'énoncé. La procédure d'énonciation ne passe pas non plus par la rédaction de grands textes, elle n'a pas sa rigidité. Dès 1938, c'est-à-dire durant la Présidence de Cárdenas (1934-1940), quatre forces sociales sont nommées: un secteur ouvrier, un secteur paysan, l'armée et un secteur populaire. Le secteur de l'armée, dans lequel étaient regroupés des membres individuels des forces armées agissant dans leur rôle civil, va, en 1940, avec la perte de l'importance de l'armée, fusionner[10] avec le secteur populaire.

Les deux premiers secteurs, paysan et du travail, avaient déjà été nommés bien avant cela. Ils l'étaient dans les articles 27 et 123 de la Constitution de 1917 qui est censée mettre fin à la guerre civile. C'est insidieusement que le caractère incomplet de ces deux secteurs va être montré publiquement. Cárdenas se rend compte qu'il y a des milliers et des milliers d'autres personnes en dehors de ces deux secteurs, il pense notamment, son origine aidant, aux Indiens. Il estime qu'ils pourraient rejoindre un troisième secteur: le secteur populaire. Celui-ci va grossir énormément avec les employés de l'Etat et les classes moyennes. Il va devenir le secteur le plus important. En 1970, la moitié des nominations des candidats députés du PRI proviennent de ce secteur (Stevens, 1977; Meister, 1971).

L'importance croissante de la Confédération Nationale des Organisations Populaires (CNOP) indique le processus à l'oeuvre: processus de réduction de la force des couches sociales en fonction d'un principe de légitimité révolutionnaire. Si le caractère hétérogène de chacune des composantes de la CNOP est dissimulé par sa participation à un secteur global, le secteur populaire, cette hétérogénéité est dorénavant mise en évidence entre les trois secteurs et rend publique leur incomplétude (Zapata, 1976)[11].

Le secteur privé ou patronal a pu se forger une place dans ce processus. Organisés dès 1936 et 1937 dans deux puissantes confédérations de chambres commerciales et industrielles (CONCANALO et CONCAMIN), auxquelles ils sont obligés de s'affilier, les patrons disposent de puissants organes de concertation. Bien que ces organisations "ne soient pas membres de la CNOP, [elles] possèdent tout de même un statut semi-officiel" (Meister, 1971: 119). Elles sont des organes consultatifs de l'Etat (González Casanova, 1965: 65).

Les contacts entre l'équipe du Président et ces organes sont généralement constants. Ils sont largement informels. Il n'y a pas à proprement parler de demandes formulées, même si c'est pour répondre à des demandes implicites que sont déterminées les orientations de la politique d'intervention de l'Etat dans l'économie. Ce qui doit retenir l'attention ce n'est pas d'abord que par cette voie l'Etat répond en premier lieu aux intérêts patronaux, mais qu'à long terme cela dérègle profondément le processus de formulation de la demande pour l'ensemble des secteurs en donnant un poids de plus en plus grand au clientélisme. C'est ce dérèglement et les réactions qu'il suscite qui éclairent la dynamique de l'évolution du régime mexicain.

Rappelons-en les étapes. 1) la réforme constitutionnelle de 1963, durant la Présidence de López Mateos (1958-1964), qui essaie de ranimer les assemblées parlementaires comme instances de demandes en faisant une toute petite place à l'opposition; 2) la tentative de réforme du PRI, durant la Présidence de Díaz Ordaz (1964-1970), menée par l'ancien gouverneur du Tabasco, Cardos Madrazo, qui vise à briser l'omnipotence du clientélisme dans les différents secteurs. "L'ampleur des intérêts cristallisés dans le PRI pour maintenir le *statu quo* fermait une autre voie à l'évolution du régime dont l'explosion de 1968 vint brutalement rappeler l'urgente nécessité" (Flores, 1980); 3) Luis Echeverría (1970-1976), dans sa recherche de fournir une nouvelle légitimité au régime, prend l'initiative de développer un processus général d'interpellation en vue de faire surgir une nouvelle formulation de la demande. C'est ce qu'on a appelé *l'ouverture démocratique*. Cela a abouti à une prise de distance très nette du secteur patronal (Cordero, 1982); 4) López Portillo (1976-1982) tente d'externaliser les oppositions par rapport au PRI en donnant une nouvelle marge d'intervention aux partis. Faire accepter l'incomplétude de chacun des secteurs en montrant la faiblesse des demandes alternatives en employant au besoin pour y arriver fraude, corruption et violence. En bref, voilà l'objectif de la *réforme politique* qui semble avoir été au moins partiellement atteint à l'occasion des élections de 1982[12].

Le circuit qui confère à l'Etat sa forme corporatiste peut être présenté comme suit:

intérêts -	**incomplétude des catégories** -	**nommer les catégories** -	**stock*** -	**clientélisme** -	**Etat corporatiste**

* différent de valeurs.

Les besoins découlent de la définition d'intérêts, d'intérêts légitimes, aussi nomme-t-on les catégories qui peuvent les faire valoir. Dans ces conditions, l'objectivation sociale ne part pas du sujet, au contraire, est mise en évidence l'incomplétude, c'est-à-dire en somme la négation du sujet. Les biens mis ensemble en fonction des intérêts de ces catégories ne peuvent pas être comparés, ils n'ont pas de principe d'équivalence. Ils forment un stock. Ce stock est constitué à partir de formulations de la demande qui ne circulent pas entre elles et qui ne trouvent leur unité que dans l'allocutaire. Cette unité se matérialise dans les relations de clientélisme à travers lesquelles les demandes transitent de façon personnelle.

Le populisme

Le *corporatisme* au Mexique et en Algérie ne constitue pas un système de *représentation*. Les intérêts des différentes catégories ne sont pas rendus publics par la représentation mais par le fait que les catégories sont *nommées* et montrées *incomplètes*. Ce processus rencontre des limites. Des limites externes: l'évidence d'un autre espace public, celui des masses occupant la ville (Sennett, 1979). Le populisme trouve une de ses bases possibles[13] dans cette mobilisation urbaine (Germani, 1972). Des limites internes: la segmentation des intérêts ne peut pas se transcender elle-même. Le populisme qui le permet reste toujours marqué par ce quadrillage et le leader charismatique qui prétend incarner le dépassement de celui-ci est en fin de comptes considéré comme un fauteur de troubles[14]. C'est donc d'un populisme particulier à un double titre dont il s'agit. Ce n'est pas le même que celui qui marque de nombreuses sociétés latino-américaines des années 30 aux années 50, dont on a d'ailleurs décrété la mort (Conniff, 1982).

Le populisme au Mexique et en Algérie a été relevé dans plusieurs travaux (Basurto, 1982; Newell, Rubio, 1984; Leca, Vatin, 1975; Dahmani, 1979). La notion de populisme étant très générale, il faut préciser en quoi et pourquoi les populismes mexicain et algérien prennent une forme particulière. En quoi. Au niveau de la formulation de la demande sociale, le populisme travaille la catégorisation des objets et en fait un agrégat unique: c'est en ce sens que l'on parle d'Etat nourricier. *L'Etat nourricier* est constitué par une demande agrégée qui n'est aucunement restreinte à l'alimentation. Il se distingue de l'*Etat providence* qui procède d'un régime de type libéral. Pourquoi? Le peuple y est interpelé, il l'est par rapport à un stock, il l'est comme celui qui a droit à ce stock. C'est par rapport à ce processus particulier d'extériorisation, d'objectivation qui se matérialise dans un stock indistinct, que se formule la demande. Par contre, c'est parce que la demande n'est pas posée vis-à-vis d'un stock constitué que, ailleurs en Amérique Latine, le populisme a pris un autre caractère.

Au Mexique, le caractère populiste du régime est marqué dans la mémoire collective par la figure de Lazaro Cárdenas (1934-1940) (Anguiano, 1975; Hamilton, 1986). Le père du Mexique moderne (Hector, 1985; Niedergang, 1962) n'est pas le premier à adopter ce style populiste. Le général Alvaro Obregón (1920-24), qui accède à la Présidence après la soumission de Pancho Villa, l'avait déjà fait[15]. A partir des demandes inscrites dans la constitution de 1917, il interpelle un sujet: le peuple mexicain (Laclau, 1978). Avec Cárdenas, le peuple interpelé, ce sont à la fois les paysans et les travailleurs des villes. L'unification se fait au niveau du locuteur et de l'allocutaire. Cárdenas interpelle un seul peuple mexicain; les paysans, d'un côté, les travailleurs des villes, de l'autre, réceptionnent cette interpellation comme une. Cárdenas est à la fois le Président des paysans - et on l'a vu, il a contribué plus que tout autre à une réforme agraire - et le Président des travailleurs des villes. Il n'y a qu'un seul pacte social.

Cette synchronie[16] n'est plus réalisée dans les interpellations populistes du régime de López Mateos (1958-64), de Luis Echeverría (1970-76) et de la fin du mandat de López Portillo (1976-82). López Mateos se heurte, dans sa tentative d'infléchir à gauche la politique mexicaine, aux paysans sans terre de Ruben Jamarillo qui, tué par l'armée en 1962, va rester un symbole du mouvement paysan (Montes, 1976). Luis Echeverría va se heurter, à son tour, dans son essai d'épurer le mouvement syndical de ses éléments les plus corrompus, à l'autre versant du mouvement paysan d'occupation de terres qui prend une expansion considérable à partir de 1971 (Bartra, 1974 et 1986; Beaucage, 1981). Enfin, le populisme que López Portillo pratique après 1978 et en particulier en 1980 en lançant un programme alimentaire ambitieux, en gonflant les dépenses publiques en faveur des milieux urbains et en terminant, lorsque la crise éclate, par nationaliser les banques en septembre 1982 (Newell, Rubio, 1984; *Quo Vadis, Amérique Latine*,1983; Basurto, 1983).

Le populisme apparaît au Mexique comme une idéologie enchassée dans la structure de demandes segmentées. Il est une idéologie de dépassement de cette segmentation, mais il est aussi limité dans son développement par cette segmentation. Le dépassement de demandes segmentées est une modalité dans la formulation des demandes. Le populisme n'exprime en effet pas le retour aux besoins immédiatement sociaux mais représente une tentative d'unification dans une seule demande sociale. Il y a un retournement dans ce processus. C'est l'allocutaire qui devient locuteur et qui donne à la société un sujet sur mesure. Qu'il y ait un sujet à la place ainsi assignée n'est pas évident. C'est plutôt le contraire qui semble caractériser le populisme mexicain contemporain. L'interpellation ne se présente pas en fait sous la forme directe d'une demande, c'est l'allocutaire de la demande qui interpelle par la bouche d'un chef auquel, par ailleurs, le peuple interpelé devrait s'identifier. Quel que soit le degré de cette identification, l'interpellation peut avoir, en raison de la nature même de la réception du message, un effet de dédoublement: à la limite, dès lors, le chef apparaît comme le chef de l'autre groupe.

En Algérie, aux lendemains de l'indépendance, l'idéologie populiste joue un rôle d'autant plus marquant que la structure corporatiste est faible (continuation du populisme messaliste) (Harbi, 1975 et 1980). Elle ne parvient néanmoins pas à produire une formulation nette de la demande sociale. C'est la phraséologie de l'autogestion qui fournit la trame du récit. Mais le peuple interpelé ne trouve pas de receveur, ni parmi les travailleurs de l'autogestion, ni parmi les masses prolétarisées qui se pressent aux portes des domaines ou des usines et que les premiers essaient de contenir. Il n'est pas encore question de demander des emplois: pour les premiers, il s'agit de les conserver, pour les seconds, l'Etat n'est pas encore l'allocutaire principal (Benkheira, 1985 a; Harbi, 1982). Il faudra un coup d'Etat dans le discours pour y arriver. Dénigrer d'abord la phraséologie de l'autogestion: le "redressement révolutionnaire" du 19 juin 1965 apparaît comme un coup de barre à droite. Il faudra attendre onze années pour qu'une nouvelle interpellation soit produite avec la *Charte Nationale*. Dans celle-ci, c'est le peuple-travailleur (Gourdon, 1979) qui est interpelé. Ainsi, le premier mouvement est celui de l'homogénéisation du milieu rural: le "noyau dur" (Chaulet, 1980 et 1981) des permanents des domaines autogérés se fond dans la masse des travailleurs ruraux qui tirent de plus en plus leurs revenus d'activités non agricoles (Benachenhou, 1979). La "révolution agraire" est promulguée en 1971 à travers une charte et une ordonnance qui doivent permettre de vivre l'homogénéisation comme une mobilisation. Elles interpellent des travailleurs bien plus que des producteurs, producteurs dont on a moins besoin avec l'apparition de la rente pétrolière. Le volontariat, qui amène chaque année, en particulier de 1972 à 1976, des milliers d'étudiants dans les campagnes pour "expliquer" les "textes" de la révolution agraire aux paysans, détermine qui peut parler, d'où on peut parler, de quoi on peut parler.

A partir du milieu des années 70, un second mouvement d'homogénéisation s'amorce. Le peuple-travailleur qui est interpelé est l'habitant des villes. Il l'est dans les aspects les plus quotidiens de sa vie. Par ses chroniques, la presse officielle raconte comment il faut vivre les coupures d'eau, la crise du logement, l'approvisionnement précaire en biens alimentaires (Benkheira, 1985 b). Elle légitime une sorte de ruralisation du modèle de consommation (Radji, Bedrani, 1982). D'une part, la population est maintenue dans des petites villes, en continuation de la politique de regroupement appliquée par l'armée coloniale - il en résulte une distribution urbaine très différente de celle observée dans les pays voisins[17] -, d'autre part, la population est entassée dans un parc de logements hérité de la colonisation. Parallèlement, on assiste à une élévation des conditions salariales des travailleurs agricoles, elles atteignent en 1980 le niveau de celles des travailleurs urbains.

L'homogénéisation dans l'interpellation n'a pas seulement pour résultat d'exclure des besoins comme besoins non reconnus (Heller, 1978) mais encore de s'insérer dans le corps social avec pour effet de démultiplier les demandes sociales. Les tracas de la vie quotidienne, à travers lesquels l'Etat s'introduit dans les domaines les plus privés de la vie, transforment la population en demandeuse de services: d'eau, d'électricité, de soins, d'instruction, de logement, de transport. Le besoin immédiatement social de production de la population dans laquelle celle-ci se trouve mobilisée se transforme ainsi en multiplicité de demandes sociales structurant l'Etat et lui permettant de stratifier la population en catégories. Le fait d'avoir de l'eau, le fait de disposer d'un logement deviennent des privilèges qui s'obtiennent à travers les rouages du système de représentation corporatiste et qui ne sont accordés qu'à ceux qui ne sont pas trop éloignés du sommet. Le populisme sous sa forme d'interpellation homogène du citoyen-travailleur aboutit ainsi à relancer le cycle de la segmentation de la demande: la segmentation ne jouant pas tant sur le contenu de la demande que sur la manière dont elle se présente à partir d'une pluralité de filières partielles. Les travailleurs, les fellahs, les anciens moudjahidine ont chacun leurs canaux où ils vont présenter une demande qui peut, au demeurant, être la même dans son contenu.

Le fait que le plan 80-84 reconnaisse avec éclat "l'évolution des besoins sociaux"[18] et que cela se soit traduit dans un programme d'urgence n'impliquent pas un changement dans la manière dont populisme et corporatisme fonctionnent de pair pour formuler la demande sociale. Les biens de consommation durable distribués en plus grande quantité renforcent la notion de privilèges qui est attachée au système de traitement de la demande sociale et ceci dans la mesure où la réalité des besoins correspondants peut toujours être mise en doute: besoins artificiels, en tout cas, non essentiels.

Le schéma représentant le circuit de l'Etat populiste implique un renversement du locuteur et de l'allocutaire. Ce renversement est un aspect de l'application du principe de responsabilité: celui auquel est adressé la demande se donne un droit sur ses demandeurs. C'est ce droit qui donne l'unité au peuple. Il s'agit d'un peuple auquel s'adresse un chef.

Le schéma suivant doit donc se lire renversé (du chef populiste à la dignité):

---

dignité - peuple - stock agrégat unique - chef populiste

L'objectivation se fixe dans le peuple constitué dans sa dignité. Cette objectivation est médiatisée dans un stock devenu un agrégat unique: un stock à distribuer de façon homogène. Intervient ici le caractère nourricier de l'Etat.

Un circuit quasi fermé d'énoncés

Ni au Mexique, ni en Algérie, les énoncés alternatifs ne sont complètement interdits. On peut les formuler dans certaines conditions. Du reste, ni dans l'un, ni dans l'autre pays, on ne compte un nombre important de prisonniers politiques. Au Mexique, des partis d'opposition sont officiellement reconnus et participent aux élections. Sans doute certains d'entre eux ne sont-ils pas vraiment indépendants du PRI[19], ils permettent néanmoins une certaine circulation des énoncés. Par ailleurs, les élections ne sont certes pas sans irrégularités. Celles-ci ont plutôt pour objectif de réduire les lieux d'où peuvent être produits légitimement les énoncés que d'affecter l'accès au pouvoir[20]. Les intellectuels, quant à eux, disposent d'une grande marge de liberté mais "à de rares exceptions près, [ils] finissent par succomber à la délicieuse tentation du service public (à ne pas confondre avec la politique...)"(Meyer, 1979: 5).

En Algérie, le FLN est un parti unique. Subsiste pourtant à ses côtés un autre parti, plus ou noins toléré ou, selon les périodes, officieux, le PAGS (Parti de l'Avant-Garde Socialiste). Ce parti, fondé en 1966, se situe dans la filiation du Parti Communiste Algérien (DERSA, 1981), lui-même fondé en 1936. Nous aurons l'occasion de reparler plus loin de son rôle dans la formation de la force ouvrière de travail. Il faut ici relever que le PAGS ne produit pas formellement d'énoncés alternatifs. Il essaie de rendre visible l'écart entre les textes et leur "application" (Leca, Vatin, 1979). Ainsi vis-à vis de ce qui est appelé "l'application" - qui est la réalité des rapports de pouvoir -, le discours du PAGS souligne le caractère intangible de ces énoncés. Ce faisant, il met en évidence leur caractère alternatif par rapport à ce qui devrait être appliqué et ne l'est pas. Dès lors, ce qui était nommé une application devient à son tour un énoncé. Dans ce jeu de renversement, typique du fonctionnement de l'idéologie, est à l'oeuvre, par l'importance même donnée aux textes, un processus de refoulement. C'est l'écart lui-même qui en vient à s'estomper.

Le courant intellectuel de gauche qui a contribué à formuler les thèses sur le capitalisme d'Etat algérien (Raffinot, Jacquemot, 1977; DERSA, 1981; Benhouria, 1980, développe, lui, la thèse du capitalisme bureaucratique d'Etat) et des petites formations d'opposition, comme le Parti de la Révolution Socialiste (PRS), ne se situent pas dans un ordre discursif très différent. Certes, le PAGS apporte-t-il son soutien (critique) au régime de Boumedienne à partir de 1972, tandis que les tenants de la thèse du capitalisme d'Etat se positionnent au contraire dans l'opposition. Les uns s'effacent dans le pouvoir d'énonciation mais en tirent de la force, les autres interpellent le sujet de l'énonciation et lui imputent de la force. Les uns et les autres contribuent à faire circuler les énoncés[21] et à leur donner une pragmatique. Non seulement les uns et les autres font-ils circuler des éléments du marxisme mais ils contribuent à faire des demandes un acte dans l'élargissement des "élites" (Benkheira, 1985, a). Ce que, au Mexique, on appelait "succomber à la délicieuse tentation du service public".

Avec le mouvement kabyle du printemps 1980 (Chaker, Chaker, 1982) s'ouvre un nouvel espace d'énoncés alternatifs. Cet espace est différent du précédent. S'il y a des facteurs de changement du régime politique, il faudrait sans doute bien plus les chercher là que dans une modification des rapports entre secteur public et secteur privé (Liabès, 1984). Les péripéties entourant la reconnaissance des diverses ligues des droits de l'homme en 1986-87 en sont une illustration. Mais ceci dépasse le cadre de cette analyse.

Reprenons une dernière fois l'analyse du circuit dans lequel s'opère la formulation de la demande et qui permet de caractériser la forme semi-compétitive de l'Etat nourricier. La stimulation de la demande, qui constitue le premier maillon du circuit, répond aux exigences de fonctionnement du circuit antérieur. Pour qu'il y ait renversement du locuteur et de l'allocutaire, il faut que des demandes soient constamment formulées.

Le schéma se présente alors comme suit:

stimuler les demandes sociales	- raréfier les lieux d'énonciation	- formuler des besoins collectifs nécessaires face à l'extérieur	- stock face-à l'arme alimentaire	Etat nourricier

Or lorsque la massification notamment urbaine s'accroît dans un système corporatiste, elle fait apparaître les relations de clientélisme fermées et rigides. Les projets de réforme politique tels qu'introduits périodiquement au Mexique sont autant de tentatives pour, à travers la stimulation de la demande, amener ces masses nouvellement mobilisées à se classer. Il s'agit pourtant d'éviter que ces demandes sociales, parce que non solvables, se donnent une cohérence dans un projet d'alternative globale. La raréfication des lieux d'énonciation est pour cela nécessaire, elle est compatible avec le phénomène de massification. Alors que dans l'Etat providence, les demandes sont généralement solvables mais d'une solvabilité insignifiante[22], dans l'Etat nourricier, la formulation de besoins nécessaires collectifs est faite face à l'extérieur, notamment dans le discours sur l'autosuffisance alimentaire et prétend à une solvabilité signifiante. L'Etat nourricier se donne les moyens de protéger la population contre l'arme alimentaire en déplaçant simultanément le projet d'alternative globale sur l'ordre international.

Notes

1 Le projet suppose un système de déterminations sociales et d'objectifs et une conscience des institutions qui permettent de satisfaire un besoin. Agnès Heller (Heller, Fehér, 1981: 254) reprend la distinction de Sartre (1943).

2 Dans le sens où Touraine l'entend comme définition d'une *légitimité globale* (Touraine, 1965). En en faisant un principe général, Touraine identifie trop son analyse à un régime libéral.

3 Voir aussi les remarques sur la conception d'intérêts chez Marx de Javier Bonilla Saus (1985).

4 Concept flou à force d'être utilisé, dans la littérature récente, dans tous les sens. On se réfère toujours d'une certaine façon à la distinction d'Hannah Arendt (1958), en particulier chapitre 2. Voir aussi la lecture de Françoise Collin (1986).

5 Cette décomposition et l'agrégation des intérêts en formule politique relèvent de ce que l'on appelle généralement le corporatisme que Philippe Schmitter définit comme suit: "un système de représentation des intérêts où les unités constitutives sont organisées en un nombre limité de catégories particulières, obligatoires, non compétitives, hiérarchiquement ordonnées et fonctionnellement différenciées, reconnues sinon créées par l'Etat et auxquelles est accordé un monopole de représentation en échange du contrôle de la sélection de leurs leaders et de l'articulation de leurs exigences et de leur soutien", cité par Leca et Vatin, 1979: 15-80.

6 Dans le *Programme de Tripoli* étaient nommés les paysans, les prolétaires, les artisans, les commerçants et les fonctionnaires; voir Leca et Vatin, 1979: 23.

7 *Charte Nationale*, p.51.

8 Le Président Chadli qui était, selon la formulation commune, le promoteur des réformes permettant l'essor du secteur privé a finalement été amené à soumettre à referendum une nouvelle Chartre qui se démarque fort peu de la précédente. Voir Ramonet, 1986.

9 Au Mexique, le secteur privé regroupe en 1980 83 % des emplois rémunérés (80% en 1983) et produit 80.9 % du PIB, (74.4 % en 1983) (INEGI, 1984: 4-5). Voir aussi Hill, 1984. Malgré ces chiffres qui placent le Mexique parmi les pays dont l'économie serait la moins étatisée (au moins deux fois moins que le Brésil) (Cordero, 1982: 75), il faut relever l'importance majeure de l'Etat dans la formation de capital, importance qui s'est accrue ces dernières années en passant de 35.5% en

1970 à 46.3% en 1980 (SPP, 1983: 196). Le Mexique connaît cette structure depuis de nombreuses années (Vernon, 1966; Leal, 1975; Martínez Escamilla, 1984). En Algérie, en volume d'emploi, le secteur privé représente 33% des branches industries-bâtiment et 53% de l'emploi non administratif (*Annuaire Statistique de l'Algérie*, 1981). Notons cependant que les statistiques officielles sous-estiment le secteur privé, comme l'observe Chantal Bernard (1985).

[10] González Casanova (1965: 50-51) fournit plusieurs indicateurs de la diminution de l'importance de l'armée qui avait dominé la scène au XIXe siècle et qui était encore toute puissante avant la Présidence de Cárdenas. Au sujet de la démilitarisation de la société civile, voir Rouquié, 1982.

[11] En fait, "la CNOP n'a plus aucune philosophie, commente Rudel (1983: 163-164), car, rassemblant des secteurs aussi divers et disparates qu'employés de l'Etat et commerçants, professions libérales et industriels, enseignants et propriétaires, elle doit prendre en charge, en même temps, les revendications contradictoires, contradictoires entre elles de chacun d'eux". C'est aussi dans le secteur populaire qu'est adjoint le secteur jeunesse.

[12] "Ce deuxième test de la «réforme politique» apparaît donc, en termes conjoncturels, convaincant sinon concluant pour le pouvoir: il confirme une remontée du PRI dans l'opinion publique (de 68.35% des voix en 1979 à 71.63% lors des élections présidentielles de 1982). Mieux et même plus fondamental: le vote abstentionniste se tasse de manière significative: de 50% en 1979 à environ 22% en 1982" (Hector, 1983). En 1985, le PRI obtenait 64.8% des suffrages. Le PAN, parti à la droite du PRI, qui avait obtenu 11.06% en 1979, en obtient 16.4 en 1982 et 16.2 en 1985. Quant à l'abstentionnisme, il réatteint pratiquemment les 50%.

[13] Pour les différents types de populisme, voir notamment Helmet, 1984 et *Los populismos*, n. 20/21, *Criticas de la Economía Política*, julio-decembro de 1981.

[14] Voir la figure du Président Ben Bella en Algérie (1962-65) et à un moindre degré celle du Président Luis Echeverría (1970-76) au Mexique.

[15] Obregón s'appuie sur une mobilisation ouvrière. Les ouvriers se sont montrés de bons alliés - lors de l'épisode des bataillons rouges - face au mouvement paysan et indien. Voir Meyer, 1970.

[16] De Ipola (1982: 93-113) critique la thèse de Laclau (1978) qui ne voit l'interpellation que du point de vue du locuteur et pas de ceux qui la réceptionnent. Voir aussi Mouzelis (1981).

[17] 53% de la population citadine vit dans des villes de moins de 100.000 habitants. Voir Brulé et Mutin, 1982.

[18] "L'ensemble des axes [du Plan Quinquennal] est orienté en priorité vers la couverture satisfaisante des besoins sociaux à l'horizon 1990". *Rapport Général du Plan Quinquennal 1980-1984*, Préambule: I. Voir Benachenhou, s.d. .

[19] Notamment le PPS (Parti Populaire Socialiste) fondé par Vicente Lombardo Toledano, chef syndical durant la période de Cárdenas, tendance gauche et le PARM (Parti Authentique de la Révolution Mexicaine), fondé par certains compagnons d'armes de Carranza, tendance conservatrice, ses membres sont considérés comme des "cousins de la famille révolutionnaire". En 1979, le PPS, avec 2.82% des suffrages, était le 3e parti et le PARM, avec 2.16%, le 4e. En 1982, le PPS obtenait 1.60% et le PARM, 1.07%. En 1985. Voir Flores, 1980.

[20] Avec l'exception peut-être des dernières élections de 1985 qui auraient dû permettre au PAN (Parti d'Action Nationale) d'obtenir le poste de gouverneur de l'Etat de Sonora, à la frontière des Etats-Unis.

[21] La circulation des énoncés ne renvoie pas seulement au fonctionnement d'un circuit. La circulation fait partie de l'énonciation. Voir Faye, 1972.

[22] Habermas (1962: 219) parle de demande qui attend d'être prise en charge sans vouloir véritablement imposer des décisions.

Chapitre 3

Syndicalisme officiel: la non-formation de la force de travail ouvrière

Le syndicalisme n'est pas simplement une forme déterminée d'agrégation des demandes sociales. Il y a transformation de ces demandes; à proprement parler, il y a formulation d'une demande là où il n'y avait que des desiderata. Cette transformation coïncide avec la formation de la force ouvrière de travail. Le syndicat est bien plus qu'un *canal* [1] pour acheminer des doléances. Il joue un rôle majeur dans l'institution de la force ouvrière de travail. Formuler une demande, c'est se classer. Dans le cas du syndicat, ce classement est presque générique, le syndicat classe par rapport au temps. Ce n'est pas seulement la machine qui impose au travailleur sa cadence, sa mesure du temps. Cette mise au pas par la machine entre dans un processus plus global qui permet au syndicat, par les demandes qu'il formule, de représenter l'ensemble des travailleurs. Dans la formulation de la demande du syndicalisme industriel, une mesure du temps est instituée. Elle l'est dans l'arme syndicale par excellence: la grève. On verra comment la grève, qui se présente comme suspension du temps mais aussi prodigalité du temps, est fondatrice de ce classement que l'on appelle précisément *classe* et qui repose sur une force de travail ouvrière à la fois générale et interchangeable.

Là où la grève ne se manifeste pas, la formation de la force de travail peut ne pas s'opérer. Le syndicalisme officiel, tel qu'il existe au Mexique comme en Algérie, limite l'exercice de la grève. Cette limitation traduit plus généralement le fait que le syndicat n'a pas l'autonomie suffisante pour formuler la demande dans cet aspect quasi générique qui est le classement par rapport au temps. Il en résulte qu'au sens fort ne se forme pas une force ouvrière de travail. Après avoir examiné le phénomène de grève dans son rapport fondamental au temps, et après avoir, en un second moment, passé rapidement en revue le contexte de non-autonomie du développement du syndicalisme au Mexique et en Algérie, il faudra questionner le rôle des partis communistes mexicain et algérien dans l'établissement de ce contexte de non-autonomie.

La grève: la prodigalité du temps

Ne pas simplifier au départ. La grève n'est pas la manifestation d'une revendication (Durand, Dubois, 1985). La grève est un refus ouvert du travail, souvent précédé d'un refus latent plus ou moins conjoncturel. La grève traduit le fait que le travail ne laisse aucune marque derrière soi (Arendt, 1958). Alors que dans l'usine le temps est scandé en minutes, en secondes, transformées en objets qui disparaissent dans la consommation, la grève affirme la prodigalité du temps. Prodigalité aussitôt délimitée pourtant. Elle ne vaut que pour les occupés dans ce travail interrompu, elle ne vaut que pour ceux qui ont un emploi. Elle est également provisoire: il n'y a grève que par rapport à la perspective d'un retour au travail. Ce double aspect - d'une part, la prodigalité, d'autre part, sa délimitation - définit la nature du besoin à partir duquel le syndicalisme va formuler des demandes[2] qui risquent à tout moment de miner la segmentation de l'ordre corporatif.

La prodigalité du temps telle qu'elle s'affirme dans la grève anticipe un certain type de temps, elle est suspension d'un autre type de temps. Elle anticipe le temps devenu richesse du temps libre ou richesse d'activités diverses telle que Marx (1844) par exemple la conçoit pour la société des "producteurs associés". Elle anticipe selon un protocole. La grève est jouissance du temps mais jouissance instrumentalisée. La grève n'est pas jouissance du temps présent: elle n'est pas le temps de la musique populaire. La prodigalité du temps ne s'affirme que par rapport à sa mesure, elle suppose sa mesure. Elle prépare le retour au travail lorsque satisfaction sera donnée à la demande: elle prépare à un temps plus mesuré encore. Et même si le syndicat n'épuise jamais la formulation de la demande dans une satisfaction déterminée, il prépare à une universalisation de la mesure dans le fait de mobiliser un temps d'aujourd'hui pour un temps futur, un temps supposé libre, un temps qui ne pourrait plus être volé (Piperno, 1986). Il institue ainsi le caractère quasi générique du temps.

Mais la prodigalité du temps est aussi suspension du temps industriel. Cette suspension est vécue comme prodigalité d'autant plus qu'elle est générale. Et effectivement, avec la grève générale, semblent se rejoindre mobilisation du temps et suspension du temps dans l'imminence du temps nouveau. La grève générale n'est pas seulement communauté de situation des travailleurs industriels, elle est aussi suspension de tous les autres temps sociaux: temps de travail domestique, temps de travail agricole, temps du chercheur de boulot ou d'emploi, y compris temps des loisirs. Le fantasme millénariste associé à la grève générale désigne *a contrario* les limites de la suspension du temps industriel en termes de prodigalité. En effet, dans d'autres conditions que le travail industriel et *a fortiori* là où le travail industriel n'est pas généralisé, le travailleur en grève est confronté à tous ces autres temps sociaux. S'il est absorbé par eux - comme c'est, par exemple, le cas lorsqu'un ouvrier en grève s'en va faire la récolte du café ou des tomates ou lorsqu'une femme retrouve l'arriéré d'activités ménagères -, la prodigalité du temps se trouve niée. Se trouve aussi contrariée la manière dont le syndicat part de la prodigalité pour former la force de travail ouvrière.

Limitations donc. Elles n'empêchent pas de définir les fondements mêmes du syndicalisme ouvrier en le distinguant de toute autre association de défense d'intérêts. Le syndicat ouvrier part de la richesse de besoins qui s'exprime dans la prodigalité du temps, il transforme cette richesse en demandes. Ces demandes ne s'accumulent pas comme agrégat, elles s'inscrivent, parce qu'elles naissent du fantasme d'un temps nouveau, dans une prétention d'universalisation du temps à caractère générique. Franco Piperno (1985 et 1986) a ouvert cette approche en termes de temps plutôt que de valeur. Pas important franchi dans l'analyse. Le syndicat ouvrier ne peut pas simplement formuler une demande particulière. Contrairement à ce que pensait Lénine, il est la plupart du temps incapable de se limiter à un rôle trade-unioniste.

Le syndicat ouvrier, c'est-à-dire le syndicat pour qui la grève est un phénomène constitutif, n'agrège pas des demandes, ne les additionne pas. Dans cette négation de la particularité, il constitue la force ouvrière de travail. Il la constitue en contradiction même du processus qui consiste à nommer des catégories, processus caractéristique de la forme corporative de l'Etat.

Le syndicalisme ouvrier ne trouve la possibilité de se développer que là où peut être posé un principe d'alternative sociale. Dans un régime semi-compétitif, son autonomie dépendra de la manière dont la raréfication des lieux d'énonciation pourra être réduite. Selon Touraine (1955 et Touraine, Wieviorka, Dubet, 1984), le mouvement syndical se développe par référence à un modèle rationalisateur. Le syndicalisme est une critique du mauvais usage capitaliste de la force de travail. Il est, à la limite, prétention à un bon usage. Il vend non pas l'agrégat de forces individuelles mais une force collective, la force ouvrière de travail. Dans la constitution de cette force unifiée, est défini le besoin nécessaire. Besoin qui résulte de la réduction de tous les besoins à celui-là seul (Heller, 1978), préfiguration de la réduction de tous les temps sociaux à un seul temps.

Tronti (1970) ne dit pas autre chose lorsqu'il explique que c'est dans la vente de la force de travail que se constitue la classe ouvrière et que cette constitution précède celle de la classe des capitalistes. Or, que le syndicat puisse se présenter comme monopsoneur de la force de travail, ne provient pas du fait qu'il aurait le titre de propriété de celle-ci mais de ce que c'est lui (comme syndicat industriel) qui la constitue bel et bien comme homogène, unique, comme rationalisation de l'arrêt total de travail qu'est la grève[3]. Et c'est en la constituant comme force de travail unique que le syndicat est amené à produire ce nouveau besoin qu'est le besoin de reproduire la force de travail[4].

Quelle que soit l'ampleur de la circulation, de la monétarisation des échanges, quelle que soit la proportion de salariés dans la population active, c'est de l'histoire propre du syndicat, de la manière dont il se donnera des lieux autonomes d'énonciation, c'est-à-dire aussi de la manière dont la grève pourra se raconter publiquement que dépend l'ampleur de la vente de la force de travail[5].

Essor du syndicalisme: un contexte de non-autonomie

Ce qui caractérise tant au Mexique qu'en Algérie l'apparition du syndicalisme avec son visage actuel, c'est son manque d'autonomie. Dans l'un et l'autre cas, ce manque est apparu dans les dissensions internes de la révolution ou de la guerre. La CROM (Confédération Régionale Ouvrière Mexicaine) est fondée en 1918 après l'épisode des bataillons rouges (1915) (Meyer, 1970) lancés par le pouvoir constitutionnaliste de Carranza contre les armées paysannes de Pancho Villa (Basurto, 1981). L'UGTA (Union Générale des Travailleurs Algériens) est fondée en Algérie, sous l'égide du FLN (Front de Libération Nationale), en 1956, pour faire pièce à l'USTA (Union Syndicale des Travailleurs Algériens) de tendance messaliste[6] et à l'UGSA (Union Générale des Travailleurs Algériens) de tendance communiste. La non-autonomie de ce type de syndicalisme à sa naissance est la toile de fond de toute son histoire marquée précisément par de multiples tentatives manquées d'autonomie qui vont en fin de compte renforcer le syndicalisme officiel.

Au Mexique, la première tentative d'autonomie, avec l'affaiblissement de la CROM et le surgissement à la direction de Toledano, futur fondateur du PPS (Parti Populaire Socialiste), va fournir l'assise à l'alliance du syndicat et du régime durant la période de Cárdenas. La caporalisation du syndicat qui va marquer la période postérieure et la corruption des dirigeants syndicalistes (*charrismo*) vont provoquer deux mouvements successifs d'insurrection syndicale en 1958 et en 1971. Ils vont obliger le syndicalisme officiel à mieux "coller" aux revendications ouvrières, surtout en matière de mesures redistributives. En Algérie, les congrès de l'UGTA alternent entre des poussées à l'autonomie (1965, 1978) et des mises au pas (1963, 1969, 1974, 1982). Un phénomène comparable à l'insurrection générale mexicaine peut être observé dans le mouvement de grève de 1977 dont les salariés du secteur étatique constituent le fer de lance et qui interpelle directement le pouvoir (Benkheira, 1985, c).

Avant de poursuivre, très partiellement d'ailleurs[7], l'histoire du syndicalisme dans ces deux pays, tentons de clarifier encore le contexte de non-autonomie qui constitue la toile de fond de cette histoire. Ce contexte rend compte de la faiblesse de l'institution de la force de travail par le syndicat. Sa non-autonomie permet certes au syndicat de ne pas être freiné dans son développement par les limitations mises à la prodigalité du temps, limitations qui résulteraient de l'isolement des catégories de travailleurs en grève. Mais, à ne pas devoir lutter contre ces limitations pour jouir de cette prodigalité, à ne pas expérimenter la grève comme principe d'identité, le syndicalisme n'est pas porteur d'un modèle rationalisateur enraciné dans la société civile - enracinement résultant de la lutte du travailleur avec la machine qui le remplace et qui tend à être sa mesure. De cette lutte se dégage la production du temps social nouveau comme prolongement du travail abstrait. Le syndicalisme n'apparaît dès lors pas non plus comme un syndicalisme ouvrier, c'est-à-dire un syndicalisme pour qui la comparaison par rapport à la machine donne une sorte de primat au travail manuel et engendre ainsi le concept de travail productif. Au contraire, le syndicalisme officiel est un syndicalisme de travailleurs où ouvriers et employés sont d'emblée confondus.

Cette non-mesure par rapport à la machine est-elle bien le résultat de l'histoire du syndicalisme - en l'occurrence, le contexte de non-autonomie dans lequel il s'affirme - ou procède-t-elle du fait que les machines sont apportées toutes faites de l'extérieur avec le niveau de développement d'un autre système technologique (c'est-à-dire de luttes des travailleurs avec les machines) (Palloix, 1980)? Ce second facteur joue incontestablement, il se traduit par d'importantes et persistantes différences de productivité entre secteurs et par un système de rapports particuliers aux objets de consommation (qui s'exprime notamment dans l'allure somptuaire que prend la consommation dans certains milieux) (Corten, 1974). Mais, pour saisir correctement le rôle de ce facteur, il faut précisément le coordonner avec une étude de l'histoire du syndicalisme.

Le parti communiste: la dynamique de renforcement du syndicalisme officiel

Tant au Mexique qu'en Algérie, le contexte de non-autonomie du syndicalisme procède du rapport d'opposition à des formes de syndicats liés au parti communiste. Il constitue le revers de ce qui jusqu'à présent a été relevé comme un manque: l'incapacité des partis communistes à s'imposer comme force hégémonique dans le mouvement national ou social (Gallissot, 1978).

C'est en Algérie que le phénomène est le plus manifeste mais la littérature, pourtant abondante sur le sujet, piétine lorsqu'il s'agit de produire une explication. Jusqu'en 1954, le PCA (Parti Communiste Algérien) conserve une certaine hégémonie sur les syndicats. L'idéologie est alors le moyen de fixer l'identité d'une minorité (Gallissot, 1978): les ouvriers européens auxquels s'ajoutent des intellectuels algériens ainsi que quelques ouvriers algériens parvenus à obtenir un emploi régulier. Identité face à l'idéologie "pied-noir" - ce qui n'empêche pas qu'elle puisse elle aussi à certains moments s'exprimer dans cette idéologie, comme c'est le cas à Sidi Bel-Abbès en 1921[8] - mais aussi face à cette culture du nombre qui constitue un des ressorts du mouvement nationaliste. Tout laisse penser que la première forme de l'UGTA, tout en se constituant par distanciation vis-à-vis du PCA et tout en marquant l'incapacité du syndicalisme de jouer ce rôle charnière entre ouvriers algériens et européens, conserve le caractère fondamental de recherche d'identité d'une minorité. Comme la CGT française, l'UGTA est dominée par la catégorie sociale des employés de la fonction publique (Harbi, 1975: 179; Leca, Vatin, 1975: 154). Cette situation rend compte de l'échec du mouvement de libération nationale de porter la lutte au coeur des villes, échec qui se manifeste au début de 1957, lors de "la bataille d'Alger"[9].

Sans doute le syndicalisme va-t-il reprendre une certaine vigueur au lendemain de l'indépendance avec le mouvement de l'autogestion (Duprat, 1973; Chaulet, 1971) mais il ne s'agit que d'une coïncidence: coïncidence entre la recherche d'identité d'une minorité de travailleurs fixes et la conjoncture nationale. Le contexte de non-autonomie va rapidement s'élargir. En fait, cette recherche d'identité se dissout dans un mouvement d'assaut, de la part de la petite-bourgeoisie, de l'habitat et de l'emploi urbains laissés par les Européens (y compris les ouvriers). Cela a déjà été évoqué dans le 1e chapitre de la 3e partie.

Mais le contexte de non-autonomie se consolide vraiment avec le changement de forme politique que représente le coup destituant Ben Bella en 1965 et le rejet des militants communistes dans l'opposition. Ils n'en sortiront au début des années 70 que pour se subordonner au pouvoir. Tout ceci se traduit au niveau syndical par une profonde épuration: la caporalisation du syndicat lors du IIIe Congrès en 1969 ne peut pas seulement être lue comme la transformation du syndicat en appareil-croupion du parti (Haouchine, 1983), elle imprime au contexte de non-autonomie une épaisseur politique. Sur celle-ci, va pouvoir se structurer l'Etat algérien (Leca, Vatin, 1975).

Au Mexique, le syndicalisme officiel se constitue par distanciation vis-à-vis de l'anarcho-communisme. Sans doute existe-t-il une centrale liée au jeune PCM (fondé en 1919) - la CGT - mais elle est très minoritaire au regard de la CROM et, surtout, elle serait, selon le point de vue de l'Internationale Communiste, sous l'influence excessive des libertaires (Paris, 1978)[10]. L'histoire du syndicalisme mexicain est pourtant surtout marquée par le fait que des dirigeants d'idéologie marxiste, comme Toledano (Alba, 1953: 125), vont précisément jouer un rôle majeur dans la marginalisation d'un syndicalisme autonome - dont la CGT qui s'était fortifiée au début des années 30 et avait compté 80.000 affiliés (Alba, 1953: 123; Trejo Delarbre, 1984: 36) avant de péricliter et de tendre à se ranger du côté de l'ancien Président Calles.

La CTM (Confédération des Travailleurs Mexicains) est fondée en 1936. Elle réunit la quasi-totalité des organisations ouvrières, à l'exception de la CROM et de la CGT. Elle les réunit dans un climat de confrontation entre le secteur privé de Monterrey (Vellinga, 1981) et le Président Cárdenas. Cette confrontation vient précisément redoubler celle qui oppose deux personnages. D'un côté, Calles, Président de 1924 à 1928, il parvient à se maintenir au pouvoir grâce à la fondation d'un parti - le PNR (Parti National Révolutionnaire, ancêtre du PRI (Parti Révolutionnaire Institutionnel) - qui avait mis fin aux rivalités des caudillos de la révolution en les fédérant[11]. De l'autre, le général Cárdenas. Elu en 1934, il refuse de jouer le rôle d'homme de paille comme ses prédécesseurs[12] et pose les bases d'un Etat fort, d'un Etat de césarisme social.

Ce climat rend compte du contexte de non-autonomie dans le développement du syndicalisme à partir de 1936. Ce contexte se caractérise par le fait, on vient de le voir, que les syndicats liés aux communistes sont mis à l'écart. Mais, dans le même temps, paradoxalement, "les communistes acquièrent une grande influence dans les syndicats" (Anguiano, 1975: 111; Alba, 1953: 125). Le jeu est complexe dans un pays où affluent les réfugiés républicains espagnols et qui accueille Trotsky, bientôt assassiné, comme on sait, par un agent du NKVD[13] en 1940. Cárdenas peut se targuer dans ses rapports difficiles avec son puissant voisin du Nord - notamment lors des nationalisations du pétrole en 1938 - d'avoir les mains libres vis-à-vis du parti communiste. Au début, celui-ci ne ménage pas ses critiques, accusant même Cárdenas d'être fascisant. Par la suite, il s'y subordonne complètement, suivant en cela les changements de ligne de l'Internationale (Anguiano, 1975).

Finalement, le parti communiste mexicain se soumet au principe de l'unité syndicale, duquel il ne pouvait se soustraire qu'en proposant une autre base d'unité syndicale. Mais la politique d'"unité à tout prix", qui est celle de l'I.C., l'empêche de proposer un principe alternatif d'unité qui aurait alors dû prendre la forme d'appel d'union à la base[14]. Le PCM ne le fera que bien plus tard: à partir de l'*emergencia sindical* de 1958. Il s'agit alors d'un mouvement extrêmement profond dans lequel sont engagés les travailleurs du pétrole, des téléphones, les instituteurs, etc., et à la tête duquel se trouvent les cheminots en grève durant plus de dix mois. Ce mouvement, d'une ampleur sans précédent depuis la période cardéniste, voit se mettre en place - pour peu de temps, car la répression ne tarde pas - des comités exécutifs indépendants du syndicalisme officiel. Une grève des cheminots présente un caractère particulier du point de vue du temps. Le réseau des chemins de fer fonctionne comme une grande horloge. Faire la grève, c'est arrêter l'horloge.

En Algérie, même si la grève des cheminots est de courte durée lors du mouvement de 1977, elle n'en constitue pas moins en quelque sorte, et ce n'est pas un hasard, son fer de lance. Ce qui, dans les deux cas, est ainsi prodigalité du temps ne peut être traduit dans des demandes sociales - il y a, bien sûr, des demandes salariales mais elles n'ont pas le caractère social qu'elles revêtent (ou qu'elles sont supposées revêtir) chez l'ouvrier-masse (Negri, 1976).

Récit de grève et domaine public: le contrôle

La grève, lorsqu'elle prend cette ampleur, existe principalement dans la narration qui est faite de l'événement (Benkheira, 1985, c). La narration construit l'événement (Veron, 1981); elle construit son existence - une grève dont personne ne parle existe-t-elle? -, elle construit sa réalité en lui conférant un statut de phénomène public. Dans un système de syndicalisme officiel, la narration s'élabore surtout autour de ce caractère public. Le domaine public (Arendt, 1958) s'élabore d'une double façon. Il le fait en partageant ce qui dans la vie quotidienne est privé et est public. En sanctionnant dans le récit que la grève est autre chose que l'absentéisme, en affirmant donc que la grève relève du domaine public, s'institue un domaine privé, un domaine de relégation. La catégorie travail se forge ainsi tant au plan du récit qu'à celui de la division du travail: ce qui fait le travail, ce qui fonde sa réalité, c'est le fait que dans la grève tout le monde puisse voir le refus du travail, puisse l'entendre raconter. L'absentéisme devient dès lors un refus privé, il fonde une réalité comme reflet de la lumière crue du refus public.

Si la grève s'impose difficilement dans le domaine public ce n'est pas seulement parce qu'elle doit revêtir une forme concurrente au caractère officiel du syndicalisme, c'est aussi parce que, en s'imposant comme publique, la grève s'oppose à la diversité des activités sociales. Et si la grève est une *suspension* du besoin de reproduire la force de travail, elle n'est pas pour autant reconnaissance de la multitude des besoins, dont le besoin de reproduire la force de travail n'est qu'une réduction (Heller, 1968). Ce sont précisément ces besoins transformés - notamment celui de production de la population - qui se trouvent réfractés, à travers la demande sociale, dans l'Etat et sa prétention à couvrir tout le domaine public.

L'autonomie du syndicat ne peut s'affirmer qu'en procédant à un rétrécissement du domaine public, en contribuant à la raréfication des lieux d'énonciation. Ce faisant, il y a perte de contrôle dans le champ de la narration. Cette perte de contrôle est compensée par le recours à un discours internationaliste. Cet interdiscours à fortes connotations marxistes est absorbé par une narration qui continue à se développer sur un autre plan. On assiste ainsi, comme on l'a déjà noté, à une sorte d'étatisation du marxisme qui fonctionne à travers une absorption d'élites marxisées par l'Etat. Ce phénomène étudié par Benkheira (1985, a) pour l'Algérie, il le décompose en quatre phases, est également observable dans la période récente au Mexique.

Après la répression du mouvement des cheminots (1959), le syndicalisme acquiert une nouvelle légitimité avec la nationalisation totale du secteur électrique et l'unification des travailleurs de l'électricité. Les grèves, qui se poursuivent durant le sextennat de López Mateos (1958-1964) (Zapata, 1983) dans un contexte d'augmentation des salaires réels, vont contribuer, en instituant la force de travail comme force homogène, à intégrer les syndicalistes dans l'appareil d'Etat. C'est la période de la création d'une centrale nationale qui se propose d'être "une troisième voie entre le dogmatisme de la gauche et l'anticommunisme et la corruption du syndicalisme officiel. Le *sindicato de trabajadores electricistas de la Republica mexicans* (STERM) de Rafael Galván[15] qui n'a que très partiellement soutenu la lutte des cheminots, constitue la pièce maîtresse de cette nouvelle centrale." (Prevôt-Schapira, 1983: 85). La création en 1966 du Congrès du Travail (Zapata, 1976), qui réunit les principales centrales, marque l'achèvement de l'institutionnalisation de la force de travail. Ce qui se traduit dans les statistiques, on l'a vu, par une sorte de parenthèse dans le gonflement de la population industrielle.

Le mouvement étudiant à partir de 1966 et sa sanglante répression en 1968 mettent un terme à cette parenthèse. Certes, la "tendance démocratique" - qui pointe en 1971, encouragée au début du moins par Luis Echeverría -, dont le syndicat des électriciens est un fer de lance, manifeste une tentative d'exprimer le principe de "concurrence" dans la formulation de la demande sociale. Vont s'y engouffrer les forces de gauche (Hector, 1985) - en particulier les milieux universitaires - qui, dix ans après, continuent, avec les travailleurs du nucléaire, d'en être les protagonistes. Mais, avec l'essor des services de santé, de l'instruction et du financement public des logements[16], l'Etat est amené à reconnaître des besoins qui ne se conjuguent pas directement en besoin de reproduire la force de travail. Dans cette reconnaissance qui téléscope les canaux de formulation de la demande sociale, y compris le principe de concurrence, un étirement de plus en plus fort se manifeste entre les couches moyennes et les masses prolétarisées de moins en moins constituées en force de travail. Poussé trop loin, comme c'est le cas lors de l'euphorie pétrolière (Cabrera, 1984), cet étirement est un facteur de crise dans la mesure où il aboutit à miner la légitimité de l'Etat nourricier en interrompant les mécanismes de reproduction du fonds des salaires (chapitre 4 de la 1e partie). Cette crise n'est pourtant de nature ni à renforcer le principe de concurrence, ni à favoriser une période d'absorption[17]: elle est, de ce point de vue, d'abord une crise de "la gauche".

Notes

1 A supposer que cela existe. La notion de canal est liée à celle d'input et relève de l'analyse systémique.

2 Au sujet de l'étude de la demande - des doléances syndicales - en termes d'analyse du discours, voir le "travail pionnier" de Benkheira, 1981, et le commentaire de Sraïeb, 1985: 10.

3 Sans poser le problème de cette façon, ce sont les théoriciens américains du syndicalisme institutionnel, comme A. Ross (1950), qui formulent ce type de question de la manière la moins éloignée.

4 On objectera que ce besoin existe depuis toujours en tant que besoin de subsister, de se maintenir en vie. Ne nous arrêtons pas ici sur le fait qu'il s'agit encore de savoir de quelle vie on parle - une vie de misère, de confort ou de jouissance. Relevons simplement qu'il s'agit ici de *reproduire* une *force de travail* qui a la particularité de n'avoir pas d'usage pour la personne qui la détient. Ce besoin structure la population, il la structure notamment au niveau familial puisqu'il devient besoin de reproduire la force de travail de génération en génération à travers la famille. Il institue d'une part le statut de chef de famille (Corten, Tahon, 1982, b) chargé de reproduire de génération en génération et d'autre part un nombre: celui de la reproduction simple, l'économie du nombre, deux remplacent deux. Il réinstitue le principe de responsabilité.

5 Ce disant, on pourrait donner l'impression de se rapprocher des théoriciens de la régulation pour qui "un rapport salarial dominant est compatible avec une diversité des statuts des salariés" (Boyer, 1981). Mais c'est la notion même de rapport salarial dominant qui est ici mise en question.

6 On lira le rôle crucial joué par Messali Hadj dans le développement du populisme algérien chez M. Harbi, 1980.

7 On trouvera des analyses plus détaillées de l'histoire syndicale au Mexique notamment dans Reyna, Zapata, Miquet Fleury, Gómez, 1976; Trejo Delarbre, 1984; Leal, 1975 et 1985; Prevôt-Schapira, 1983 et en Algérie notamment dans Weis, 1970; Leca, Vatin, 1975; Sraïeb, 1985 ainsi que dans le numéro 432-433 des *Temps Modernes*.

8 Jurquet (1974) reproduit l'ordre du jour voté par la Section socialiste (S.F.I.C.) de Sidi Bel-Abbès dans sa réunion du 22 avril 1921.

> "Considérant:
>
> Qu'il est souhaitable de voir instaurer dans le monde entier des Etats communistes où <<l'homme ne sera plus un loup pour l'homme>>, où le travail d'une catégorie d'individus déshérités ne sera plus exploité égoïstement par une autre catégorie plus favorisée sans mérite, où personne ne subira la dictature de l'argent et où la forme moderne de l'esclavage, le salariat, sera aboli;
>
> Considérant:
>
> 1. Que les indigènes de l'Afrique du Nord sont composés en majeure partie d'Arabes réfractaires à l'évolution économique, sociale, intellectuelle et morale, indispensable aux individus pour former un Etat autonome capable d'atteindre à la perfection communiste;

2. Que les musulmans refusent l'instruction aux femmes (voir la délibération du Conseil municipal de Tlemcen de mars 1921 où les conseillers indigènes se sont opposés à la construction de la première école de fillettes arabes);

3. Qu'ils n'ont ni techniciens, ni outillage, ni ouvriers susceptibles de mettre en valeur le sol et le sous-sol de l'Afrique du Nord;

4. Que les prolétaires indigènes sont surtout exploités par leurs coreligionnaires bourgeois, par leurs chefs religieux (dans les confréries et le maraboutisme), par leurs chefs d'exploitations rurales (dans le contrat de droit musulman dit khamessat);

5. Que les bourgeois arabes se réclament de principes nationalistes et féodaux (voir l'éditorial de leur organe principal: l'*Ikdam* du 8 avril 1921 où nous lisons: <<Quant au sens réel du communisme, nous voulons l'ignorer. La question indigène, étant à notre avis, *une question de races*, ne peut être résolue par des moyens de *lutte de classes*... il n'est pas souhaitable que l'on considère la question indigène autrement que du point de vue purement national>>);

6. Que les bourgeois nationalistes arabes profiteraient comme la Pologne, de leur indépendance, pour se livrer à une politique féodale d'oppression à l'égard des masses indigènes du bled.

Pour ces motifs, la Section Communiste de Sidi Bel-Abbès, estime que la libération du prolétariat indigène de l'Afrique du Nord ne sera le fruit que de la révolution métropolitaine, et, que le meilleur moyen <<d'aider... tout mouvement libérateur>> dans notre colonie n'est pas <<d'abandonner>> cette colonie comme il est dit dans la condition 2/9 ou 8/21 de l'adhésion à la IIIe Internationale, mais au contraire d'y rester, à charge pour le Parti communiste d'y multiplier la propagande d'adhésion au syndicalisme, au communisme et à la coopération afin de créer dans tout le pays un état d'esprit et une armature sociale qui pourront, peut-être, lorsque le communisme triomphera en France, faciliter son établissement en Afrique du Nord."

[9] "L'épreuve de force commence en janvier 1957, avec la grève de huit jours, qui devait faire de l'Algérie un pays mort. (...) Politiquement la grève des huit jours a été inspirée par la croyance erronnée à la possibilité d'une insurrection généralisée...". Harbi, 1975: 197-198.

[10] Les communistes qui ont fondé la CGT en 1921 avec des groupes anarchosyndicalistes en sortent rapidement (Rivera Castro, 1983: 123).

[11] 61 partis participaient encore aux élections de 1929 (González Casanova, 1965).

[12] Emilio Portes Gil (1/12/1928-4/2/1930), Pascual Ortiz Rubio (5/2/1930-3/9/1932), Abelardo Rodríguez (3/9/1932-30/11/1934). Plutarco Elías Calles avait été officiellement président du 1/11/1924 au 30/11/1928. Voir Annexe I. Voir González Casanova, 1965: 294.

[13] Commissariat du Peuple aux Affaires Intérieures.

[14] Sans vouloir établir une correspondance directe, voir à ce sujet l'analyse de Labbé, 1977.

[15] Dirigeant syndical de tendance cardéniste.

[16] Notons que le personnel occupé dans les services de santé et d'éducation passe de 703.304 à 1.584.087 de 1970 à 1978. De 1971 à 1976, le financement

public couvre la construction de 228.450 logements contre 43.316 durant la période antérieure (1965-1970), doublant sa proportion dans la construction totale des logements (SPP, 1982, vol. II: 141, vol. III: 302). Voir aussi Guevara González, Navarro Benítez, 1984.

17 Quoique les composantes syndicales proches du PSUM (Parti Socialiste Unifié du Mexique, fusion réalisée en 1981 de plusieurs organisations de gauche autour de l'ancien Parti Communiste Mexicain) puissent être favorables à l'entrée dans le Congrès du Travail.

Chapitre 4

Immédiateté, Etat, classe sociale

Le caractère non universel de la catégorie marchandise - notamment en ce qui concerne la force de travail - donne à la société civile un caractère particulier. Un caractère ambivalent. D'une part, la séparation de la société civile et d'Etat semble peu marquée; on parlera ainsi d'étatisation de la société civile. Mais d'autre part, il y a dans la société civile un rapport d'immédiateté. Cette immédiateté n'est pas réification[1]. Le caractère ambivalent de la société civile oblige à reconsidérer le sens même du concept de classe sociale. Ce questionnement n'est pas étranger au fait que ne se forme pas, de façon hégémonique, un procès de travail industriel. Il se pose néanmoins à un autre niveau.

Ce niveau est celui du clivage entre espace privé et espace public dans la société. On vient de le voir, au Mexique et en Algérie, la grève ne se voit le plus souvent pas reconnaître un espace public. L'impossibilité pour les travailleurs de se rassembler dans un espace public pourrait dès lors être vu comme un facteur expliquant pourquoi les classes ne se dégagent pas de la "simplification des antagonismes sociaux" (Marx, Engels, 1847). Les choses ne sont pas aussi simples. En fait, la simplification des antagonismes sociaux doit être vue comme l'effet d'une réduction de l'espace public. Cette réduction procède d'un double processus qui caractérise le modèle d'une société où la catégorie marchande s'est universellement imposée. Processus de médiation qui font des rapports entre les hommes des rapports entre des choses, selon la célèbre conception du fétichisme de la marchandise (Marx,

1867). Les choses n'ont plus qu'un aspect quantitatif, ce sont des choses multipliables. La société civile se développe très fort dans le sens qu'elle homogénéise, qu'elle normalise. L'aliénation se résume en deux situations: ne pas avoir/avoir. Le second processus est celui de l'abstraction à partir de quoi se constitue l'Etat. Ou bien l'Etat se présente comme une instance au-dessus des antagonismes (Engels, 1884). Ou bien comme une chose à prendre, dont il faut s'emparer[2]. Autour de ces deux pôles qui délimitent un même champ, s'effectue la réduction de l'espace public.

Là où ce double processus n'opère pas, la simplification des antagonismes sociaux ne se dégage pas (Fehér, Heller, 1983). Au contraire, l'antagonisme peut très bien se disperser en une pluralité d'espaces publics, le clivage entre société civile et Etat ne fournissant alors aucune zone de partage entre privé et public. C'est cette situation que reflète l'ambivalence de la société civile: d'une part cette sorte de mixité civil/Etat et d'autre part l'immédiateté sociale. C'est dans cette situation que se composent les processus de prolétarisation comme phénomène où l'immédiateté devient toujours plus sociale et où simultanément des processus de médiation sont à l'oeuvre.

La famille

L'étude des processus de prolétarisation ramène toujours d'une manière ou d'une autre à la famille. C'est le cas dans le rapport au territoire et dans le rapport aux aliments (chapitres 1 et 2 de la 3e partie). Ce l'est aussi, nous l'avons vu, dans le rapport aux machines et aux objets multipliables. La famille, première composante de la société civile, comme dit Hegel. Première dans le sens d'originaire; les liens de parenté constituent la première forme de société civile. Première aussi dans le sens d'unité de base. Le second sens est évidemment très connoté. Il enferme singulièrement les femmes dans le rôle de mère, ce qui rend problématique leur accès à la citoyenneté (Tahon, 1988). Soulignons simplement ici que la famille est souvent présentée comme unité de base en tant que sphère par excellence du privé[3]. Par là, référent pour toute la société civile - dans une certaine acception du moins. Lorsqu'on parle de production de la population comme besoin immédiatement social, ce présupposé est mis en question. Nutrition, santé et instruction sont montrées dans la famille. Elles peuvent certes être vues par d'autres, mais il s'agit de qualités qui prennent leur être dans le regard multiplié dont la famille est la première instance. A cet égard, la famille participe de l'espace public; elle en est même fondatrice.

En Algérie, comment est-ce possible? L'architecture même des maisons, avec leurs murs aveugles, ne témoigne-t-elle pas du contraire? L'architecture traditionnelle du moins. Mais les appartements modernes eux-mêmes sont vite barricadés (Sayad, 1980). Oui, on pourrait le dire du retrait des filles de l'école à la puberté; on pourrait le dire dans la mesure où dans un espace public régi par des règles - des règles aussi contemporaines -, ce comportement résulte d'un calcul, d'un calcul privé. Peut-on aussi le dire de la séparation des espaces des femmes et des hommes? Ne s'agirait-il pas là d'une organisation de l'espace public dans laquelle sont définies les règles? Que ou qui peut-on voir, que, qui peut-on montrer? Relèverait alors du privé la manière dont on transgresse. Ce serait dans cette revendication implicite d'un droit (limité) à la transgression que s'aménage un espace privé. C'est dans cet espace que s'articule le transfert de besoins de consommation à l'occidentale (Camilleri, 1986; Nasraoui, 1986).

Mais au Mexique alors? On y voit comment une nombreuse progéniture constitue un espace public qui déborde le clivage maison/rue. Débordement qui n'est pas confusion de la première avec la seconde. La maison ne se dilue pas dans la rue; la vie sociale ne s'y ralentit pas, ne s'y alourdit pas[4].

La non-normalisation

Nutrition, santé et instruction deviennent sociales à travers un certain nombre de mécanismes disciplinaires. Hypothèse de départ. C'est l'hypothèse foucaltienne de la normalisation. En résumé: ce n'est pas seulement à travers la discipline des fabriques qu'opère la normalisation, c'est à travers tout un dispositif de quadrillage social (Foucault, 1975, 1976). Ce dispositif a pour cible le corps: les gestes quotidiens d'alimentation, d'hygiène, d'éducation. Il permet de surmonter "les tendances destructrices de la massification tout en laissant s'exprimer ses forces de changement" (Aglietta, Brender, 1984). Du moins, ce dispositif est-il considéré comme le principe organisateur de la société salariale.

Au Mexique et en Algérie, ces mécanismes disciplinaires semblent bien être en place si l'on en juge d'après les performances nutritionnelles, sanitaires et éducationnelles. On a parlé plus haut (chapitre 3 de la 3e partie) de dressage familial urbain. Si on ne peut parler de société salariale, serait-ce parce que la discipline des fabriques, elle, ne parvient pas à s'imposer? Le point de départ de cette recherche était bien celui-là. L'approfondissement des analyses sur l'immédiateté sociale nous oblige pourtant à revoir cette hypothèse. La radicaliser en posant que la normalisation n'opère pas de façon généralisée en dehors des fabriques non plus.

Repartons donc de l'examen du clivage privé/public. Dans l'image du panoptique (Foucault, 1975), la visibilité est totale. Le corps est surveillé dans ses moindres gestes. Pourtant, il ne prend place dans aucun espace public. En même temps qu'il y a contrôle, il y a élargissement de l'espace du privé. Le panoptique, en raison même de son principe de visibilité totale, dissout l'espace public. Le regard est à sens unique alors que l'espace public, c'est précisément le regard partagé, mesuré, confronté (Arendt, 1958).

Pris dans ce regard, le corps-cible devient une chose, ses gestes une pièce d'une immense horlogerie. Cette chose n'est cependant pas inerte, elle est en mouvement, le moteur de ce mouvement est dans chacune des pièces, il est l'individualité. La normalisation ne fonctionne que là où il y a individuation. Elle fonctionne à travers la "volonté de savoir" (Foucault, 1976), volonté qui découvre toujours plus la chose pour le regard invisible. C'est la logique de l'aveu. La conscience se pose en dehors d'elle-même, ne se rapportant qu'à l'objet observé. Privée de tout principe d'unité. La foule est dissoute dans une conscience totalement fractionnée.

Les analyses effectuées sur les processus de prolétarisation au Mexique et en Algérie bousculent ce modèle. Ces processus semblent - il est vrai - entrer dans une sorte de "microphysique du pouvoir" (Foucault, 1975: 140) par la multiplicité de leurs points d'appui. La production de la population confère cependant un ordre à cette multiplicité, elle lui donne une "stratégie". La conscience n'est pas rapportée à des corps, à des objets. Elle n'est pas fractionnée par eux. Elle est rapportée à un nombre. C'est dans ce nombre que la nutrition, la santé, l'instruction sont immédiates. Le nombre ouvre un espace au domaine public. Sans doute, le nombre lui-même n'est-il pas exactement regard partagé, mesuré, confronté. Essayons de mieux cerner cette réalité qui n'est pas mue par l'individualité.

Le nombre n'est-il pas lui-même une chose lorsqu'il est pris comme cible dans la gestion de la population? Regardons cette "chose" avant qu'elle ne soit visée, à travers les politiques de contrôle des naissances, pour la réduire. De cette choséité première découle l'immédiateté. Chose-inerte ou chose-mouvement? Il faut élucider le rapport à la conscience. Conscience du nombre?

Cette conscience n'est pas celle de la communauté "naturelle" qui est dite telle en raison du recouvrement du nombre et du champ de la conscience. Cette conscience-là éclate avec le gigantesque phénomène d'urbanisation. Dans les villes du Mexique et d'Algérie, la conscience du nombre est celle de la rue. La rue ici n'est pas d'abord rassemblement. Elle n'est pas d'abord voisinage non plus. Elle est prise comme élément-type de la topologie radicalement nouvelle des villes du tiers monde. Elle est agencement et classement (Dagognet, 1984). Elle est visibilité partagée communément. La rue de Mexico ou de Villahermosa, d'Alger ou de Mostaganem est le lieu où se distribue le nombre et en le distribuant il le détermine. La rue distribue le nombre par rapport aux maisons. Elle le distribue par rapport aux points d'eau, aux terrains de jeux, aux mosquées, aux temples, aux églises. Elle fixe les flux. Dans cette distribution, sont définis le plein et le vide. La production d'enfants prend place dans cette distribution: par rapport au plein, au vide. Le ventre des femmes en devient le symbole. La production d'enfants n'est dès lors pas "reproduction".

La conscience est celle de la rue, mais elle s'étend, elle s'empare de la ville et la déborde. Sans doute dans cet élargissement surgissent l'angoisse et la menace de sa dissolution. Cette peur - traduisons-là par exemple, peur de l'épidémie ou peur d'un Bhopal - est la limite de la conscience qui met le nombre en mouvement. A cette limite, le nombre devient objet de gestion. Au lieu d'être formé dans la distribution, il est alors pris comme cible. Mais tant qu'il n'est pas en même temps gestion des corps, tant que la normalisation n'est pas généralisée, la gestion de la population reste une manipulation maladroite qui restaure à chaque fois la production de la population dans son immédiateté. Immédiateté de la masse, irréductibilité à tout calcul de valeur (chapitre 4 de la 2e partie).

Etatisation de la société civile?

Depuis Machiavel , la société civile est vue face au Politique comme "mauvaise positivité particulariste" (Naïr, 1984: 12). La redécouverte de Gramsci a certainement influé sur un certain renversement de l'analyse (Rangeon dans Chevalier et al., 1985). En Amérique latine, c'est aussi l'évolution même de la conjoncture politique qui a fait reconnaître les vertus de la société civile (Bonilla Saus, 1985; Lechner, 1981; Vergopoulos, 1981). Parler "d'étatisation de la société civile" peut dès lors paraître curieux. Pourtant, l'expression est bien à la mode elle aussi. Du moins l'est-elle pour certaines sociétés arabes (Cameau, 1979: 401) et notamment pour l'Algérie (Leca, 1979).

En fait, une relation existe entre, ce que faute de mieux on appellera provisoirement, la faiblesse de la société civile et la non-normalisation. L'expression d'étatisation de la société civile renvoie à cette faiblesse. Si la société civile est supposée peu développée dans l'hypothèse de la non-normalisation, c'est parce que les médiations sont moins nombreuses que là où le fractionnement de la conscience est poussé à l'extrême. En effet, lorsqu'il y a non-normalisation, une certaine immédiateté résulte du fait que le nombre existe directement à travers certaines objectivations sociales. D'une part, il y a plusieurs espaces où cette immédiateté apparaît, d'autre part ces espaces ne sont pas vraiment développés comme espaces publics. Les deux choses sont liées. Le public suppose un jeu de médiations, or ici les objectivations sociales s'imposent directement avec le nombre. Mais, le rapport au nombre n'est pas privé, la conscience du nombre est distribution en plusieurs nombres. La rue distribue du regard. Il n'y a donc pas, comme dans la foule, projection du privé en dehors de soi (Moscovici, 1981).

Si la société civile n'a pas l'épaisseur de toutes ces couches de médiations, l'Etat de son côté n'apparaît pas comme une abstraction de la société. L'Etat se laisse voir comme non abstrait. Ce qui ne l'empêche pas d'apparaître comme "fort" (Sonntag, Valecillos, 1977; Evers, 1979). Ce caractère non abstrait est généralement repéré par l'identification du pouvoir à des clans et par des relations fonctionnant sous le mode du clientélisme, c'est-à-dire entre personnes de position inégale[5]. Cette inégalité entretenue socialement à partir du système de parenté caractérise le système patrimonial (Schwartzman, 1977). C'est en lui que s'enracine le principe de responsabilité. Mais l'inégalité est souvent moins particulariste. On parle de néo-patrimonialisme lorsque s'y mélangent des inégalités liées à l'instruction ou à d'autres ressources bureaucratiques (Leca, Schemeil, 1983).

En fait, le particularisme de ces relations de clientélisme et de néo-patrimonialisme ne nous intéresse guère ici. Pour nous, il s'agit plutôt de comprendre la nature de l'espace public que ces dits régimes néo-patrimoniaux, qu'on est prêt à voir non seulement dans le Monde arabe mais en Amérique latine (Malloy,1977), engendrent. Quels sont les caractères de l'espace qui résultent du mode particulier de constitution de l'Etat, c'est-à-dire faible épaisseur des médiations de la société civile et dès lors moindre nécessité d'abstraction? Dans quelle mesure, ce type de régime absorbe-t-il les espaces semi-publics que suppose la distribution des nombres? Cette absorption procède-t-elle du fait que la conscience du nombre devient étrangère à elle-même et se pose dans l'Etat? A ce titre, serait-ce à travers l'Etat que se distribueraient et se formeraient les nombres?

Le phénomène d'étrangeté de la conscience du nombre par rapport à elle-même qui rend compte de la "gestion" de la population est certes un des mouvements constitutifs de l'Etat. Pourtant lorsqu'on parle d'étatisation de la société civile, ce n'est pas de cela dont il s'agit. Il s'agit plutôt du caractère paradoxal de la faible profondeur de l'espace public et de sa multiplicité. En découle une sorte de despotisme au quotidien (Benkheira, 1985, b). Tout est surveillé jusqu'à la manière dont on consomme l'eau, le pain. Dans le même temps, vandalisme quotidien (chapitre 3 de la 1e partie).

Ce caractère explique pourquoi le social n'est pas refoulé dans le domaine du privé, contrairement à ce qui se passe dans l'Etat providence. Ce caractère paradoxal n'est en fait pas sans rapport avec le statut de l'inégalité dans le système politique. Cette inégalité est en quelque sorte un manque d'abstraction. Celle-ci n'est pas privée puisque c'est sur elle que s'élabore ce système. Elle n'est pourtant pas complètement publique, auquel cas la relation perdrait son sens. Elle le perdrait en légitimité - la supériorité doit être reconnue personnellement-, elle le perdrait aussi dans son effectivité - c'est précisément parce que la relation n'est pas ouverte simultanément à tous qu'elle est recherchée.

Plutôt que d'étatisation de la société civile, il convient donc de parler d'une sorte d'*indistinction de l'espace public entre la société civile et l'Etat.* Cette indistinction n'est pas l'indice d'un faible "développement" politique ou d'une indifférenciation sociale; elle renvoie à un type déterminé de société dont on a essayé de dégager les traits au long de cet ouvrage. Dans cette société, l'indistinction de l'espace public entre la société civile et l'Etat est le reflet du phénomène d'*immédiateté sociale*. Et cette immédiateté n'est pas du tout l'indice d'une anomie. Au contraire, elle exprime une forte socialité. Forte socialité qui n'est pourtant pas celle de la société civile telle qu'elle est considérée classiquement à partir d'une analyse du monde de la marchandise. Forte socialité qui balise de façon particulière le cadre de formation de ce qu'on désigne du terme de classe. En effet, d'une part l'immédiateté résulte du fait que les masses s'objectivent dans des réalités qui font partie du même mouvement de mobilisation qu'elles-mêmes. On pourrait dire alors qu'elles se forment comme sujet. D'autre part, on pourrait dire aussi que cette immédiateté empêche ce sujet de remonter dans sa propre conscience, lui enlève les médiations à travers lesquelles il pourrait opérer cette remontée. Ce dernier phénomène a longuement été analysé à travers l'examen de la formulation de la demande sociale (chapitre 2 de la 4e partie). En effet ces obstacles à remonter dans sa propre conscience rendent compte de la manière dont la demande sociale constitue l'Etat nourricier. Dans cette demande le locuteur s'efface; cet effacement donne cette apparence d'étatisation de la société civile. Cette apparence rend compte aussi d'un stock globalement confondu avec le stock alimentaire.

Classes socio-économiques, classes politiques

Dans ce champ de prolétarisation qui déroule ses processus en direction ou en résistance vis-à-vis de l'Etat, y a-t-il formation de classes sociales? Dit autrement: les classements qui s'opèrent à travers la formulation de la demande sociale adressée à l'Etat permettent-ils l'émergence de ces entités appelées "classes"? Classes politiques ou classes socio-économiques[6]? Le fait que le champ de prolétarisation s'oriente en direction de l'Etat indique-t-il qu'il n'y a pas de classes socio-économiques? Et l'Etat-patron? Il l'est moins au Mexique qu'en Algérie (chapitre 2 de la 4e partie). Même au Mexique, l'Etat joue néanmoins un rôle considérable. Mais, on l'a relevé depuis le début de cet ouvrage, ce rôle obéit à une autre logique que celle du capital. Plus profondément, on a vu que le phénomène de rente ne relève pas de l'ordre de la valeur (chapitre 2 de la 2e partie).

Classes politiques. Classes dont la dichotomie est basée sur la supériorité publiquement reconnue. Cette supériorité n'est pas nécessairement liée à une supériorité socio-économique. En Algérie, les hommes d'affaires du secteur privé sont dans une position d'infériorité politique (Peneff, 1981; Liabès, 1984). Ils peuvent manifester leur insatisfaction et essayer de créer une sphère publique parallèle. Mais la légitimité de l'ordre public organisé autour de l'appareil d'Etat est également contestée. En Algérie, cela se présente comme résistance vis-à-vis de l'Etat "beylik"[7].

Au Mexique, la division est répartie en deux ordres: ceux qui ont accès à des emplois ou à des privilèges et ceux qui en sont largement exclus. Une légitimité de cette division se matérialise dans les rapports de clientèle, rapports qui établissent autant de ponts entre ces deux ordres. Mais cette légitimité est contestée par l'existence d'un domaine public se constituant en deçà de ces relations: ce domaine est celui du nombre. Cette contestation ne se place pas sur le terrain de l'opposition à une autre classe. Elle n'est en fait pas régie par une logique dichotomique, logique qu'on considère généralement comme essentielle à l'existence même des classes (Ossowski, 1973).

L'immédiateté sociale qui caractérise la production de la population implique que l'être social des masses prolétarisées n'existe pas dans la manière dont il poserait quelque chose en dehors de lui. Il en résulte deux choses. D'une part, l'antagonisme entre groupes sociaux ne trouve pas un terrain pour se simplifier, que ce terrain soit celui de l'aliénation économique ou celui de l'aliénation politique. Aussi, non seulement les groupes paupérisés n'auraient-ils pas conscience des mécanismes qui reproduisent leur condition, mais surtout ils ne se laissent jamais totalement enfermer par ces mécanismes. Tenant compte de cela, on ne peut, sans conséquences, considérer la conception de reproduction comme générale. Le concept d'immédiateté utilisé dans un sens "pré-hégélien"[8] nous a été utile dans cette démarche.

D'autre part, l'immédiateté sociale explique la faible profondeur du domaine public. On a parlé de semi-public. Cette faible profondeur a pour conséquence que les processus de relégation dans la sphère privée - *processus qui allouent des responsabilités aux individus*, notamment dans la production de la population - sont puissamment freinés. En même temps, cette faible profondeur rend compte du déplacement qui s'opère dans la formulation de la demande sociale et qui pose l'Etat en principal allocutaire. Cette aliénation reste cependant superficielle et ne correspond pas au modèle de l'Etat totalitaire[9]. En dehors de la tentation toujours possible de la gestion du nombre dans des guerres sanglantes, l'Etat ne peut le contrôler que dans une politique antinataliste, qu'en allouant des responsabilités à des individus, c'est-à-dire en réduisant le domaine public. Ce processus est par ailleurs encouragé par l'existence d'une société civile où le privé est en pleine expansion et qui est celui de l'émigration.

Entretemps, ou entre-deux - entre l'Etat et le privé -, se maintient une aire de semi-visibilité. Cette aire n'est pas celle du social de l'Etat providence[10], c'est-à-dire d'une gestion du privé. Cette aire n'est pas celle de la société civile au sens où on l'entend depuis Hegel. Dans cette aire, la formation de classes est *problématique* dans le sens où Lukács (1920) en parlait pour le héros du roman qui "cherche les valeurs absolues sans les connaître et les vivre intégralement et sans pouvoir, par cela même, les approcher"[11]. Le récit, qui peut bien être celui d'un sujet sans que n'y préexiste une entité dichotomique, ne déroule pas un temps conçu comme mode d'accomplissement. Au temps se substitue le nombre. Nombre premier dans lequel le sujet raconte sans locuteur. Nombre qui dans son usage de la technique, mais sans la médiation du travail industriel, institue un nouveau rapport au monde dont la rente est le symptôme. Dans ce rapport, l'émancipation n'a pris forme dans aucun métarécit.

Notes

[1] Contrairement au schéma d'analyse de Lukács, 1923.

[2] Engels reconnait dans la *Question du logement* que cette conception blanquiste est bien reprise dans le *Manifeste*.

[3] Chez les Grecs (Arendt, 1958) ou chez les classiques (Sennett, 1974).

[4] Contrairement à ce que Halbwachs (1912) croyait observer dans son étude des milieux ouvriers européens et des modes de vie de la fin du XIXe siècle.

[5] La relation de clientèle est définie comme "l'alliance dyadique verticale entre deux personnes de statut, de pouvoir et de ressources inégaux, dont chacune d'entre elles juge utile d'avoir un allié supérieur ou inférieur à elle-même". Voir C. Landé, 1977 dans S. Schmidt et al. (eds.), cité par Leca, Schemeil, 1983: 455.

[6] En s'inspirant de Weber (1922: 314-315) qui distingue "classes à détermination économique pure" et "ordres" et en reprenant ici l'interprétation de Fehér, Heller, 1983.

[7] Etat "beylik", c'est-à-dire vu, en remontant l'histoire, comme une province de l'empire ottoman, vu comme gouvernement d'occupation. Voir, par exemple, Vatin, 1974: 90-94.

[8] Du moins dans le sens d'immédiateté comme suppression de l'objet indépendant telle qu'elle existe dans la tautologie du mouvement de Moi = Moi ou dans la dialectique du désir. Par rapport à cette conception de l'immédiateté comme négation, le concept utilisé ici est plus primitif (voir Corten, 1987). Par contre, on prétend ne pas se laisser enfermer dans la conception hégélienne du temps dans laquelle on est nécessairement placé dès qu'on dépasse l'immédiateté telle qu'il la définit. Par ailleurs notre analyse nous a amenés à ne pas non plus nous situer sur le plan de la distinction bourgeois/citoyen du Marx de la *Question juive*. Ce qui nous permet de formuler la thèse de l'indistinction de l'espace public entre la société civile et l'Etat. Cette distinction n'est d'ailleurs pas dépassée dans la conception marxiste de la révolution. La révolution ne touche pas vraiment la société civile (voir Heller, 1974: 2793 et sv.).

[9] Dans l'Etat totalitaire de type nazi, il y a projection du privé en dehors de soi. La masse fonctionne dans cette aliénation fondamentale. Voir Enriquez,1983; Freund, 1965; Perlmutter, 1981.

[10] L'indistinction de l'espace public entre la société civile et l'Etat est aussi, selon Habermas (1962), le fait de l'Etat providence. L'opinion de la masse y perd, avec la publicité, tout caractère d'opinion publique. Au contraire, l'immédiateté sociale qui prévaut dans l'Etat nourricier, sans faire de l'opinion publique une opinion politique, donne à la masse un rôle actif, celui de la mobilisation. Par opposition à la culture consommée de l'Etat providence, dans l'Etat nourricier, il pourrait y avoir, quoique de manière diluée, une culture mobilisée.

[11] Introduction de Lucien Goldmann aux premiers écrits de Lukács, dans Lukács,1920, 1971: 176.

Conclusion

En plus de la géographie, la culture - en particulier la religion et la langue - et l'histoire séparent radicalement le Mexique de l'Algérie. Les comparer parie sur deux similitudes fondamentales: l'importance de la rente d'une part, le phénomène de la révolution d'autre part. Cette comparaison - malgré son assise sur un examen systématique de nombreuses statistiques et son illustration par des résultats d'enquêtes relatifs à des comportements extrêmement concrets, comme le comportement alimentaire par exemple - a toutefois pour enjeu principal la possibilité de mettre en oeuvre des catégories conceptuelles, comme celle d'Etat nourricier et, plus largement, de forger des concepts spécifiques à certaines réalités du tiers monde, au demeurant non générales.

Quel bilan peut-on dresser de cette tentative? Plus précisément, les catégories conceptuelles mises en oeuvre identifient-elles bien les caractères de ces deux pays? L'évaluation à faire n'est pas seulement empirique. Ce sont pourtant les dissimilitudes concrètes entre les deux pays qui rendent nécessaires la mise au point de catégories qui ne soient pas seulement descriptives.

La rente est l'un des concepts qu'il a fallu approfondir pour comparer le Mexique et l'Algérie, pour rendre compte à la fois de la rente pétrolière et de la rente agricole. En effet, à y regarder de plus près, le Mexique, pour la période considérée, est plus un pays à rente agricole qu'un pays à rente pétrolière. Cet approfondissement oblige à regarder la rente non pas comme un phénomène qui devient résiduel avec le développement de l'industrie ou qui constitue une exception ou un phénomène parasitaire dans les mécanismes des valeurs et des prix.

La rente ne respecte pas les frontières. Tant la dégradation des ressources naturelles que la compensation de cette dégradation ne coïncident pas avec la délimitation des Etats. C'est pourtant précisément sur la capacité de retenir la rente que se structurent des Etats. Ils se structurent parce qu'une demande solvable s'y affirme. Dans cette perspective, ce n'est pas la manne pétrolière qui permet de répondre à la demande alimentaire, c'est au contraire la solvabilité politique de cette demande qui permet à l'Etat, dans une conjoncture déterminée, de retenir la rente.

Cette solvabilité politique ne peut être comprise si on n'élabore pas un concept de population en termes de production plutôt que de reproduction. Ce qui n'implique pas, on a pu s'en apercevoir, que l'on produise des enfants "comme" on produit des machines. Le Mexique et l'Algérie sont des pays où cette catégorie de production de la population rend compte de ce qui autrement est considéré comme une anomalie: "une démographie galopante". La population au Mexique et en Algérie apparaît comme *nombre premier* en ce sens qu'il n'est subordonné à aucun autre. Nombre premier dans le sens également de prodigalité, de richesse s'épanouissant dans une meilleure instruction, une meilleure alimentation, une meilleure santé. Nombre premier, enfin, entendu dans un sens plus théorique de production immédiatement sociale de la population. Immédiateté implique faible différenciation sociale; la population est objectivée comme *masse*.

Les processus de prolétarisation tels qu'ils se développent sont généralement marqués par cette faible différenciation de la masse. La population n'est pas divisée et recomposée en unités de temps homogènes et abstraites, comme c'est le cas là où il y a généralisation de la marchandise, y compris de la force de travail. La population n'est pas d'abord une force de travail qu'il faut reproduire; les besoins de la population ne sont pas réduits à ce seul besoin qui est précisément de reproduire la force de travail. Réduction qui aboutit nécessairement à éliminer le besoin immédiatement social de produire non seulement les enfants - lorsque l'on se place du point de vue des géniteurs - mais encore la population comme mode d'occupation du territoire et de rassemblement.

Contrairement à la masse de l'Etat providence qui ne parvient ni à se rassembler, ni à se relier, pas plus qu'à se séparer (Arendt, 1958), la masse de la population dans son mode d'occupation des grandes métropoles urbaines mais aussi des villes parfois semi-rurales est visibilité communément partagée à partir d'un certain mode d'utilisation des rues. Le voile en Algérie n'est-il pas lui-même, dans la mesure où il permet aux femmes de circuler dans les rues, visibilité cachée? Cette masse n'est pas fixée à un territoire, la migration se manifeste comme mobilisation, comme mobilisation d'une population plus instruite et de plus en plus interurbaine. Bien sûr, il y a aussi une sorte de pesanteur dans la circulation urbaine de masse: folie sans éclat des transports en commun à Mexico, à Alger. Le temps n'est pas d'abord rongé par le travail, il est imbibé de poussière, de bruit, de pollution, d'attouchement intempestif. Une suspension inerte qui résiste au temps mesuré du travail.

La prolétarisation fait la masse. La prolétarisation est le rapport aux objets qui font le mode de la masse. Ce rapport n'est pas nécessairement de séparation, d'aliénation. Au plan de la conceptualisation, on a fait retour à la catégorie d'objectivation sociale, catégorie négligée dans la théorie marxiste classique sur le prolétariat. Avec cette catégorie, il est possible de placer la production de la population comme réalisation d'un besoin immédiatement social dans une théorie de la prolétarisation. Avec la catégorie d'objectivation sociale, on peut remonter à une analyse des besoins.

Cette analyse permet de découvrir des ressemblances profondes entre le Mexique et l'Algérie. D'abord dans le rapport aux aliments. Certes n'y mange-t-on pas la même chose, bien que les tacos et le couscous soient partiellement remplacés par le pain. Mais une analyse en termes d'objectivation sociale permet d'éviter de ne voir dans ce remplacement qu'un appauvrissement. Le rapport aux aliments s'insère dans une gestion de la provision dans laquelle se réalise la production de la population. On sait, par exemple en Algérie, comment cette gestion de la provision - notamment la provision du ramadan - est la cible des processus - infructueux - de normalisation des pouvoirs publics. Gestion de la provision qui signifie multiplication éventuelle des apports de revenu et type déterminé de famille. Gestion de la provision qui s'impose à l'Etat, bien qu'abstraitement, dans une masse salariale gérée comme un fonds des salaires.

Ce type d'analyse éclaire aussi l'usage qui est fait des biens de consommation durable dans les deux pays. Le plus pauvre a souvent sa radio et même son téléviseur. Faut-il l'interpréter uniquement comme une expression de l'occidentalisation des besoins ou comme un instrument de contrôle étatique des opinions qui, comme en Occident, seraient dès lors des "opinions non publiques" (Habermas, 1962)? Nous montrons plutôt comment l'usage de ces biens, modelé par la production de la population - et en partie par la suroccupation des logements - est très différent de celui que l'on connaît dans les pays du Nord. Prolétarisation différente: rapport différent aux objets.

C'est sans doute dans le rapport aux machines que la différence est la plus manifeste. Tout petits, le jeune mexicain et le jeune algérien sont habitués à manipuler des objets techniques. Leur expérience des machines, telle qu'elle s'opérera éventuellement dans le travail, relèvera la plupart du temps de cet ordre du quotidien. L'expérience dans la consommation précède celle dans la production. Cette expérience est celle-là non seulement parce que l'apprentissage s'effectue sur le tas mais encore parce que les machines sont toujours apportées de l'extérieur. Au lieu de voir dans ce maniement non professionnel des machines un facteur supplémentaire de dépendance, la catégorie d'objectivation sociale permet de mettre en lumière une forme de prolétarisation qui est indifférence aux forces productives. S'il fallait utiliser le terme de prolétariat, on dirait que celui-ci n'est pas le représentant des nouvelles forces productives. Il ne risque pas dès lors d'être le héros d'un métarécit sur le progrès technique.

L'image du prolétariat ne se dégage pas clairement. Manque en effet une simplification des antagonismes qui pourrait la faire apparaître. La prolétarisation s'effectue à partir de points multiples et la stratégie anonyme, qui la constitue comme phénomène global dans la production de la population, semble vide de revendication, de principe d'opposition et de totalité. Effectivement, le syndicalisme, faute de pouvoir fonder son action sur la référence à un temps nouveau que la grève préfigure, n'est pas capable de faire des travailleurs une masse homogénéisée dont les besoins seraient formulés par rapport à la reproduction de la force de travail.

La masse est indifférenciée sans être homogène. Cette indifférenciation sociale est celle du nombre, nombre premier qui est celui de la production de la population. Dans le jeu des formulations sociales va cependant s'opérer une transformation du nombre. C'est dans cette transformation que se fonde le caractère commun de l'Etat au Mexique et en Algérie. L'Etat nourricier est bâti sur cette transformation plutôt que sur des classes dominantes qui seraient d'ailleurs assez différentes au Mexique et en Algérie.

Les caractères ou les formes de l'Etat nourricier peuvent être définis en référence à une théorie des besoins, à une théorie de la demande, à une théorie de la formulation de la demande. A travers les demandes dont il se pose comme l'allocutaire, l'Etat nourricier va classer cette masse indifférenciée. Ce classement et sa maîtrise font de l'Etat nourricier un Etat fort.

Il faut ultimement revenir au point de départ de cette étude: la rente. Dans une société de rente, la rencontre de la demande et de l'offre n'est pas "insignifiante" comme dans une pure économie de marché. Au contraire, dans les sociétés étudiées, la prolétarisation renvoie à des objectivations sociales dans lesquelles les besoins prennent sens. La reconnaissance de ce sens y est pourtant catégorisée. L'Etat, tant au Mexique qu'en Algérie, se structure en nommant des catégories. Nommer des catégories, c'est déclarer le caractère nécessairement incomplet des demandes de leurs participants. C'est réduire les besoins et leur sens à des intérêts.

L'Etat nourricier est, dira-t-on, fondé sur un pacte social. Nombreux sont d'ailleurs les analystes du Mexique comme de l'Algérie qui spéculent sur la solidité de ce pacte, comme si les partenaires du pacte lui préexistaient. Il s'ensuit que leur analyse est souvent celle de la crise de ces Etats. Nous partons ici de l'hypothèse analytique selon laquelle c'est la manière de nommer qui est décisive: le discours de classement structure l'Etat. Les demandes formulées à partir de ce classement s'additionnent en un stock qui n'est qu'un agrégat. Et s'il apparaît, dans la logique de l'Etat, comme un stock alimentaire, c'est notamment dans le discours à usage externe relatif à l'arme et à l'autosuffisance alimentaires.

Il n'en demeure pas moins que le caractère nourricier de l'Etat, tant au Mexique qu'en Algérie, est aussi symbolique. Dans des sociétés particulièrement androcentriques où l'archétype de la division des rôles sexuels entre le père nourricier et la mère procréatrice est malmené par d'énormes transformations, l'Etat surgit comme la figure du père nourricier d'autant qu'il n'est pas capable de médiatiser - de gérer - la production de la population elle-même. Les femmes y restent donc des mères, avec les freins que cela impose à l'émergence de leur citoyenneté. Que le symbolique de l'Etat nourricier se laisse voir au niveau des rapports entre les sexes ne doit pourtant pas accréditer l'idée selon laquelle ces rapports ne relèveraient que du symbolique. Cette étude n'a pu être menée à son terme que parce que de bout en bout tant la production de la population que les processus de prolétarisation ont été analysés en tenant fermement compte des rapports entre les sexes.

Annexe 1

Bref rappel historique

Mexique

1810-1821 - Guerres d'indépendance.

1848 - Traité de Hidalgo. Suite à la guerre avec les Etats-Unis, le Mexique est amputé du Nouveau-Mexique, du Texas et de la Californie.

1855 - Après une guerre civile et l'intermède de Maximilien de Habsbourg qui se fait proclamer empereur du Mexique, Juárez finit par l'emporter sur les conservateurs. Le mouvement de *Réforme* tente de réduire les privilèges exorbitants de l'Eglise catholique. Simultanément, il supprime la propriété collective des communautés indiennes.

1871 - Première proposition de réforme agraire.

1876-1911 - Dictature de Porfirio Díaz. Pénétration des capitaux étrangers, première industrialisation et concentration des terres.

1904 - Première exploitation du pétrole.

1906 - Grève des mineurs de Cananea.

1907 - Grève des ouvriers du textile de Río Blanco.

1906-1909 - Succession d'insurrections armées et de guerillas au cri de "Terre et Liberté". Les guerilleros "magonistes" (anarcho-communistes) tentent d'instaurer une République socialiste en Basse-Californie.

1910-1917 - Déclenchement de la révolution mexicaine lorsque Pancho Villa appuie Madero qui, en prônant une réforme agraire partielle, s'oppose depuis 1909 à la réélection de Porfirio Díaz. Zapata rompt avec Madero qui ne "voulait pas restituer la terre à ses anciens possesseurs" (les Indiens). Madero est assassiné par Huerta en 1913.

1912 - *La Casa del Obrero Mundial* (COM) regroupe la plupart des syndicats de la capitale.

1915 - Episode des bataillons rouges. La COM se range avec Carranza, chef militaire des "constitutionnalistes" contre Zapata et Pancho Villa.

1916 - Congrès fondateur de la CTRM (Confédération du Travail de la Région Mexicaine) qui devient en 1918 la CROM (Confédération Régionale Ouvrière Mexicaine).Très intégrée au pouvoir gouvernemental, elle rassemble un million et demi de membres en 1925.

1917 - Promulgation de la "Constitution de 1917" qui met officiellement un terme à la guerre civile. Elle contient un projet de réforme agraire (l'article 27) et une législation du travail très avancée (article 123).

1919 - Fondation du Parti Communiste Mexicain (PCM).

1927-1930 - Guerre des *Cristeros*. Politique anticléricale.

1929 - Création du PNR (Parti National Révolutionnaire).

1934-1940 - Durant la présidence de Cárdenas, impulsion décisive de la réforme agraire.

1936 - Création de la CTM (Confédération des Travailleurs Mexicains) dirigée par Lombardo Toledano. Elle réunit l'ensemble des organisations à l'exception de la CROM et de la CGT.

1937-1947 - Mouvement d'opposition fascisant: "le synarquisme".

1938 - Création de la CNC (Confédération Nationale des Paysans). Nationalisation du pétrole. Le PNR adopte la dénomination de PRM (Parti de la Révolution Mexicaine).

1943 - Création de la CNOP (Confédération Nationale des Organisations Populaires).

1946 - Le PRM se transforme en PRI (Parti Révolutionnaire Institutionnel).

1953 - Les femmes obtiennent le droit de vote.

1958-1959 - Mouvements de grèves: l'*emergencia obrera*. Premier grand mouvement contre les directions officielles.

1966 - Formation du Congrès du Travail (C.T.).

1968 - Mouvement étudiant et massacre de la Place des Trois Cultures.

1971-1976 - Mouvement d'agitation syndicale mené par le "courant démocratique": l'*insurgencia obrera.*

1972 - Découverte de nouveaux gisements de pétrole dans l'aire de Reforma (Chiapas et Tabasco).

1976 - Augmentation de 45% des exportations de pétrole. Elles seront multipliées par 10 en 1981.

1980 - Lancement du programme SAM (Système Alimentaire Mexicain) interrompu en décembre 1982.

1982 - Août: le Mexique est en situation de cessation de paiement. En septembre, décret de nationalisation du système bancaire et financier.

Liste des présidents depuis la Révolution:

- Francisco Madero: 1911-1913.
- Venustiano Carranza: 1917 -1920.
- Adolfo de la Huerta: 1920 -1920 (5 mois).
- Alvaro Obregón: 1920 -1924.
- Plutarco Elías Calles: 1924 -1928.
- Emilio Portes Gil: 1928-1930.
- Pascual Ortiz Rubio: 1930-1932.
- Abelardo Rodríguez: 1932 -1934.
- Lazaro Cárdenas del Rio: 1934-1940.
- Manuel Avila Camacho: 1940-1946.
- Miguel Alemán: 1946-1952.
- Adolfo Ruiz Cortines: 1952-1958.
- Adolfo López Mateos: 1958-1964.
- Gustavo Díaz Ordaz: 1964-1970.
- Luis Echeverría Alvarez: 1970-1976.
- Jose López Portillo: 1976-1982.
- Miguel de la Madrid Hurtado: 1982-1988.

Algérie

1925 - Lancement du moùvement des *Oulemas* sous la direction du Cheik Ben Badis.

1926 - Création à Paris de l'*Etoile Nord-Africaine* (ENA) sous l'égide du PCF.

1927 - Messali Hadj dirige l'ENA. 1er Congrès de la Fédération des Elus Indigènes. Expansion du mouvement *Jeunes Algériens*.

1933 - Rupture définitive de l'ENA avec le PCF (elle avait été amorcée dès 1928).

1937 - Dissolution de l'ENA par le gouvernement du Front Populaire. Création du Parti du Peuple Algérien (PPA) par Messali Hadj à Nanterre. Deux mois plus tard, son président en transfère le siège à Alger.

1939 - Le PPA est interdit. Il entre dans la clandestinité.

1945 - Répression dans le Constantinois (Sétif et Guelma).

1946 - Ferhat Abbas fonde l'Union Démocratique du Manifeste Algérien (UDMA). Messali Hadj fonde le Mouvement pour le Triomphe des Libertés Démocratiques (MTLD).

1947 - Création de l'OS, organisation paramilitaire du MTLD. Ben Bella en fait partie.

1953 - Scission au sein du MTLD entre "Messalistes" et "Centralistes".

1954 - Constitution du Comité Révolutionnaire pour l'Unité et l'Action (CRUA) en mars; en octobre, gestation du Front de Libération Nationale (FLN); début de l'insurrection le 1er novembre; constitution du Mouvement National Algérien (MNA) par Messali Hadj en décembre.

1956 - Création de l'UGTA, le 24 février. En août, Congrès de la Soummam: le FLN se dote d'une plate-forme et crée le Conseil National de la Révolution (CNRA) et le Comité de Coordination et d'Exécution (CEE). En octobre, Ben Bella et 3 autres "chefs historiques" sont capturés en plein ciel et sont emprisonnés en France pour le reste de la guerre.

1957 - Janvier-septembre: la "Bataille d'Alger". Répression dirigée par Massu qui a reçu la plénitude des pouvoirs de police. En décembre, Abbane Ramdane, responsable de l'information au CEE, est victime d'une purge interne.

1958 - mai: A Alger, formation d'un Comité de Salut Public, présidé par Massu, pour "l'Algérie française". A Paris, retour de de Gaulle. Le 19 septembre est formé le Gouvernement Provisoire de la République Algérienne (GPRA) présidé par Ferhat Abbas. En octobre, annonce du "Plan de Constantine". La politique militaire de regroupement déracine plus de 2 millions de *fellahs*.

1960 - En janvier, "les Barricades" par les tenants de "l'Algérie française". Création d'un Etat-major général (EMG). En décembre, manifestations de masse de soutien au FLN.

1961 - En avril putsch des généraux français à Alger. Premiers conflits entre l'EMG et le GPRA. Ben Khedda succède à Abbas à la tête du GPRA.

1962 - Accords d'Evian en mars. Cessez-le-feu. En juin, *Programme de Tripoli*. Le 3 juillet: proclamation de l'indépendance de l'Algérie. "Crise de l'été" entre partisans des combattants de l'intérieur et de l'armée des frontières. Ben Bella, soutenu par Boumedienne, l'emporte.

1963 - 1er Congrès de l'UGTA en février. En mars, décrets de l'autogestion. En septembre, referendum sur la constitution et élection de Ben Bella à la présidence de la République.

1964 - *Charte d'Alger*, rédigée par "l'aile gauche" du FLN.

1965 - 2e Congrès de l'UGTA. Le 19 juin: "redressement révolutionnaire": Boumedienne renverse Ben Bella.

1966 - Nationalisation des ressources minières, des banques et des assurances.

1967-69 - 1er plan triennal.

1967 - décembre: Coup d'Etat avorté de Zbiri.

1968 - Nationalisation de la distribution et du stockage des produits pétroliers.

1969 - 3e congrès de l'UGTA.

1969-1973 - 1er plan quadriennal.

1971 - Mouvement étudiant à Alger; interdiction de l'Union Nationale des Etudiants Algériens. Nationalisation totale du secteur pétrolier. Nationalisation du commerce extérieur. Charte et ordonnances de la *Révolution Agraire*. Promulgation de la charte de la *Gestion Socialiste des Entreprises* (GSE).

1972 - "Volontariat" des étudiants auprès des paysans pour leur "expliquer" les textes de la Révolution agraire.

1974-1977 - 2e plan quadriennal.

1974 - Les Etats-Unis deviennent le 1er client de l'Algérie (hydrocarbures). 4e Congrès de l'UGTA.

1976 - Campagne de discussion de la *Charte Nationale* adoptée en juin. Adoption de la Constitution en novembre. Election de Boumedienne au suffrage universel. Il est le seul candidat.

1977 - mai-septembre: Mouvement de grèves des dockers et des cheminots.

1978 - 5e congrès de l'UGTA. Mort de Boumedienne en décembre.

1979 - Elimination des proches de Boumedienne au congrès du FLN chargé de désigner le candidat. Election de Chadli au suffrage universel. Il est le seul candidat.

1980-1984 - Plan quinquennal.

1982 - 5e congrès de l'UGTA.

Annexe 2

Indications méthodologiques

Une enquête par questionnaire (132 questions) auprès de 340 travailleuses et de 277 travailleurs (au total 617 personnes) a été menée au Mexique durant l'été 1983, complétée par des biographies sociales, voir notamment Corten, Tahon (1984). Les résultats de ces enquêtes ont été présentés dans deux notes de recherche: Corten (1985, a) et Corten, Tahon (1986). La 3e partie de ce livre s'appuyant directement sur ces enquêtes, voici quelques indications méthodologiques.

Il a été procédé à un échantillonnage par quota selon des catégories définies en fonction des hypothèses de recherche sur la base d'un recensement des différents quartiers des zones populaires. Ce type d'échantillonnage ne fournit pas une stricte représentativité statistique des résultats. Tel n'était pas l'objectif poursuivi. Les caractères socio-démographiques et les comportements des travailleurs en fonction des rapports au territoire, aux aliments, aux machines et aux biens durables ont été comparés entre la zone pétrolière et la zone non pétrolière.

123 femmes et 121 hommes ont été interrogés dans la zone pétrolière de Reforma (Tabasco-Chiapas), y compris la ville de Villahermosa (Sud-Est du pays). Dans la zone non pétrolière, deux régions ont été retenues. 108 travailleuses et 108 travailleurs ont été interrogés à Aguascalientes (capitale d'un petit Etat du Centre-Nord), un centre ferroviaire et artisanal qui connaissait une expansion industrielle (notamment automobile) rapide, concomitante au boom pétrolier. 61 femmes et 48 hommes, surtout des ouvrières et des ouvriers, ont été interrogés dans la vieille zone industrielle (notamment alimentaire) d'Orizaba-Córdoba (située entre les villes de Veracruz et de Mexico). Cette zone, dont l'industrialisation date de Porfirio Díaz, n'était pas touchée par le boom pétrolier. En revanche, la rente agricole continue à affecter les comportements des ouvrières et des ouvriers.

Les catégories de l'enquête se composent comme suit: *catégorie 1 Hommes*: ouvriers fixes PEMEX dans la région de Villahermosa (30); Moctezuma (brasserie) dans la région d'Orizaba-Córdoba (27); Nissan (automobile) dans la région d'Aguascalientes (39), soit 96 au total; *catégorie 1 Femmes*: surtout, institutrices et infirmières (27) et employées subalternes des services et de l'administration (26), soit 62 au total; *catégorie 2 Hommes*:

ouvriers transitoires, surtout, construction (22) et pétrole (29), soit 82 au total; *catégorie 2 Femmes*: ouvrières d'usine, surtout industries alimentaires (44) et vêtement (23), 78 au total; *catégorie 3 Hommes*: travail très précaire, au niveau du seuil de subsistance, au total 66; *catégorie 4 Hommes*: salariés artisanaux, surtout, ateliers de mécanique, boulangeries, ateliers de confection, 33 au total; *catégorie 4 Femmes*: salariées artisanales (essentiellement broderie à Aguascalientes), 27 au total; *catégorie 5 Femmes*: extension du travail domestique rémunéré (vente de fritures et d'aliments préparés; lavage et repassage; gardiennage d'enfants; coiffure; etc.), 98 au total; *catégorie 6 Femmes*: femmes au foyer, conjointes d'hommes des catégories 1 (28), 2 (24), 3 (17) ou 4 (6), soit 75.

Bibliographie générale

AGLIETTA, M., ORLEAN, A. (1982), *La violence de la monnaie*, Paris, PUF

AGLIETTA, M., BRENDER, A. (1984), *Les métamorphoses de la société salariale*, La France en projet, Paris, Calmann-Lévy.

ANGELIER, J.P. (1976), *La rente pétrolière*, Paris, CNRS.

ARENDT, H. (1958), *Condition de l'homme moderne*, Paris, Calmann-Lévy, 2e éd. fr., 1983.

ARIES, Ph. (1971), *Histoires des populations françaises*, leurs attitudes devant la vie depuis le XVIIIe siècle, Paris, Seuil.

ARIES, Ph..(1973), *L'enfant et la vie familiale sous l'ancien régime*, Paris, Seuil.

ARIES, Ph. (1975), *Essais sur l'histoire de la mort en Occident*, du Moyen Age à nos jours, Paris, Seuil.

BABASSANA, H. (1978), *Travail forcé, expropriation et formation du salariat en Afrique noire*, Grenoble, PUG.

BADINTER, E. (1980), *L'amour en plus*, Paris, Flammarion.

BAECHLER, J. (1976), *Qu'est-ce que l'idéologie?*, Paris, Gallimard, Idées.

BAIN, J.S. (1956), *Barriers to New Competition: their Character and Consequences in Manufacturing Industries*, Cambridge, Harvard University Press.

BAIROCH, P. (1967), *Diagnostic de l'évolution économique du tiers-monde*, Paris, Gauthier Villars.

BAIROCH, P. (1983), *Le tiers monde dans l'impasse*, Paris, Gallimard, Idées.

BAIROCH, P. (1985), *De Jéricho à Mexico*, Paris, Gallimard.

BALANDIER, G. (ed.) (1970), *Sociologie des mutations*, Paris, Anthropos.

BALANDIER, G. (1985, a), *Anthropo-logiques*, 2e éd., Paris, Le livre de poche.

BALANDIER, G. (1985, b), *Le détour*, Paris, Fayard.

BALIBAR, (1969), "Sur les concepts fondamentaux du matérialisme historique" dans ALTHUSSER, L. et BALIBAR, E., *Lire le Capital*, t. 2, Paris, Maspero.

BASLE, L. (1984), "Le besoin, la dette", *Actions et recherches sociales*, n. 4, 31-37.

BAUDRILLARD, J. (1970), *La société de consommation*, Paris, S.G.P.P., Le point de la question.

BAUG, M. (1981), *La pensée économique, origine et développement*, Paris, Economica.

BEDJAOUI, M. (1979), *Pour un nouvel ordre économique international*, Paris, UNESCO.

BENETTI, C., CARTELIER, J. (1980), *Marchands, salariat et capitalistes*, Paris, Maspero.

BESSIS, S. (1982), *L'arme alimentaire*, Paris, Maspero.

BEST, L. (1971), "Un modèle d'économie de plantation", *Les Cahiers du Centre d'études régionales Antilles-Guyane*, 3e trimestre.

BLUNDEN, K. (1982), *Le travail et la vertu*, Paris, Payot.

BONILLA SAUS, J. (1985), "Les marxismes des lendemains démocratiques", dans CORTEN, A., SADRIA, M., TAHON, M.-Bl. (eds.), *Les autres marxismes réels*, Paris, Bourgois, 143-159.

BOYER, R. (1981), "Les transformations du rapport salarial dans la crise. Une interprétation de ses aspects sociaux et économiques", *Critiques de l'Economie Politique*, n.15-16, avril-juin, 185-228.

BRAUDEL, F. (1967), *Civilisation matérielle et capitalisme*, Paris, Colin, t.1.

BRAVO, D. (1973), "L'impérialisme pétrolier", *Les Temps Modernes*, n. 328, novembre, 832-858.

BURNIAUX, J.M. (1987), *Le Radeau de la Méduse*, analyse du dilemme alimentaire, Paris, Economica.

CAILLE, A. (1983), "Au-delà de la loi et du besoin: Boudhisme, Hindouisme et Utilitarisme", *Bulletin du Mauss*, n. 6, 84-108.

CAMILLERI, C. (1986), "Transferts de représentations et besoins", *Peuples méditerranéens*, n. 35-36, 99-107.

CANETTI, E. (1960), *Masse et puissance*, Paris, Gallimard, 1966.

CHATELUS, M. (1976), "De la rente pétrolière au développement économique: Hold up du siècle ou nouveaux espoirs pour le Tiers-monde", n. spécial de la *Revue d'Economie Politique*, janvier-février.

CHEVALIER, J. (et al.) (1985), *La société civile, Actes du Colloque*, Paris, PUF, 1986.

CHEVALIER, J.M. (1973), *Le nouvel enjeu pétrolier*, Paris, Calmann-Lévy.

CHEVALIER, J.M. (1975), "Eléments théoriques d'introduction à l'économie du pétrole: l'analyse du rapport de force", *Revue d'Economie Politique*, n. 2, mars-avril, 230-256.

CHONCHOL, J. (1982), "Croissance économique, pauvreté et malnutrition en Amérique latine", dans *Famines et pénuries*, Paris, Maspero.

CIPOLLA, C.M. (1965), *Histoire économique de la population mondiale*, Paris, Gallimard, Idées.

CIPOLLA, C.M. (1975), Entretien avec, dans l'*Explosion démographique*, Paris, Laffont-Grammont, 9-19 et 96-103.

CLASTRES, P. (1974), *La société contre l'Etat*, Paris, Minuit.

COLLIN, F. (1986), "Du privé au public", *Les Cahiers du GRIF*, n. 33, *Hannah Arendt*, 47-68.

CONNIFF, M. L. (ed.) (1982), *Latin American Populism in Comparative Perspective*, Albuquerque, Univ. of New Mexico Press.

CORIAT, B. (1979), *L'atelier et le chronomètre*, Paris, Bourgois.

CORTEN, A. (1975), "Les bases matérielles du réformisme social-démocrate en Belgique", *Contradictions*, n.7, 73-113.

CORTEN, A. (1981), "La problématique de la formation de la classe ouvrière dans les sociétés dépendantes", *Cahiers du CDSH*, Oran, n. 5, 33-60.

CORTEN, A. (1985, a), "Substrats", dans *Les autres marxismes réels*, Paris, Bourgois, 14-30.

CORTEN, A., en collaboration avec TAHON, M.-Bl. (1985, b), *Proletariado y procesos de proletarización en república Dominicana*, Santo Domingo, Alfa y Omega.

CORTEN, A. (1986, a), "Solvabilité politique et demande alimentaire, fonctions étatiques nationales et transnationales", *Peuples méditerranéens*, n. 35-36, avril-septembre, 35-47.

CORTEN, A. (1986, b), "L'Etat nourricier et ses prolétaires", *Babylone*, n. 6, à paraître.
CORTEN, A. (1986, c), *Port au Sucre*, Prolétariat et prolétarisations, Haïti et république Dominicaine, Montréal, ed. du CIDIHCA.
CORTEN, A. (1986, e), *Salariat dans une société à rente agricole*, Montréal, CIDIHCA, Notes de recherche.
CORTEN, A. (1986, f), "Présentation", *L'Italie: le philosophe et le gendarme*, Montréal, VLB éditeur, 9-13.
CORTEN, A. (1987), "Immédiateté et radicalité: Agnès Heller et la révolution des formes de vie", *La radicalité du quotidien*, Montréal, VLB éditeur, 43-60.
CORTEN, A. (1988), Collaboration de TAHON, M.-Bl., *L'Etat faible*, Haïti, république Dominicaine, Montréal, Ed. du CIDIHCA.
CORTEN, A., TAHON, M.-Bl. (1982, b), "Prolétarisation familiale en république Dominicaine", *Amérique latine*, n. 12, oct.-déc.1982, 12-21.
CORTEN, A., TAHON, M.-Bl. (1986, a), *Prolétarisations et formation du procès de travail*, Mexique-Algérie, Montréal, UQAM, Département de science politique, Note de recherche n. 31.
CORTEN, A., TAHON, M.-Bl. (1986, b), "Un machinisme sans travail industriel", *Conjonctures et Politique*, n. 8, printemps, 79-96.
Criticas de la Economía Política (1981), *Los populismos*, n. 20-21, julio-dic.
DAGOGNET, F. (1984), *Le nombre et le lieu*, Paris, Vrin.
DALLA COSTA, M. et JAMES, S. (1973), *Le pouvoir des femmes et la subversion sociale*, Genève, Librairie l'Adversaire.
DE GAUDEMAR, J.P. (1979), *La mobilisation générale*, Paris, Ed. du Champ Urbain.
DE IPOLA, E. (1982), *Ideología y discurso populista*, México, Folios Ed.
DELEUZE, G., GUATTARI, F. (1972), *Capitalisme et schizophrénie, l'anti-Oedipe*, Paris, Minuit.
DEUTSCH, K.W. (1953), *Nationalism and Social Communication*, An inquiry into the foundations of nationality, New York, Wiley, 1969.
DEUTSCH, K.W. (1961), "Social Mobilisation and Political Development", *American Political Science Review*, 55, 493-514.
DONA GIMENEZ, A. (1984), "La qualification en question: «c'est toujours l'histoire du bâton que l'on tord»", *Babylone*, n. 2/3, 192-211.
DUARTE, I. (1980), *Capitalismo y superpoblación en Santo Domingo*, Santo Domingo, CODIA.
DUMONT, L. (1983), *Essai sur l'individualisme*, Paris, Seuil.
DUMONT, R., MOTTIN, M.F. (1981), *Le mal-développement en Amérique latine*, Paris, Seuil.
DURAND, C., DUBOIS, P. (1985), *La grève*, Paris, Armand Colin.
EMMANUEL, A. (1969), *L'échange inégal*, Paris, Maspero.
ENGELS, F. (1884), préface à la 1e édition de *L'origine de la famille, de la propriété privée et de l'Etat*.
ENRIQUEZ, E. (1980), *De la horde à l'Etat*, Essai de psychanalyse du lien social, Paris, Gallimard, 2e éd., 1983
EVERS, T. (1979), *El estado en la periferia capitalista*, México, Siglo XXI.
EWALD, F. (1986), *L'Etat providence*, Paris, Grasset.
FAYE, J.P. (1972), *Théorie du récit*, Introduction aux langages totalitaires, Paris, Hermann.

FEHER, F. (1987), "Postmodernité et statut des besoins esthétiques", dans CORTEN, A., TAHON, M.-Bl. (eds.), *La radicalité du quotidien*, Montréal, VLB éditeur, 61-74.

FIELD, M. (1983), "Arabian Oil States: Why Government Face the Need for Spending Cuts", *Financial Times*, 18 octobre.

FLICHMAN, G. (1977), *La renta del suelo y el desarrollo agrario argentino*, México, Siglo XXI.

FOUCAULT, M., (1975), *Surveiller et punir*, Paris, Gallimard.

FOUCAULT, M. (1976), *La volonté de savoir*, Paris, Gallimard.

FREITAG, M. (1986), *Dialectique et société*, vol.1, Introduction à une théorie générale du symbolique, Montréal/Lausanne, Ed. St Martin/L'âge d'homme.

FREUND, J. (1965), *L'essence du politique*, Paris, Sirey.

FRÖBEL, F., HEINRICHS, J., KREYRE, O. (1980), *The New International Division of Labour*, Cambridge Univ. Press.

GAUVREAU, D., GREGORY, J., KEMPENEERS, M., PICHE, V. (eds.) (1986), *Démographie et sous-développement dans le Tiers-Monde*, Montréal, McGill University, Centre for Developing-Area Studies, Monograph Series, n. 21.

GERMANI, G. (1962), *Política y Sociedad en una época de transición*, Buenos Aires, Paidós.

GERMANI, G. (1972), *Politique, société et modernisation*, Gembloux, Duculot.

GIRARD, R. (1972), *La violence et le sacré*, Paris, Grasset.

GREEN, R. (1984), "Commerce mondial et stratégies alimentaires dans les pays à développement rapide", *Amérique Latine*, n. 19, juillet-septembre.

GROSSKOFF, S. (1976), *L'alliance ouvrière et paysanne en URSS* (1921-1928), Le problème du blé, Paris, Maspero.

GUATTARI, F., NEGRI, A. (1985), *Les nouvelles alliances*, Paris, Barrault.

GUZMAN, J. M. (1982), *Fécondité et classe sociale en république Dominicaine*, Université de Montréal, Département de démographie, thèse Ph. D..

HABERMAS, J. (1962), *L'espace public*, Paris, Payot, 1986.

HALBWACHS, M. (1912), *La classe ouvrière et les niveaux de vie*, Paris, Gordon & Breach, réimpression, 1970.

HELLER, A. (1969), "Esquisse de la structure de la vie quotidienne", dans HEGEDUS, A. (ed.), *Etudes sociologiques*, Paris, Anthropos.

HELLER, A. (1974), "Théorie et pratique en fonction des besoins", *Les Temps Modernes*, n. 337-338, août-septembre, 2789-2807.

HELLER, A. (1968), *Sociología de la vida cotidiana*, Barcelona, Ed. Península,1977.

HELLER, A. (1974), *La théorie des besoins chez Marx*, Paris, 10/18,1978.

HELLER, A. (1981), "Les vrais et les faux besoins", dans HELLER, A., FEHER, F., *Marxisme et démocratie*, Paris, Maspero, 243-263.

HELMET, G. (1984), "L'autoritarisme", dans *Traité de Science Politique*, Paris, PUF, T. 2, 269-312.

HELMY, N.F. (1983), *Le système des Etats arabes. Le pétrole et le développement*, Université de Montréal, Etudes arabes.

HOBSBAWM, E. (1959), *Les primitifs de la révolte dans l'Europe moderne*, Paris, Fayard, 1966.

HUMBERT, H. (1981), "Agriculture, pétrole et développement au Mexique et en Algérie", *Mondes en développement*, T. 9, n. 35.

IKONIKOFF, M., SIGAL, S. (1980), "Armée de réserve, marginalité et secteur informel", *Revue Tiers Monde*, T. XXI, n. 82, avril-juin, 427-434.
JALEE, P. (1965), *Le pillage du tiers-monde*, Paris, Maspero.
KAUTSKY, K. (1900), *La question agraire*, Paris, Maspero, réimpression, 1970.
LABBE, D. (1977), *Le discours communiste*, Paris, Presses de la Fondation Nationale de Sciences Politiques.
LACLAU, E. (1978), *Política e ideología en la teoría marxista. Capitalismo, fascismo, populismo*, Madrid, Siglo XXI.
LAMBERT, D. Cl. (1984), *19 Amériques Latines*, Déclins et décollages, Paris, Economica.
LAPIERRE, J.W. (1973), *L'analyse des systèmes politiques*, Paris, PUF.
LAROUI, A. (1973), *L'idéologie arabe contemporaine*, Paris, Maspero.
LATOUCHE, S. (1984), "L'anthropologie et la clef du paradis perdu", *L'homme et la société*, n. 73-74.
LATOUCHE, S. (1985), "Le quatrième M", dans CORTEN, A., SADRIA, M., TAHON, M.-Bl. (eds.), *Les autres marxismes réels*, Paris, Bourgois, 33-50.
LATOUCHE, S. (1986), *Faut-il refuser le développement?*, Paris, PUF.
LAUTIER, B., TORTAJADA, R. (1978), *Ecole, force de travail et salariat*, Grenoble/Paris, PUG/Maspero.
LECHNER, N. (ed.), (1981), *Estado y política en América latina*, México, Siglo XXI.
LEFEBVRE, H. (1981), *Critique de la vie quotidienne*, III, De la modernité au modernisme, Paris, L'Arche.
LEGENDRE, P. (1985), *L'inestimable objet de la transmission*, Paris, Fayard.
LEVINAS, E. (1961), *Totalité et infini. Essai sur l'extériorité*, La Haye, Nijhoff.
LEVINAS, E. (1982), *Ethique et infini*, Paris, Fayard.
LIPIETZ, A. (1985), *Mirages et miracles*, Problèmes de l'industrialisation dans le tiers monde, Paris, La Découverte.
LUKACS, G. (1911), *L'âme et les formes*, Paris, Gallimard.
LUKACS, G. (1920), *La théorie du roman*, Paris, Ed. Gonthier, 1963, suivi de "Introduction aux premiers écrits de Lukács" par Lucien Goldmann.
LUKACS, G. (1923), *Histoire et conscience de classe*, Paris, Minuit, 1961.
LYOTARD, J.F. (1979), *La condition postmoderne*, Paris, Minuit.
LYOTARD, J.F. (1984), *Le différend*, Paris, Minuit.
MALTHUS, T.R. (1798), *Essai sur le principe de population*, Paris, Seghers, 1963.
MALTHUS, T.R. (1820), *Principes d'Economie Politique*, Paris, Calmann-Lévy, 1969.
MARAZZI, Ch. (1986), "Aspects internationaux de la recomposition de classe", dans TAHON, M-Bl., CORTEN, A. (eds.), *L'Italie: le philosophe et le gendarme*, Montréal, VLB éditeur, 157-169.
MARIATEGUI, J. C. (1928), *Sept essais d'interprétation de la réalité péruvienne*, Paris, Maspero, 1968.
MARINI, R. M. (1973), *Dialéctica de la dependencia*, México, ERA.
MARX, K, (1844), *Manuscrits de 1844*, Economie politique & Philosophie, Paris, Ed. Sociales, 1968
MARX, K., ENGELS, F. (1845), *L'idéologie allemande*, Paris, Ed. Sociales, 1962.
MARX, K. (1875), *Critique du programme de Gotha*, Paris, Ed. Sociales.
MARX, K. (1867), *Le Capital*, Livre I, Paris, Garnier-Flammarion, 1969.
MARX, K. (1894), *Le Capital*, Livre 3, T 3, Paris, Ed. Sociales, 1974.

MATHIAS, G., SALAMA, P. (1983), *L'Etat surdéveloppé*, Des métropoles au tiers monde, Paris, La Découverte.
MC CULLOCK, J. R. (1826), *Essay on Wages*.
MEAD, M. (1948), *L'un et l'autre sexe*, Paris, Denoël-Gonthier, 1966.
MEILLASSOUX, Cl. (1975), *Femmes, greniers et capitaux*, Paris, Maspero.
MILL, J. S. (1848), *Principles*.
MITCHELL, B. R. (1982, 1983), *International Historical Statistics*, New York, New York University Press.
MOMMER, B. (1981.), *Valores Internacionales y los términos absolutos de intercambio del petróleo venezolano* (1917-1977), Merida, Venezuela, miméo.
MOSCOVICI, S. (1981), *L'âge des foules*, Paris, Fayard.
MOULIER, Y. (1986), "L'opéraïsme italien: organisation/représentation/idéologie ou la recomposition de classe revisitée", dans TAHON, M-Bl., CORTEN, A. (eds.), *L'Italie: le philosophe et le gendarme*, Montréal, VLB éditeur, 37-60.
MOUZELIS, N. (1981), "Una critica al libro <<Politica y ideología en la teoría marxista>> de Ernesto Laclau", dans *Críticas de la Economía Política*, n. 20-21, *Los populismos*, 149-176.
NAIR, S. (1984), *Machiavel et Marx*, Paris, PUF.
NEGRI, A. (1976), *La classe ouvrière contre l'Etat*, Paris, 1976.
NEGRI, A. (1979), *Marx au-delà de Marx*, Paris, Bourgois.
NIEDERGANG, M. (1962), *Les 20 Amériques Latines*, Paris, Plon.
NUN, J. (1969), "Superpoblacion relativa, ejercito industrial de reserva y masa marginal", *Revista Latinoamericana de Sociología* n. 5, 178-237.
O'DONNELL, G. A. (1977), "Corporatism and the Question of the State", dans MALLOY, J. M. (ed.), *Authoritarianism and Corporatism in Latin America*, Pittsburgh, Pittsburgh University Press, 47-87.
OMINANI, C. (1986), *Le tiers monde dans la crise*, Paris, La Découverte.
ORTEGA Y GASSET, J. (1926), *La révolte des masses*, Paris, Gallimard, Idées, tr. fr. 1961.
OSSOWSKI, W. (1971), *Class Structure in the Social Consciousness*, London, Routledge and Kegan.
PALLOIX, Ch. (1981), *De la socialisation*, Paris, Maspero
PARIS, R. (1985), "Biographies et <<profil>> du mouvement ouvrier: quelques réflexions autour d'un dictionnaire", *Babylone*, n. 4, 86-109.
PERLMUTTER, A. (1981), *Modern Authoritarianism*, A Comparative Institutional Analysis, Yale University Press.
PERROUX, F. (1964), *L'économie du XXe siècle*, Paris, PUF.
PIPERNO, F. (1985), "Au-delà de Marx: Zénon", dans CORTEN, A., SADRIA, M., TAHON, M-Bl. (eds.), *Les autres marxismes réels*, Paris, Bourgois, 160-176.
PIPERNO, F. (1986), "Innovation technologique et transformation de l'être social", dans TAHON, M.-Bl., CORTEN, A. (eds.) *L'Italie: le philosophe et le gendarme*, Montréal, VLB éditeur, 123-130.
POLANYI, K. (1944), *La grande transformation*, Paris, Gallimard, 1983.
POSTEL-VINAY, G. (1974), *La rente foncière dans le capitalisme agricole*, Paris, Maspero.
POULANTZAS, N., (1978), *L'Etat, le pouvoir, le socialisme*, Paris, PUF.
PREOBRAJENSKY, E. (1966), *La Nouvelle Economique*, Paris, EDI.
RANCIERE, J. (1981), *La nuit des prolétaires*, Paris, Fayard.

REMILI, A. (s.d.), *Tiers-monde et émergence d'un nouvel ordre économique international*, Alger, OPU.
REY, P. Ph. (1973), *Les alliances de classes*, Paris, Maspero.
RICARDO, D. (1817), *Principes de l'Economie Politique et de l'Impôt*, Paris, Calmann-Lévy, 1970.
ROSS, A.M. (1950), *Trade Union Wage Policy*, Los Angeles.
ROUQUIE, A. (1982), *L'Etat militaire en Amérique Latine*, Paris, Seuil.
SACHS, I. (1980), *Stratégies de l'écodéveloppement*, Paris, Les Editions Ouvrières.
SADRIA, M. (1984), "Limits of Political Integration in Arabican Peninsula", communication, *Congrès de l'Association Canadienne de Science Politique*, Guelph, miméo, 10 p..
SAHLINS, M. (1972), *Age de pierre, âge d'abondance*, L'économie des sociétés primitives, Paris, Gallimard, 1976.
SALAMA, P., TISSIER, P. (1982), *L'industrialisation dans le sous-développement*, Paris, Maspero.
SARTRE, J.P. (1943), *L'être et le néant*, Paris, Gallimard.
SAUVY, A. (1943), *Richesse et population*, Paris, Payot.
SCHWARTZMAN, S. (1977), "Corporatism and Patrimonialism in the Seventies", dans MALLOY, J.M. (ed), *Authoritarianism and Corporatism in Latin America*, Pittsburgh, University of Pittsburgh Press, 89-106.
SENNETT, R. (1974), *Les tyrannies de l'intimité*, Paris, Seuil, 1979.
SERVOLIN, Cl. (1972), *L'univers politique des paysans dans la France contemporaine*, Paris, A. Colin.
SINGER, P. (1974), *Population Growth of Developing World*, Bucarest.
SLAKTA, D. (1971), "L'acte de «demander» dans les cahiers de doléance", *Langue française*, n. 9, 58-73.
SONNTAG, H. R., VALECILLOS, H. (1977), *El estado en el capitalismo contemporáneo*, México, Siglo XXI.
STEINER, Ph. (1984), "Qualification et banalisation: une note critique", *Babylone*, n. 2/3, 212-217.
TILLON, G. (1966), *Le harem et les cousins*, Paris, Seuil.
TÖNNIES, F. (1887), *Communauté et société*, Paris, PUF, 1944.
TOURAINE, A. (1965), *Sociologie de l'action*, Paris, Seuil.
TOURAINE, A., WIEVIORKA, M., DUBET, F. (1984), *Le mouvement ouvrier*, Paris, Fayard.
TRONTI, M. (1977), *Ouvriers et capital*, Paris, Bourgois.
VAILLANCOURT, J.G. (1985), "Marxisme et écologie: plus bénédictin que franciscain", dans CORTEN, A., SADRIA, M., TAHON, M.-Bl. (eds.), *Les autres marxismes réels*, Paris, Bourgois, 214-232.
VERGOPOULOS, K. (1981), "La tentation social-démocrate et les types de mobilisation en Amérique Latine", *Amérique Latine*, n. 8, octobre-décembre, 5-13.
VERON, E (1981), *Construire l'événement*, Les médias et l'accident de Three Mile Island, Paris, Minuit.
VIEILLE, P. (1984), "Le pétrole comme rapport social", *Peuples méditerranéens*, janvier-mars, 3-30.
VIRILLO, P. (1984), *L'espace critique*, Paris, Bourgois.
VOVELLE, M. (1982), *La mort et l'Occident*, Paris, Gallimard.

WAINERMAN, C.H., RECCHINI de LATTES, Z. (1981), *El trabajo femenino en el banquillo de los acusados*, La Medición Censal en América Latina, México, Terra Nova.
WEBER, M. (1922), *Economie et société*, Paris, Plon, 1971.
WERREBROUCK, J.Cl. (1979), "Contribution à la théorie de la rente pétrolière", *Revue d'Economie Industrielle*, n. 9, 3e trimestre.
YONNET, P. (1985), *Jeux, modes et masses*, 1945-1985, Paris, Gallimard.

Documents

BANQUE MONDIALE (BM) (1981, 1984 & 1986), *Rapport sur le développement du monde*, Washington.
Les Cahiers de l'APRE, Paris, CNRS, 1985, 1986.
FAO, (1981, 1982, 1984), *Annuaire de la production.*
FMI, (1980, 1987), *Statistiques Financières Internationales*
N.U. (1983), Nations Unies, *Annuaire démographique.*

Bibliographie sur le Mexique

ABOITES, J. (1983), "Accumulación, reproducción de la fuerza de trabajo y crisis en México", *Economía: Teoría y Práctica*, México, UAM, invierno, 87-111..

ALBA, V. (1953), *Le mouvement ouvrier en Amérique latine*, Paris, Ed. Ouvrières.

ALBA-HERNANDEZ, F. (1981), *The Population of Mexico*, Trends, Issues and Politics, London, Transection Books.

ALONSO, J. (coord.) (1982), *El Estado mexicano*, México, Ed. Nueva Imagen.

Ce livre collectif, qui réunit les communications présentées lors d'un séminaire en 1981, se situe sur le plan de l'anthropologie politique. Il regroupe des recherches empiriques comme des études plus théoriques portant sur l'intrication très particulière de la société civile et de l'Etat dans cette société où le secteur privé est très important mais où les fonctions et réglementations étatiques sont omniprésentes.

Amérique Latine (1983), dossier *Quo Vadis Mexico* dirigé par Cary Hector, n. 15, juillet-septembre, 26-76.

ANGUIANO, A. (1975), *El Estado y la política obrera del cardenismo*, México, Era.

Le cardénisme étant considéré comme fondateur du système politique mexicain, il est important de connaître le mode de mobilisation des masses, leur intégration institutionnelle et le fonctionnement de l'idéologie durant cette période. Cet ouvrage court mais bien documenté y contribue.

ARNAUD, P. (1981), *Amérique latine, la formation de l'économie nationale, Mexique, Argentine*, Paris, Publisud, 1983.

En suivant la formation très différente de l'Etat et de l'économie nationale au Mexique et en Argentine au XIXe siècle, l'auteur apporte des éléments théoriques sur la transition au capitalisme en Amérique latine.

ASPE, P., SIGMUND, P.E. (1985), *The Political Economy of Income Distribution in Mexico*, New York, Holmes & Meier Publishers Inc..

BANOS RAMIREZ, O. (1984), *Campesinos y petróleo en Tabasco*, México, El Colegio de México, Cuadernos del Centro de Estudios Sociológicos, n. 31.

BARKIN, D., SUAREZ, B. (1982), *El fin de la autosuficiencia alimentaria*, México, Ed. Nueva Imagen.

Cet ouvrage sur l'agro-alimentaire mexicain fournit des données particulièrement intéressantes, notamment sur l'intervention de la CONASUPO (Compania Nacional de Subsistencias Populares) et sur le marché des céréales.

BARTRA, R. (1974), *Estructura agraria y clases sociales en México*, México, Era.

Etude qui met en oeuvre les différentes catégories marxistes de la rente dans le cas du Mexique et qui débouche sur une analyse assez traditionnelle des classes sociales à la campagne. En s'attachant à cerner le rôle de la propriété dans ces rapports de classe, l'auteur tente de définir la nature des *ejidos* dans le capitalisme

BARTRA, R. (1986), "Capitalism and the Peasantry in Mexico. The failure of technocratic populism", dans HAMILTON, N., HARDING, T. F. (eds.), *Modern Mexico*, State, Economy and Social Conflict, Beverly Hills, Sage Publications, 286-299.

BASURTO, J. (1981), *El proletariado industrial en México, 1850-1930*, México, UNAM.

L'industrialisation au Mexique commence avec le régime de Porfiro Diaz (1876-1911), 80% du capital est étranger. Voilà qui définit les conditions de naissance d'une classe ouvrière qui va difficilement trouver sa place dans la révolution. Elle ne va pas en prendre la direction: l'auteur l'attribue à l'idéologie anarchosyndicaliste encore dominante dans les milieux ouvriers.

BASURTO, J. (1982), "The Late Populism of Luis Echeverria", dans CONNIFF, M.L. (ed.), *Latin American Populism in Comparative Perspective*, Albuquerque, Univ. of New Mexico Press, 93-111.

BASURTO, J. (1983), *En el regimen de Echeverría: rebelión e independencia*, México, Siglo XXI.

Dans la période contemporaine, c'est sous la présidence d'Echeverria que se manifeste le populisme du système mexicain. Ce populisme est néanmoins, selon l'auteur, continuellement érodé par les contradictions de plus en plus profondes de la société mexicaine. Livre important pour comprendre la décennie 70.

BEAUCAGE, P. (1981), "Les mouvements paysans au Mexique", dans ALSCHULER, R. (ed), *Développement agricole dépendant et mouvements paysans en Amérique Latine*, Ottawa, Ed. de l'Université d'Ottawa, 153-177.

BEAUCAGE, P. (1987), "Démographie, culture, politique: la condition indienne au Mexique", *Anthropologie et Sociétés*, vol. 11, n. 2, *Indiens, paysans et femmes d'Amérique Latine*, 13-31.

BEAUCAGE, P., MONTEJO, M.E. (1984), "Rapports fonciers et rente foncière: une étude de cas dans la Sierra Norte de Puebla (Mexique)", *Le café au Mexique et en république Dominicaine, Questions de rente foncière*, Cahiers du GRAL, Université de Montréal, juin, 4-30.

BUSTAMANTE, J.A., MALAGAMBA, F. (1980), *Bibliografía general sobre estudios fronterizos*, México, El Colegio de México.

CABALLERO, J.M. (1975), *Notas sobre la renta de la tierra, miméo.*

CABRERA, I. (1983), *Crisis y petróleo en México*, México, *miméo.*

CABRERA, I. (1983-84), "Las opciones del petróleo", *Problemas del desarrollo*, vol. XIV, n. 56, noviembre-enero, 115-140.

CABRERA, I. (1986), "Crisis y reestructuración del capital en México. La perspectiva monetarista", communication au Colloque *Le Canada et le Mexique: autonomie et interdépendance dans les années 80*, Université du Québec à Montréal, 30 avril, 1 et 2 mai.

COCKCROFT, J. D. (1986), "Immiseration, Not Marginalization: The Case of Mexico", dans HAMILTON, N., HARDING, T. F. (ed.), *Modern Mexico*, Beverly Hills, Sage, 233-259.

COLMENARES, F. (1982), *Petróleo y lucha de clases en México 1864-1982*, México, Ed. Caballito.

Avec Cárdenas, le pétrole est un moyen d'auto-contrôle de l'économie nationale. Le boom pétrolier, en renforçant le capital financier, a accru la dépendance face à l'extérieur. La pétrolisation a aiguisé les contradictions et modifie les conditions de la lutte de classes. Ce livre apporte beaucoup de renseignements chiffrés sur la production et les exportations pétrolières ainsi que sur les conditions salariales et syndicales des travailleurs de la PEMEX.

CORDERO, S. (1977), *Concentración industrial y poder económico en México*, México, El Colegio de México, Cuadernos del Centro de Estudios Sociológicos, n. 18.

CORDERO, S. (1982), "Estado y burguesía en México en la decada de 1970", dans ALONSO, J. (coord.), *El Estado Mexicano*, México, Ed. Nueva Imagen.

CORNELIUS, W.A. (1980), *Building the Cactus Curtain: Mexican Migration and U.S. Responses, from Wilson to Carter*, San Diego, University of California Press.

CORTEN, A. (1985, a), *Fonds des salaires et stock alimentaire*, les processus de prolétarisation au Mexique, Montréal, UQAM, Département de science politique, note de recherche n. 28.

CORTEN, A. (1986, d), "Pétrole, espace et population", communication au Colloque *Le Canada et le Mexique, autonomie et interdépendance dans les années 80*, Université du Québec à Montréal, 30 avril, 1 et 2 mai.

CORTEN, A., TAHON, M.-Bl. (1984), "Sport et société dans une cité pétrolière mexicaine", *Nord Sud, Revue canadienne des études latino-américaines et caraïbes*, vol. IX, n. 18, 57-74.

Cuadernos Agrarios (1979), *La mujer campesina*, n. 9, septiembre.

DE LA PENA, S. (1975), *La formación del capitalismo en México*, México, Siglo XXI.

DE TAPIA, V. (ed.) (1986), *Mexico entre espoir et damnation*, *Autrement*, mai.

DE TAPIA, V. (1986), "La mort à l'oeuvre", *Autrement*, mai, 113-117.

DIEZ, J., RUIZ, C. (1984), *La migración indocumentada de México a los Estados unidos*, México, Fondo de Cultura Económica.

ECHEVERRIA, L. (1984), *Le Sud comme point cardinal*, Paris, Publisud, conversation avec Gloria Lopez-Morales.

Livre-entretien dans lequel apparaît nettement le fonctionnement du discours tiers-mondiste de l'ancien Président.

FLORES, H. (1980), "L'évolution du régime mexicain, de l'ouverture démocratique à la réforme politique", *Problèmes d'Amérique Latine*, n. 4579-4580, juillet.

GARCIA, B., MUNOZ, H., de OLIVEIRA, O. (1982), *Hogares y trabajadores en la ciudad de México*, México, El Colegio de México/ UNAM.

Sur la base d'un matériel d'enquêtes particulièrement solide et ample - un échantillon de 2.395 personnes de l'aire métropolitaine de Mexico déjà interrogées lors d'une enquête sur la migration interne effectuée en 1970 -, ce livre remarquable traite du phénomène de prolétarisation familiale. Après une excellente introduction sur la bibliographie latinoaméricaine, la population est systématiquement comparée en fonction du type de famille, du sexe du chef de famille et de la catégorie des travailleurs (salariés manuels, non manuels et travailleurs indépendants).

GARCIA, B., MUNOZ, H., de OLIVEIRA, O. (1984), " La familia obrera y la reproducción de la fuerza de trabajo en la ciudad de México ", in GONZALEZ

CASANOVA, P., LEON, S., MARVAN, I (coord.), *El obrero mexicano*, México, Siglo XXI, 3, 9-42.

GONZALEZ CASANOVA, P. (1965), *La democracia en México*, México, Era, tr. fr., *La démocratie au Mexique*, Paris, Anthropos, 1969.

Classique. Ce livre montre les rouages politiques et les structures sociales d'un régime semi-corporatif ou "prédémocratique". Plaidoyer pour la démocratisation du régime à l'intérieur de celui-ci.

GONZALEZ CASANOVA, P. (coord.) (1980), *La clase obrera en la historia de México*, México, Siglo XXI, UNAM.

Ce travail couvre 17 volumes assez courts. De facture historique, chaque volume est le plus souvent rédigé par un auteur. Les deux premiers volumes vont 1) de la colonie à l'empire et 2) de l'Etat libéral à la dictature porfiniste. Le volume 14, rédigé par Jorge Basurto (voir *supra*), concerne les années 70 et le volume 15, de Manuel Camacho, est consacré au futur immédiat. Les deux derniers volumes traitent de l'émigration aux Etats-Unis. Ces ouvrages, souvent descriptifs, retracent l'évolution de la classe ouvrière, surtout du syndicalisme, par rapport à la dialectique du pouvoir, sans toujours prendre une distance vis-à-vis de celle-ci.

GONZALEZ CASANOVA, P. (coord.) (1984), *Historia del movimiento obrero en América Latina*, México, Siglo XXI.

GONZALEZ CASANOVA, P., LEON, S., MARVAN, I. (coord.) (1985), *El obrero mexicano*, México, Siglo XXI, UNAM, 5 vol.

Ces cinq petits volumes collectifs, écrits par les meilleurs analystes mexicains, présentent l'état de la question sur l'analyse des conditions de reproduction de la force de travail ouvrière, notamment démographiques, alimentaires et culturelles. Excellente introduction aux conditions de vie et de travail des travailleurs mexicains.

GONZALEZ CHAVEZ, G. (1984), *Salarios e inflación en México: 1970-1983*, México, Instituto de Investigaciones Económicas, UNAM, Cuadernos de Investigación.

Une des nombreuses études de l'Institut de Recherches Economiques de l'UNAM. Couvrant la période 1970-1983, elle fournit une analyse de l'évolution des salaires réels qui, avec des variations, connaissent une stabilité de 1970 à 1981.

GRAL, Institut d'Etudes Mexicaines, Perpignan (1979), *Intellectuels et Etat au Mexique au XXe siècle*, Paris, CNRS.

Ce recueil de textes a été organisé par Jean Meyer, auteur des deux classiques que sont *La révolution mexicaine* et *Le sinarquisme*. Il vise à éclairer la fascination que l'Etat exerce sur les intellectuels, récemment encore sous la présidence d'Echeverria. Une seconde direction, inséparable de la première, est l'influence de l'Etat dans la culture nationale, en particulier à travers "la construction du système éducatif".

GRINDLE, M.S. (1977), *Bureaucrats, Politicians and Peasants, A Case Study in Public Policy*, Berkeley, Univ. of California Press.

Livre réalisé sur la base d'entrevues avec des fonctionnaires moyens et supérieurs mexicains. De cette étude sur les relations de clientélisme se dégage une vision très pénétrante du fonctionnement de la CONASUPO et de son rôle dans ce que nous appelons les rapports de rente.

GUEVARA GONZALEZ, I., NAVARRO BENITEZ, B. (1984), *El Estado, la política habitacional, la acumulación de capital y la reproducción de la fuerza de trabajo*, México, Instituto de investigaciones económicas, UNAM.

GUTELMAN, M. (1971), *Réforme et Mystification agraires en Amérique latine. Le cas du Mexique*, Paris, Maspero.

HAMILTON, N. (1986), "Mexico, the limits of State Autonomy", dans HAMILTON, N., HARDING, T. F. (eds.) *Modern Mexico*, State, Economy and Social Conflict, Beverly Hills, Sage Publications, 67-103.

HAMILTON, N., HARDING, T. F. (eds.) (1986), *Modern Mexico*, State, Economy and Social Conflict, Beverly Hills, Sage Publications, published in cooperation with *Latin American Perspectives*.

Cet ouvrage réunit des articles publiés de 1975 à 1985 dans *Latin American Perspectives* par des auteurs mexicains comme Leal, Trejo Delarbre, Stavenhagen et Bartra et par des mexicanistes américains de gauche.

HECTOR, C. (1983), "Le Mexique et la crise: de «l'ouverture démocratique» à la «révolution morale» (1972-1983)", *Amérique Latine*, n.15, juillet-septembre, 26-39.

HECTOR, C. (1985), "La gauche mexicaine aujourd'hui (un survol approximatif et prospectif)", *Amérique Latine*, n. 21, janvier-mars, 63-74.

HERRERO ALVAREZ, J.M. (1984), "Efectos de la mortalidad infantil sobre la fecundidad en México", dans JIMENEZ ORNELA, R., MINUJIN ZMUD, A. (coord.), *Los factores del cambio* demográfico *en México*, México, Siglo XXI, 154-175.

HILL, R. (1984), "State Entreprise and Income Distribution in Mexico", dans ASPE, P., SIGMUND, P.E., *The Political Economy of Income Distribution in Mexico*, New York, Holmes, 357-396.

LABRECQUE, M. F. (1987), "Les femmes et le mouvement féministe mexicain", *Anthropologie et Sociétés*, vol. 11, n. 2, *Indiens, paysans et femmes d'Amérique Latine*, 95-106.

LEAL, J. F. (1975), *México: Estado*, burocracia *y sindicatos*, México, Ed. Caballito.

Contrairement à l'Algérie, le Mexique a une économie où le secteur privé est très largement majoritaire. L'intérêt de cet ouvrage est de montrer, à travers un examen historique, l'évolution de l'Etat avant et après la révolution mexicaine et les différents mécanismes de domination de l'Etat sur l'économie. On y trouve aussi une liste des entreprises publiques en 1973.

LEBAS-TUBIANA, L., LERIN, F. (1980 et 1983), "Intentions et contraintes de la politique agricole mexicaine 1976-1980", *Problèmes d'Amérique Latine*, n. 57, juillet 1980, 129-155 et n. 70, décembre 1983, 59-73.

LE DOARE, H. (1984), "Division sexuelle et division internationale du travail: Réflexion à partir des usines d'assemblage (Mexique-Haïti)", dans *Le sexe du travail*, Structures familiales et système productif, Grenoble, PUG, 175-189.

LENERO, E. (1984), *El huso y el sexo*, La mujer obrera en dos industrias de Tlaxcala, México, *Cuadernos de la casa chata*, n.106.

LEON, M. (editora) (1982), *Las Trabajadoras del agro*, Debate sobre la mujer en América Latina y el Caribe, Discusion acerca de la unidad producción-reproducción, Bogotá, ACEP.

LEVY, D., SZEKELY, G. (eds.) (1983), *Mexico: Paradoxes of Stability and Change*, Boulder, Colorado, Westview Press.

Examen du système politique mexicain qualifié à la fois d'autoritaire et de pluraliste. Son fonctionnement dans la mise en oeuvre des politiques économiques, notamment pétrolières. Synthèse bien documentée de la période récente.

MALLOY, J. M. (ed) (1977), *Authoritarianism and Corporatism in Latin America*, Pittsburgh, University of Pittsburgh Press.

MARGULIS, M. (1979), *Contradicciones en la estructura agraria y transferancias de valor*, México, Jornadas 90, El Colegio de México.

MARTINEZ ESCAMILLA, R. (1984), "Las empresas paraestatales", *Problemas del desarrollo*, Revista latinoamericana de economía, vol.XIV, n. 56, nov-enero, 55-69.

MEISTER, A. (1971), *Le système mexicain*, Les avatars d'une participation populaire au développement, Paris, Anthropos.

Le système mexicain, qui permettait un socialisme spécifique capable d'intégrer les masses indiennes, est bloqué par sa dépendance croissante vis-à-vis des Etats-Unis ainsi que par des structures héritées de la révolution dans lesquelles se sont logées des classes moyennes devenues de plus en plus importantes. Le mouvement social, la mobilisation des masses, la participation populaire n'existant plus, ne subsiste que le vocabulaire de la révolution. "Le système actuel des organisations populaires peut utiliser sa structuration capillaire héritée de la mobilisation cardéniste pour prévenir toute dissidence ou révolte contre la société qu'elles représentent."

MEYER, J. (1977), *Le sinarquisme*, Un fascisme mexicain? 1937-1947, Paris, Hachette.

MEYER, J. (1979), "Introduction" à GRAL, *Intellectuels et Etat au Mexique au XXe siècle*, Paris, CNRS, 5-8.

MIRO, C., MUMMERT, G. R. (1982), "Determinantes de la fecondidad: Sumario de hallazgos en cinco regiones en desarrollo", dans URQUIDI, V. L., MORELOS, J. B. (eds.), *Tendancias y políticas de población*, México, El Colegio de México.

MONTES DE OCA, R.E. (1977), "The State and the Peasants", dans REYNA, J. L., WEINERT, R. S. (eds.), *Authoritarianism in Mexico*, Philadelphia, Institute for the Study of Human Issues, 47-63.

MUNOZ, H., OLIVEIRA, O., STERN, C. (1983), *Industrialisation, migrations et population active à Mexico*, Paris, UNESCO, Rapports et documents de sciences sociales, n. 46.

MUSALEM LOPEZ, O. (1985), "Vingt ans de crise agricole", *Amérique Latine*, n. 22, avril-juin, 70-72.

NEWELL, R.G., RUBIO, F. (1984), *Mexico's Dilemma*, The Political Origins of Economic Crisis, Boulder, Westview Press.

Nueva Anthropologia (1981), *Crisis agricola y estrategia alimentaria*, Sistema alimentario mexicano, año V, n. 17.

Nueva Antropología (1984), *Movimiento urbano popular*, vol. VI, n. 24.

NURAYAMA, G. M., MUNOZ, M. E. (1979), "Empleo de la Mano de Obra Femenina en la Industria Maquiladora de Exportacion", *Cuadernos Agrarios*, n. 9, septiembre, 57-87.

ORDORICA MELLADO, M. (1984), "La fecundidad en México, 1940-1977", dans JIMENEZ ORNELA, R., MINUJIN ZMUD, A. (coord.), *Los factores del cambio demografico en México*, México, Siglo XXI.

PADILLA ARAGON, E. (1981), *México: hacia al crecimiento con distribución del ingreso*, México, Siglo XXI.

PARE, L. (1977), *El proletariado agrícola en México*, campesinos sin tierra o proletarios agricolas, México, Siglo XXI.

Un des rares ouvrages d'ensemble sur le prolétariat agricole. Approche classique en termes de décomposition de la paysannerie. Distinction intéressante entre prolétaires et semi-prolétaires qui introduit à une typologie et à une théorisation de la prolétarisation. En plus d'un tableau général en partie historique, on trouvera aussi des analyses de cas, notamment sur les coupeurs de canne.

PARE, L. (1980), "Le développement du capitalisme dans l'agriculture mexicaine et les processus de prolétarisation des paysans", *Travail, Capital, Société*, vol. 13, n. 1, avril, 35-52.

PARE, L. (1987), "Le mouvement paysan au Mexique (1976-1984)", *Anthropologie et Sociétés*, vol. 11, n. 2, *Indiens, paysans et femmes d'Amérique Latine*, 65-82.

PARIS, R (1978), "Socialisme et communisme en Amérique latine", dans DROZ, J. (ed.), *Histoire générale du socialisme*, Paris, PUF, t. IV, 165-255.

PERZABAL, C. (1979), *Acumulacion capitalista dependiente y subordinada*, el caso de México (1940-1978), México, Siglo XXI.

PREVOT-SCHAPIRA, M.F. (1979), "Travailleurs du pétrole et pouvoir syndical au Mexique", *Cahiers des Amériques latines*, n. 20, 2e sem., 65-91.

PREVOT-SCHAPIRA, M.F. (1982), "Movilización de la fuerza de trabajo en el sector petrolero y espacio sindical: el caso de la zona de Coatzacoalcos-Minatitlán", dans REVEL-MOUROZ, J., LOPEZ RECENDEZ, R., HIERNAUX NICOLAS, D. (coord.), *Los grandes complejos industriales y su impacto en el espacio latinoamericano*, México, UNAM, Instituto de Geografía.

PREVOT-SHAPIRA, M.F. (1983), "L'évolution de l'organisation syndicale mexicaine", *Problèmes d'Amérique latine*, n. 69, 3e trim. 1983, 79-105.

RESTREPO, I. (coord) (1980), *Conflicto entre ciudad y campo en América Latina*, México, ed. Nueva Imagen.

REVEL-MOUROZ, J., LOPEZ RECENDEZ, R., HIERNAUX NICOLAS, D. (coord.) (1982), *Los grandes complejos industriales y su impacto en el espacio latinoamericano*, Coloquio Francomexicano, México, UNAM, Instituto de Geografía.

Le Centre de Recherches et de Documentation de l'Amérique Latine (CREDAL) du CNRS a élaboré un vaste projet de recherche sur l'impact des grands complexes industriels sur l'espace régional et national en Amérique Latine. Au Mexique, les recherches, en collaboration avec l'Institut de Géographie de l'UNAM, ont notamment porté sur les zones pétrolières du golfe du Mexique et sur le complexe sidérurgique Lazaro Cardenas. L'étude de Marie-France Prevôt-Shapira sur le rôle du syndicat pétrolier dans la mobilisation de la force de travail dans la zone de Coatzocoalcos-Minatitlán est une des recherches les plus stimulantes sur les travailleurs pétroliers.

REYNA, J. L., ZAPATA, F., MIQUET FLEURY, M., GOMEZ TAGLE, S. (1976), *Tres estudios sobre el movimiento obrero en México*, México, El Colegio de México.

REYNA, J. L., WEINERT, R. S. (eds) (1977), *Authoritarianism in Mexico*, Philadelphia, Institute for Study of Human Issues.

Taux de croissance économique élevé durant une longue période, stabilité du système politique: deux traits du Mexique. A quel prix? Un régime autoritaire où les pressions pour le changement, les protestations, les mouvements alternatifs ont été réprimés. Une partie de l'ouvrage, intitulée l'Etat et les masses, étudie les modes d'encadrement des masses paupérisées urbaines ainsi que des masses paysannes. La troisième partie caractérise le "corporatisme populiste" mexicain et le situe par rapport aux autres formes de régimes autoritaires en Amérique latine.

RIVAS ESPEJO, M. (1985), "Les obstacles au développement alternatif dans l'agriculture mexicaine", *Amérique Latine*, n. 22, avril-juin, 61-69.

RIVERA CASTRO, R. (1983), "Anarquismo y marxismo en México, 1908-1932", *Economía Teoría y Práctica*, UAM, n. 3, Otoño, 115-126.

RUDEL, C. (1983), *Mexique*, Des Mayas au pétrole, Paris, Karthala.

Ouvrage de style journalistique qui brosse un tableau des différents aspects culturels, politiques et économiques de la société mexicaine et de son insertion internationale, notamment la dépendance vis-à-vis des Etats-Unis. Il est finalement peu question du pétrole.

SORIA MURILLO, V. M. (1983), "Caracterizacion de la crisis de 1976 y 1982 en México", *Economía: Teoría y Práctica*, México, UAM, invierno, n. 4, 41-85.

STAVENHAGEN, R. (1969), *Les classes sociales dans les sociétés agraires*, Paris, Anthropos.

STAVENHAGEN, R. (1971), *Neolatifundismo y exploitación*, México, ed. Nuestro Tiempo.

STEVENS, E. P. (1977), "Mexico's PRI: The Institutionalization of Corporatism", dans MALLOY, J. M. (ed), *Authoritarianism and Corporatism in Latina America*, Pittsburgh, Univ. of Pittsburgh Press, 227-258.

TIRADO, M. (s.d.), *El problema del petróleo: Tabasco, Chiapas y el Gasoducto*, México, Ediciones Quinto Sol.

TOLEDO, A. (1980), "La unidad de producción compleja Coatzacoalcos-Minatitlán-Cosoleacaque: algunas notas para una evaluación", dans RESTREPO, I. (coord.), *Conflicto entre ciudad y campo en América Latina*, México, Ed. Nueva Imagen, 151-181.

TOLEDO, A. (Coord.) (1982), *Petróleo y ecodesarrollo en el sureste de México, México*, Centro de Ecodesarrollo.

TREJO DELARBRE, R. (1984), "Historia del movimiento obrero en México, 1860-1982", in GONZALEZ CASANOVA, P. (Coord.), *Historia del movimiento obrero en América Latina*, México, Siglo XXI, 11-87.

TUBIANA, L. (1984), "Pourquoi le SAM n'a pas réussi: contraintes internationales et financières", *Amérique Latine*, n. 19, juillet-septembre, 61-68.

VELLINGA, M. (1979), *Industrialización, burguesía y clase obrera en México*, México, Siglo XXI.

Une des seules recherches empiriques sur les ouvriers industriels au Mexique. Une enquête auprès de 420 travailleurs industriels réalisée en 1971 dans la région de Monterrey - région qui a connu un des processus autonomes de développement industriel des plus remarquables - permet d'aborder la problématique de la classe et de la conscience ouvrières autrement qu'à travers la trop courante histoire syndicale.

VERNON, R. (1966), *Le dilemme du Mexique*, Paris, Ed. Ouvrières.

Ce livre déjà ancien et d'une facture assez traditionnelle garde son intérêt, celui de montrer l'entrelacement du secteur privé et du cadre politique ainsi que celui des technocrates et des politiques durant la période 1940-1960. Devant l'essoufflement de la croissance qu'il croit observer, l'auteur pose le dilemme: retour à un président fort du style Calles, Cardenas, Aleman ou évolution vers un régime multiparti.

VIZGUNOVA, I. (1978), *La situación de la clase obrera en México*, México, Ediciones de cultura popular.

Après une partie consacrée à l'histoire de la formation du prolétariat, intéressante notamment pour ses tableaux statistiques, l'auteur essaie de chiffrer l'exploitation accrue du prolétariat. Pour ce faire, de nombreuses données sont également réunies pour la période 1940-1965.

WELTI CHANES, C. (1980), "Algunos factores asociados al descenso de la fecundidad en México en un periodo reciente", dans JIMENEZ ORNELAS, R., MINUJIN ZMUD, A. (coord.), *Los factores del cambio demografico en México*, México, Siglo XXI, 126-153.

ZAPATA, F. (1976), "Afiliación y organización sindical en México", dans REYNA, J. L., ZAPATA, F., MIQUET FLEURY, M., GOMEZ TAGLE, S. , *Tres estudios sobre el movimiento obrero en México*, México, El Colegio de México, 81-148.

ZAPATA, F. (1983), "Les conflits de travail au Mexique depuis 1934", *Problèmes d'Amérique latine*, n. 69, 3e trim., 107-122.

Documents

BID (1985), Banque interaméricaine de développement, *Progrès économique et social de l'Amérique latine*, Washington.

Banco de México (1984), *Informe Anual*.

Censo (1970), *IX Censo General de Población y Vivienda*, Resumen Abreviado, México, 1972.

Censo (1980), *X Censo General de Población y Vivienda*, Resumen abreviado, México, SPP, INEGI, 1984.

Instituto Nacional de Estadistica Geografía e Informática (INEGI) (1983), *10 años de indicadores económicos y sociales de México*, México, SPP.

INEGI & PEMEX (1983), *La Industria Petrolera en México*.

INEGI (1984), *Participación del Sector Publico en el Producto Interno Bruto de México , 1975-1983*, México, SPP, 1984.

INEGI (1985), *Boletin Mensual de Información Económica*, vol. IX, n. 3 et n. 4

SPP Secretaría de Programación y Presupuesto (1979, a), *Encuesta mexicana de fecundidad*, México, vol. I.

SPP (1979, b), *Manual de estadisticas básicas sociodemográficas*. I. Población.

SPP (1981, 1983), *Annuario Estadístico*, México.

SPP (1982), *México: Información sobre aspectos geográficos, sociales y económicos*, vol II, vol III, México.

Bibliographie sur l'Algérie

ABDELKRIM, R. (1982), "Les femmes à la campagne: quelle formation et quel(s) emplois(s)? Exclues du système de formation, sont-elles des ménagères ou une armée active «refoulée»?", dans BERNARD, Ch. (ed.), *La politique de l'emploi-formation au Maghreb 1970-1980*, Paris, CRESM-CNRS, 325-343.

ABDELKRIM, R. (1983), "Une seule question: être autonome ou pas", *Sou'al*, n. 4, novembre, *Les femmes dans le monde arabe*, 126-140.

ADDI, L. (1982), "Essai d'identification de certaines rentes dans la formation des prix agricoles en Algérie", *Cahiers de Recherche* CURER, Constantine, septembre, 49-66.

AGERON, Ch. R. (1979), *Histoire de l'Algérie contemporaine*, Paris, PUF.

Ouvrage de 648 pages particulièrement bien documenté sur "les Musulmans" et les Français d'Algérie pendant la période 1871-1954.

AMIN, S. (1970), *Le Maghreb moderne*, Paris, Minuit.

AMMOUR, K., LEUCATE, Ch., MOULIN, J.J. (1974), *La voie algérienne*, Les contradictions d'un développement national, Paris, Maspero.

Première tentative d' intellectuels algérien et français de montrer, à partir d'une perspective marxiste, que l'Algérie n'est pas engagée dans la transition vers le socialisme.

BADILLO, D. (1980), *Stratégies agro-alimentaires pour l'Algérie*, Prospective 2000, Aix-en-Provence, Edisud.

BEDRANI, S. (1981), *L'agriculture algérienne depuis 1966*, Alger, OPU.

BEDRANI, S. (s.d.), "Brefs commentaires de l'enquête nationale sur la consommation des ménages - 1979", dans *L'évolution de la consommation alimentaire en Afrique: le cas de l'Algérie*, Alger, CREA.

BEDRANI, S., BOURENANE, M., MOLINA, J. (s.d.), *Les politiques agraires en Algérie*, vers l'autonomie ou la dépendance, préface de A. Benachenhou, Alger, CREA.

BENACHENHOU, A. (1976), *Formation du sous-développement en Algérie*, Essai sur les limites du développement du capitalisme 1830-1962, Alger, OPU.

Ce livre est divisé en 4 périodes. La première couvre la période précoloniale. Elle explique les raisons de l'intervention française ainsi que les difficultés d'implantation du capitalisme essentiellement imputées au "système économique communautaire". L'analyse de la période 1830-1880 met en évidence la lenteur de l'émergence du capitalisme. L'auteur met en oeuvre le concept d'accumulation primitive. La troisième période (1880-1932) analyse le triomphe du capitalisme en Algérie. Le capital colonial est présenté comme un capitalisme dominé. Enfin, la dernière période (1932-1954) expose les causes sociales de la guerre de libération nationale. La lecture de cet ouvrage est incontournable.

BENACHENHOU, A. (1979), *L'exode rural en Algérie*, Alger, Presses de l'En.A.P..

Petit livre bourré de statistiques (centrées sur la période 1966-1973). Il porte non seulement sur l'exode rural résultant de l'échec de la politique agraire mais aussi sur la secondarisation des emplois dans les milieux ruraux en raison notamment des disparités salariales entre les secteur agricole et secondaire (en particulier, la construction).

BENACHENHOU, A. (s.d.), *L'expérience algérienne de planification et de développement*, 1962-1982, Alger, OPU.

BENFERHAT, S. (1985), "Evolution de la structure des dépenses de consommation des ménages du Grand-Alger entre 1969 et 1979", *Statistiques*, n. 8, juillet-septembre, 26-30.

BENHOURIA, T. (1980), *L'économie en Algérie*, Paris, Maspero.

Tableau de l'évolution de l'économie algérienne de l'indépendance à la mort de Boumedienne dressé en perspective à la structure de classes de la société. Mise en évidence d'une nouvelle classe dominante liée contradictoirement aux secteurs de la propriété d'Etat et de la propriété privée. Sombre tableau des masses prolétarisées. Un des ouvrages les plus fouillés dans cette perspective.

BENKHEIRA, H. (1981), *Discours, pouvoir et syndicat*, A propos du discours des 4e et 5e Congrès de l'UGTA (1973-1978), Thèse de Magister, Université d'Oran

BENKHEIRA, H. (1985, a), "L'étatisation du marxisme en Algérie", dans CORTEN, A., SADRIA, M., TAHON, M.-Bl. (eds.), *Les autres marxismes réels*, Paris, Bourgois, 51-65.

BENKHEIRA, H. (1985, b), "Despotisme au quotidien. L'ordre urbain de l'Algérie indépendante", *Projet*, n. 193, mai-juin, 53-66.

BENKHEIRA, H. (1985, c), "Etat et mouvement ouvrier dans l'Algérie indépendante. Approche du mouvement gréviste de 1977", dans SRAIEB, N. (ed), *Le mouvement ouvrier maghrébin*, Paris, CRESM-CNRS, 1985.

BENKHEIRA, H. (1986,a), "Jouir du rite: remarques sur l'Islam populaire urbain dans l'Algérie indépendante", *Peuples méditerranéens*, n. 34, janv.- mars, 37-47.

BENKHEIRA, H. (1986,b), "De la musique avant toute chose, Remarque sur le raï", *Peuples méditerranéens*, n. 35-36, avril-sept., 173-177.

BENKHEIRA, H. (1987), "Des frères fictifs. La communauté des hommes au Maghreb", dans CORTEN, A., TAHON, M.-Bl. (eds.), *La radicalité du quotidien*, Montréal, VLB éditeur, 119-130.

BERNARD, Ch, (ed.) (1982), *La politique de l'emploi-formation au Maghreb 1970-1980*, Paris, CRSM-CNRS.

Ce recueil de textes, concernant l'Algérie, le Maroc et la Tunisie, tente de faire le point sur les conséquences de l'accroissement important des diplômés du système éducatif dans une conjoncture de forte création d'emplois dans certains secteurs (dont les branches en expansion de l'industrie en Algérie, en particulier au niveau des tâches "improductives"). Toutefois, celle-ci ne peut absorber la main-d'oeuvre potentielle en surplus. Aussi, Chantal Bernard soulève-t-elle la question du rôle des activités de petite production marchande et non marchande dans cette relative absorption. Une section de l'ouvrage est consacrée aux femmes.

BERNARD, Ch. (1985), "Les résistances ouvrières dans l'Algérie en voie d'industrialisation", dans SRAIEB, N. (ed.), *Le Mouvement ouvrier maghrébin*, Paris, CRESM-CNRS, 133-145.

BOUBEKEUR, S. (1986), *L'habitat en Algérie*, Stratégies d'acteurs et logiques industrielles, Lyon, PUL.

BOURDIEU, P., DARBEL, A., RIVET, J.P., SEIBEL, Cl. (1963), *Travail et travailleurs en Algérie*, Paris, Mouton.

Cette étude réalisée pendant la guerre de 1958 à 1961 est basée sur une enquête primaire auprès d'un échantillon représentatif de 5.835 travailleurs musulmans et 951 travailleurs européens. Elle est approfondie, au niveau sociologique, par des techniques qualitatives auprès d'un sous-échantillon de 190 personnes. Elle reste sans doute l'étude la plus importante sur la classe ouvrière en Algérie et est parvenue à influencer les meilleurs travaux réalisés par des chercheurs algériens en ce domaine.

BOURDIEU, P., SAYAD, S. (1964), *Le Déracinement*, Paris, Minuit.

BOURDIEU, P. (1972), *Esquisse d'une théorie de la pratique*, Genève, Droz.

On retiendra ici la première partie: "Trois études d'ethnologie kabyle" (9-151) qui traite des rapports entre les sexes et notamment des stratégies matrimoniales qui influenceront des chercheurs algériens, en particulier à l'AARDES.

BOURDIEU, P. (1977), *Algérie 60*, Structures économiques et structures temporelles, Paris, Minuit.

Ce livre rédigé en 1963 est une version abrégée de *Travail et Travailleurs* dépouillée de tout l'appareil statistique ainsi que des extraits d'entrevues. A travers les catégories bourdieusiennes, une belle analyse des différents temps sociaux des travailleurs d'Algérie.

BRULE, J.Cl., MUTIN, G. (1982), "Industrialisation et urbanisation en Algérie", *Maghreb-Machrek*, n. 96, avril-juin.

BURGAT, F. (1982), "Les «nouveaux paysans» algériens et l'Etat", *Maghreb-Machrek*, n. 95, janvier-mars.

Cahiers du C.D.S.H. (1981), *Actes du séminaire sur les méthodes et outils d'analyse du fait ouvrier en Algérie*, Oran, n. 5.

Colloque organisé par A. Djeghoul en 1980. Il a eu le mérite, dans un climat de grande liberté, d'introduire à la problématique de la classe ouvrière dans une Algérie où le discours officiel parlait de "travailleurs". Dont textes de A. Corten, Ch. Palloix, Cl. Chaulet, L. Touati, H. Benkheira, O. Carlier, F. Soufi, B. Semmoud.

CAMAU, M. (1979), "Caractère et rôle du constitutionnalisme dans les Etats Maghrébins", dans LECA, J. (ed.), *Développements politiques au Maghreb*, Paris, CRESM-CNRS, 379-410.

CHAKER, R., CHAKER, S. (1982), "La parole berbère", *Les Temps Modernes*, n. spécial, *Algérie, espoirs et réalités*, n. 432-433, juillet-août, 383-447.

CHARNAY, J.P. (1979), "La paysannerie algérienne, d'une guerre révolutionnaire à un conflit social latent", *Mondes en développement*, n. 27, 435-448.

CHAULET, Cl. (1971), *La Mitidja autogérée*, Alger, SNED.

CHAULET, Cl (ed.) (1980), *Production et producteurs agricoles*, Alger, CREA.

CHAULET, Cl. (1981), "Ouvriers agricoles, questions de méthode", *Actes du Séminaire sur les méthodes et outils d'analyse du fait ouvrier en Algérie*, Oran, 31 mai, 1 et 2 juin 1980, 111-120.

CHAULET, Cl. (1987), *La terre, les frères et l'argent*, Stratégie familiale et production agricole en Algérie depuis 1962, Alger, OPU, 3 tomes.

Ce livre reproduit la thèse d'Etat de Claudine Chaulet, une des spécialistes de l'agriculture algérienne et une femme de terrain. Le premier tome cerne les enjeux et évoque les partenaires en présence dans l'agriculture algérienne. Une section est consacrée aux groupes en présence en 1962. Le deuxième tome est consacré aux pratiques agricoles et le troisième aux pratiques familiales. Importante bibliographie.

CORTEN, A. (1981), "La problématique de la formation de la classe ouvrière", *Actes du Séminaire sur les méthodes et outils d'analyse du fait ouvrier en Algérie*, Oran, Cahiers du C.D.S.H., n. 5, 33-60.

CORTEN, A. (1983), "Le concept de production de la descendance, sa mise en oeuvre dans l'analyse du développement du prolétariat dans les formations du tiers monde", *Cahiers du* CRIDSSH, Oran.

CORTEN, A., TAHON, M.-Bl. (1982, a), "La formation accélérée de la classe ouvrière: l'expérience algérienne", *Capital, Travail, Société*, vol. 15, n. 2, 40-57.

DAHMANI, M. (1979), *L'Algérie*, légitimité historique et continuité politique, Paris, Le Sycomore.

DELORME, H. (1981), "Déficit alimentaire et développement: l'Algérie", *Maghreb-Machrek*, n. 91, janvier-mars, 5-23.

DERSA (1981), *L'Algérie en débat*, Luttes et développement, Paris, CEDETIM/ Maspero.

de VILLERS, G. (1978), *Pouvoir politique et question agraire en Algérie*, Louvain, thèse de doctorat.

de VILLERS, G. (1987), *L'Etat démiurge*, Le cas algérien, Paris, L'Harmattan.

Ce livre, circonscrit à la présidence de Boumedienne et plus particulièrement à la période 1970-1977, présente une analyse politique du mode d'industrialisation et de la révolution agraire. Il s'oppose aux interprétations explicatives du divorce entre la réalité et le discours en termes de dysfonctionnements du système ou de fonctionnalité par rapport à une logique latente du système et propose une démarche attentive à la nature complexe, sinon contradictoire, du système socio-politique algérien. Pour expliquer l'action de l'Etat durant cette période, il combine des propositions de quatre ordres: les caractéristiques de la bureaucratie; la nature de la nouvelle classe dominante en formation; le mode de relation de l'Etat au capitalisme international; les influences du mouvement historique sur les orientations du pouvoir d'Etat. L'auteur conclut que le démiurge se révèle être un apprenti sorcier.

DUPRAT, G. 1973), *Révolution et autogestion rurale en Algérie*, Paris, Presses de la fondation nationale des sciences politiques.

EFTEKHARI, N. (1984), "La rente et la dépendance en Algérie", *Peuples méditerranéens*, n. 26, 31-74.

ELAIDI, A. (1980), "Le processus de constitution d'une organisation paysanne dans le cadre de la révolution agraire, étapes et tendances", *Revue Tiers-Monde*, T. XXI, 83, juillet-septembre, 627-647.

EL KENZ, A., GUERID, D., CHIKI, S. (1982), *Industrie et Société*, Alger, Contrat de Recherche avec la SNS.

Ce rapport présente dans de belles pages des extraits d'entrevues effectuées auprès de travailleurs du complexe sidérurgique d'El Hadjar. Simultanément, il fournit une image très fine de ce qui est appelé "le salarié majoritaire". Il illustre la fécondité de la méthode d'enquête inspirée de celle de Bourdieu dans *Travail et travailleurs en Algérie*. L'influence de *L'établi* de Robert Linhart (Minuit, 1978) est aussi perceptible.

EL KENZ, A. (1983), *Monographie d'une expérience industrielle en Algérie*, Université de Paris VIII, thèse de doctorat d'Etat, publié en 1986 aux éditions du CNRS.

Cette recherche basée sur une enquête de terrain auprès des ouvriers du complexe sidérurgique d'El Hadjar est une des études les plus fouillées sur les obstacles à la formation d'un travailleur collectif en Algérie.

ENTELIS, J.P. (1980), *Comparative Politics of North Africa*, Syracuse, New York, Syracuse University Press.

ETIENNE, B. (ed.) (1977, a), *Problèmes agraires au Maghreb*, Paris, CRESM-CNRS.

Ce recueil compte plusieurs textes sur l'Algérie. Marc Ollivier présente et soutient la "Révolution agraire" tandis que Karsenty, Coté et Mutin se montrent plus critiques. Ils soulignent la disparité de situations que la "Révolution agraire" voudrait intégrer. Karsenty, tout en insistant assez classiquement sur la faible part du budget allouée aux investissements dans l'agriculture, met aussi en évidence l'incapacité de l'agriculture de les absorber.

ETIENNE B. (1977, b), *L'Algérie, cultures et révolution*, Paris, Seuil.

Un des premiers ouvrages d'un auteur français bien informé des réalités algériennes à attirer l'attention sur le rôle et le poids des "Arabisants".

FANON, F. (1959), *Sociologie d'une révolution*, Paris, Maspero.

GALLISSOT, R. (1978) (ed.), *Mouvement ouvrier, communisme et nationalismes dans le monde arabe*, Cahiers du Mouvement social, n. 3, Paris, Les Editions Ouvrières.

En démarcation par rapport à la littérature qui oppose nationalisme et communisme, Gallissot examine les articulations complexes entre les deux mouvements. Cela lui permet d'introduire l'idée de l'émergence d'une classe ouvrière à partir de processus de classement.

GALLISSOT, R. (1987), *Maghreb-Algérie, Classe et Nation* , Paris, Arcantère Editions, 2 tomes.

Sont repris dans ces deux volumes une série de textes d'un des meilleurs spécialistes français du mouvement ouvrier algérien. On y retrouvera notamment une étude de 1969 sur la formation de l'UGTA dans son rapport avec le FLN et plusieurs textes sur la guerre de libération nationale étudiée dans une perspective d'histoire totale. Gallissot a le grand mérite, à nos yeux, de ne pas postuler la centralité du mouvement ouvrier.

GARSON, J. P., TAPINOS, G. (ed.) (1981), *L'argent des immigrés*, Paris, PUF, INED, Travaux et Documents, n. 94.

GOURDON, H. (1979), "Citoyen, travailleur, frère: la deuxième constitutionnalisation du système politique algérien", dans LECA, J. (ed.), *Développements politiques au Maghreb*, Paris, CNRS.

HAKIKI- TALAHITE, F. (1983), *Travail domestique et salariat féminin*, Essai sur les femmes dans les rapports marchands, le cas de l'Algérie, Oran, Université d'Oran, Institut des Sciences Economiques, thèse pour le magister.

Ce travail universitaire a surtout des prétentions théoriques. En particulier, celle de "donner une pertinence analytique et une consistance historique à la notion de procès de travail domestique [...] pour la rendre à même de saisir la dynamique de l'inscription des femmes dans/par l'économique".

HAOUCHINE, A. (1983), *Etat et travailleurs dans le monde arabe, Note de recherche*, Université de Montréal, Etudes arabes.

HARBI, M. (1975), *Aux origines du FLN*, Le populisme révolutionnaire en Algérie, Paris, Bourgois.

L'historien du FLN. Non officiel, certes. Il a ouvert la voie à une réhabilitation du rôle de Messali Hadj.

HARBI, M. (1980), *Le FLN, mirage et réalité*, des origines à la prise du pouvoir (1945-1962), Paris, Editions J.A.

HARBI, M. (1982), "L'expérience de 1962 à 1965, sa portée, ses limites", *Les Temps Modernes*, n. spécial *Algérie, espoirs et réalités*, n. 432-433, juillet-août, 34-55.

HAROUN A. 1986), *La 7e wilaya*, La guerre du FLN en France, 1954-1962, Paris, Seuil.

HENNI, A. (1982), *La colonisation agraire et le sous-développement en Algérie*, Alger, SNED.

ILMANE, M.-Ch. (1981), *Internationalisation du capital et industrialisation du Tiers-Monde*. Un essai de reformulation de la problématique du sous-développement à travers l'exemple algérien, Louvain, Institut d'Administration et de Gestion.

Institut arabe d'éducation ouvrière et de recherche sur le travail (1981), *Travaux sur la classe ouvrière dans le monde arabe*, Communications du 2e Colloque international 3-6 novembre 1979, Alger, n. 3.

Les Actes de ce Colloque contiennent des textes de caractère historique sur l'Algérie de M. L. Benhassine, T. Chentouf, L. Lemnouar, R. Gallissot, A. Taleb-Bendiab et F. Soufi.

JURQUET, J. (1974), *La révolution algérienne et le parti communiste français*, t. 2, Paris, Editions du Centenaire.

KARSENTY, J. Cl. (1977), "Les investissements dans l'agriculture algérienne", dans ETIENNE, B. (ed.), *Les problèmes agraires au Maghreb*, Paris, CNRS.

KHELLADI, M., LIABES, D., "Redistribution de la population active par les pôles de développement, mobilité sociale et marché du travail en Algérie", dans BERNARD, Ch. (ed.), *La politique de l'emploi-formation au Maghreb 1970-1980*, Paris, CRESM-CNRS, 25-44.

KENNOUCHE, I., HADDAB, M., KHENNICHE, I. (1982), *Les jeunes ruraux et l'école: mythes et réalités*, Alger, CREA.

LACOSTE-DUJARDIN, C. (1977), *Dialogue de femmes en ethnologie*, Paris, Maspero.

LACOSTE-DUJARDIN, C. (1985), *Des mères contre des femmes*, Maternité et patriarcat au Maghreb, Paris, La Découverte.

Ce livre est une suite déçue au beau livre précédent de Camille Lacoste-Dujardin. Il dit la déception de l'auteure à l'égard du "traditionnalisme" qui inspire Madame Lâali, connue immigrée à Paris, lorsqu'elle rentre en Kabylie marier son fils. Bien que ce livre fournisse un matériel intéressant pour questionner le caractère monolithique du pouvoir patriarcal au Maghreb, cette déception inspire des pages assez dures sur les belles-mères rendues largement responsables de l'oppression des femmes.

LAUNAY, M. (1963), *Paysans algériens*, La terre, la vigne et les hommes, Paris, Seuil.

Belle étude de terrain de l'Oranie vinicole pendant la guerre. Pages intéressantes et rares sur les paysannes.

LECA, J., VATIN, J.Cl. (1975), *L'Algérie politique, institutions et régime*, Paris, Presses de la Fondation Nationale des Sciences Politiques.

Ouvrage indispensable sur les institutions et le système politique pendant la période 1962-1973. L'Etat algérien est présenté comme un "Etat administratif". Mise en évidence du populisme.

LECA, J. (ed.) (1979), *Développements politiques au Maghreb*, Paris, CRESM-CNRS.

LECA, J., VATIN, J.Cl. (1979), "Le système politique algérien", dans LECA, J. (ed.), *Développements politiques au Maghreb*, Paris, CNRS-CRSM, 15-80.

LECA, J. (1983), "Villes et systèmes politiques, l'image de la ville dans le discours officiel algérien", dans RASSAM, A., ZGHAL, A. (eds.), *Système urbain et développement au Maghreb*, Alger, OPU.

LECA, J., SCHEMEIL, Y. (1983), "Clientélisme et patrimonialisme dans le monde arabe", *International Political Science Review/Revue internationale de science politique*, vol. 4, n. 4, 455-494.

LIABES, D. (1984), *Capital privé et patrons d'industrie en Algérie, 1962-1982*, Alger, CREA.

MEBTOUL, M. (1986), *Discipline d'usine, productivité et société en Algérie*, Alger, OPU.

Cette thèse s'appuie sur une enquête auprès de 107 ouvriers de l'unité de Production III de la S.N. Métal à Oran et sur une expérience professionnelle de cadre qui a duré 4 ans. Ce travail illustre avec beaucoup de précision la thèse selon laquelle il n'est pas possible de dissocier les pratiques de production des pratiques développées par les travailleurs dans la sphère de la consommation.

MEGATELI, A. (1980), *Investment Policies of National Oil Companies*, New York, Praeger.

Etude comparative des sociétés pétrolières nationalisées en Algérie (SONATRACH), en Iran (NIOC) et au Mexique (PEMEX) durant la période 1970-75. Cette thèse de doctorat soutenue à l'Université d'Austin porte sur les politiques d'investissement et leurs procédures de décision au niveau des entreprises.

MUTIN, G. (1980), "Agriculture et dépendance alimentaire en Algérie", *Maghreb-Machrek*, n. 90, octobre-décembre, 40-64.

NASROUI, M. (1986), "Le modèle transnational de la modernité et l'évolution des besoins en milieu ouvrier tunisien", *Peuples méditerranéens*, n. 35-36, 109-123.

NOUSCHI, A. (1962), *La naissance du nationalisme algérien*, Paris, Minuit.

Fondamental pour cerner le rapport mouvement de population/mouvement politique.

O.N.R.S. (1976), *La question du logement*, colloque 19-20 mars 1976, Alger, OPU.

PALLOIX, Ch. (1980), "Un essai sur la formation de la classe ouvrière en Algérie", *Revue Tiers-Monde*, T. XXI, n.83, juillet-septembre, 557-574.

PALLOIX, Ch. (1983), "Rapport salarial et tensions sur l'économie", Communication au Colloque *Le Nouvel Ordre Mondial*, Paris.

PENEFF, J. (1981), *Industriels algériens*, Paris, CRESM-CNRS.

Cette étude basée sur 70 entretiens biographiques et 220 questionnaires auprès d'entrepreneurs algérois fournit des informations précieuses sur leur trajectoire sociale. Trois groupes sont plus précisément approchés: les anciens négociants, les anciens commerçants et employés et les anciens ouvriers. Des extraits d'entretiens sont reproduits en annexe.

RADJI, B., BEDRANI, S. (1982), *L'évolution de la consommation alimentaire en Afrique*, le cas de l'Algérie, Alger, CREA.

RAFFINOT, M., JACQUEMOT, P. (1977), *Le capitalisme d'Etat algérien*, Paris, Maspero.

Le classique de la gauche algérienne non orthodoxe (y compris "les pieds-rouges") à la fin du régime de Boumedienne.

RAMONET, I. (1986), "Déclin de la rente pétrolière et essor du secteur privé. Vents de réforme en Algérie", *Le Monde Diplomatique*, octobre.

SAFIR, N. (1985), *Essais d'analyse sociologique*, T. II, *Emploi, industrialisation et développement*, Alger, OPU-ENAL.

SANSON, H. (1979), "Le peuple de la Révolution socialiste algérienne", dans LECA, J. (ed.) *Développements politiques au Maghreb*, Paris, CRESM-CNRS, 81-98.

SANSON , H. (1980), "Les «classes moyennes» dans la stratégie de la Charte Nationale algérienne", dans *Les classes moyennes au Maghreb*, Paris, CRESM-CNRS, 312-338.

SARI, D. (1978), *La dépossession des fellahs*, Alger, SNED.

SAYAD, A. (1980), "Les effets naturels du logement", *Panorama*, Sciences Sociales (Alger), n. 4-5, octobre-novembre, 11-27.

SEMMOUD, B., PRENANT, A. (1979), "Incidence géographique de l'industrialisation en Algérie", *Cahiers géographiques de l'Ouest*, Oran, n. 2 et 3.

SI AMMOUR, S. (1984), "La formation de la population ouvrière et ses conditions d'existence", dans BENATTIG R. (ed.), *Développement économique et lutte contre la pauvreté en Algérie*, Alger, CREA, 99-114.

SID AHMED, A. (1983), *Développement sans croissance*, L'expérience des économies pétrolières du tiers-monde, Alger, OPU.

SLOUGHI, M. (1975), *L'apport de l'agriculture au développement algérien*, analyse en termes de surplus, Paris, thèse.

SRAIEB, N. (ed.) (1985), *Le mouvement ouvrier maghrébin*, Paris, CRSM- CNRS.

Recueil des communications d'un colloque organisé par le CRESM en 1983. Nombreux textes sur l'Algérie dont celui d'Hocine Benkheira sur le mouvement de grèves de 1977 analysé comme un effet de discours. Nous y avons fait référence à plusieurs reprises. L'article de H. Touati sur "la rue, le prolétaire et l'atelier dans l'Algérie d'aujourd'hui" doit être épinglé ainsi que celui d'Omar Carlier sur les "aspects des rapports entre mouvement ouvrier émigré et migration maghrébine en France dans l'entre-deux-guerres". La présentation de Nouredine Sraïeb et la conclusion de René Gallissot ouvrent les perspectives d'un débat à poursuivre.

TAHON, M.-Bl. (1979), *Des Algériennes entre masque et voile*, thèse 3e cycle, Paris VIII.

TAHON, M.-Bl. (1982), "L'emploi des femmes en Algérie", *Revue canadienne des études africaines*, vol. 16, n. 1, 43-66.

TAHON, M.-Bl. (1985), "Comme une chose attendue, entendue. Femmes algériennes - lutte de libération nationale - socialisme", *Les autres marxismes réels*, Paris, Bourgois, 81-95.

TAHON, M.-Bl. (1987), "L'anti-héroïne dans la révolution algérienne", dans COHEN, Y. (ed.), *Femmes et contre-pouvoirs*, Montréal, Boréal, 71-78.

TAHON, M.-Bl. (1988) "Conditions d'émergence de la citoyenneté des femmes en Algérie", communication, colloque CNRS-Chryseis *Genèse de l'Etat moderne*, Paris, 18-19 mars.

TALHA, L. (ed.) (1983), *Maghrébins en France*, Emigrés ou immigrés?, Paris, CRESM-CNRS.

TALAHITE-HAKIKI, F. (1981), "Femmes et salariat urbain en Algérie: la salarisation bloquée et le nouveau procès de travail domestique", *Critiques de l'économie politique*, n. 17, septembre-décembre, 8-39.

TEGUIA, M. (s.d.), *L'Algérie en guerre*, Alger, OPU.

THIERY, S.P. (s.d.), *La crise du système productif algérien*, Grenoble, Institut de Recherche Economique et de Planification du Développement (IREP-D), Université des Sciences Sociales.

Un des meilleurs travaux récents sur l'économie algérienne (1962-1980), par un chercheur français proche du Centre de Recherches en Economie Appliquée (CREA, Alger) et ayant exercé une activité professionnelle au sein du secteur industriel public algérien entre 1966 et 1981, soutenu comme thèse d'Etat à l'Université de Grenoble. Basée sur une information sûre et documentée, l'étude dégage une vision de l'évolution économique de l'Algérie en termes d'une lutte entre deux blocs. L'un composé de la "bureaucratie administrative" plus ou moins alliée au "secteur privé", l'autre composé de la "technocratie radicale" et du "mouvement ouvrier". Cette lutte est aiguisée par "la crise des formes de régulation économique" - beaucoup plus donc qu'une crise conjoncturelle - qui marque la fin de la période de Boumedienne.

TIDAFI, T. (1969), *L'agriculture algérienne et ses perspectives de développement*, Paris, Maspero.

TURIN, Y. (1971), *Affrontements culturels dans l'Algérie coloniale*, Paris, Maspero.

VANDEVELDE, H. (1980), *Femmes algériennes*, A travers la condition féminine dans le Constantinois depuis l'indépendance, Alger, OPU.

Comme le sous-titre l'indique, cet ouvrage, qui reproduit une thèse de doctorat d'Etat soutenue à la Faculté de Droit d'Alger, se fonde sur une enquête sur "les femmes et la politique" auprès de 1.300 personnes dont plus de 900 femmes. Le fait est assez rare pour être souligné. Elle présente aussi un chapitre important sur "la participation des femmes aux activités politiques" qui contient un historique des dix premières années de l'Union Nationale des Femmes Algériennes (UNFA).

VATIN, J.Cl. (1973), *L'Algérie politique, histoire et société*, Paris, Fondation nationale des sciences politiques/Armand Collin (nouvelle édition, PFNSP, 1983).

De la période précoloniale à l'indépendance.

VERHAEREN, R.E. (1983), "L'immigration algérienne et la crise économique en France", dans TALHA, L. (ed.), *Maghrébins en France*, Paris, CRESM-CNRS, 121-142.

WATERBURY, J. (1979), "La légitimation du pouvoir au Maghreb: tradition, protestation et répression", dans LECA, J. (ed.), *Développements politiques au Maghreb*, Paris, CRESM-CNRS.

WEIS, F. (1970), *Pratiques et actions syndicales en Algérie*, Paris, Cujas.

Documents

AARDES (s.d.), *Le mariage, lieu d'un rapport entre famille et société*, Alger, 2 volumes.

AARDES (1978), *Enquêtes sur les budgets familiaux*. Niveaux et structures de l'alimentation des groupes sociaux.

AARDES (1979, a), *Eléments sur l'emploi et les revenus dans les principales villes d'Algérie*, Alger.

AARDES (1979, b), *Etude migrations*, premiers résultats synthétiques.

AARDES (1979, c), *Etude industrie privée*, document de synthèse, structure et reproduction du capital industriel privé.

Algérie en quelques chiffres (1977-1983), Alger, ONS.

Annuaire Statistique de l'Algérie (*ASA*), (1972, 1977-78, 1979, 1981), Alger, ONS.

CICRED (1974), *La population de l'Algérie*.

Comptes économiques 1967-1978 (1980), Alger, Direction des Statistiques et de la Comptabilité Nationale.

Emploi et salaires, (1979, 1980), *Les résultats de l'enquête emploi et salaires*, Alger, Direction Générale de Statistiques.

FLN, *Charte Nationale*, Alger, 1976.

MOD(1982), *Enquête main d'oeuvre et démographie*, *Statistiques*, Alger, ONS, n. 1, IV, 1983, 58-81.

MOD(1983), *Enquête main d'oeuvre et démographie*, *Statistiques*, Alger, ONS, n. 5, oct.-déc. 1984.,54-65.

MOD (1984), *Enquête main d'oeuvre et démographie*, *Statistiques*, Alger, ONS, n. 8, sept. 1985, 38-45.

Ministère de la Planification et de l'Aménagement du territoire (s.d.), *Rapport Général du Plan Quinquennal 1980-1984*, Alger.

Ministère de la Planification et de l'Aménagement du Territoire, *Rapport général du Plan Quinquennal 1980-1984*.

Recensement (1966)

Recensement général de la population et de l'habitat (*RGPH*) (1977), Vol 1 & 3, Alger, Direction Générale des Statistiques et de la Comptabilité Nationale, 1978, 1979.

Statistiques 1967-78 (1980), Direction des statistiques et de la comptabilité nationale.

Statistiques, Revue trimestrielle publiée par l'Office National de Statistiques, plusieurs numéros depuis 1982.

INDEX DES AUTEURS

A
Abdelkrim R., 225.
Aboites J., 28, 31 n, 153 n, 215.
Addi A., 69, 225.
Ageron Ch. R., 37, 42, 46 n, 225.
Aglietta, M., 50, 52, 83, 85, 146, 152 n, 187, 207.
Alba V., 179, 215.
Alba Hernández F., 15, 45, 215.
Alonso J., 117, 215.
Alschuler R., 216.
Althusser L., 207.
Amin S., 150, 225.
Ammour K., 225.
Angelier J.P., 62, 75 n, 77, 207.
Anguiano A., 164, 179, 215.
Arendt H., 131, 169 n, 174, 180, 193 n, 196, 207.
Ariès Ph., 15, 34, 37, 144, 152 n, 207.
Arnaud P., 215.
Aspe P., 30 n, 215.

B
Babassana H., 146, 207.
Badillo, D., 43, 225.
Badinter, E., 39, 207.
Baechler J., 157, 207.
Bain J.S., 207.
Bairoch P., 15, 29n, 37, 40 n, 125, 144, 152 n, 207.
Balandier, G., 11, 40 n, 207.
Balibar E., 91 n, 207.
Banos Ramírez O., 215.
Barkin D., 21, 65 n, 74 n, 153 n, 215.
Bartra R., 163, 215.
Baslé L., 39, 91 n, 207.
Basurto J., 163, 164, 176, 216.
Baudrillard J., 130, 207.
Baug M., 207.
Beaucage, P., 70, 71, 163, 216.
Bedjaoui M., 72, 207.
Bedrani S., 26, 41, 70, 96, 102 n, 111 n, 165, 225, 232.
Benachenhou A., 42, 68, 96, 102 n, 150, 165, 170 n, 225, 226.
Benattig R., 232.
Benetti C., 207.
Benferhat S., 226.
Benhassine M.L., 230.
Benhouria T., 168, 226.
Benkheira, H., 73, 109, 120, 124, 135, 136, 165, 168, 177, 180, 181, 182 n, 190, 226, 227, 232.
Bernard Ch., 170 n, 225, 226, 230.
Bessis S., 147, 207.
Best L., 152 n, 207.
Blunden K., 15, 207.
Bonilla Saus J., 169 n, 189, 208.
Boubekeur S., 123, 226, 227
Bouchanine A., 148.
Bourdieu P., 94, 226, 227.
Bourenane M., 41, 225.
Boyer, R., 53, 182 n, 208.
Braudel F., 129, 208.
Bravo D., 63, 208.
Brender, A., 50, 52, 187, 207.
Brulé, J.-Cl., 71, 102 n, 170 n, 227.
Burgat F., 43, 227.
Burniaux J.-M., 208.
Bustamante J.A., 100, 216.

C
Caballero, J.M., 75 n, 216.
Cabrera I., 72, 74 n, 181, 216.
Caillé A., 40 n, 208.
Camacho M., 218.
Cameau M., 140, 189, 227.
Camilleri, C., 187, 208.
Canetti E., 82, 85, 208.
Carlier O., 227, 232.
Cartelier J., 207.
Chaker R., 168, 227.
Chaker S., 168, 227.
Chaliand G., 112 n.
Charnay J.P., 70, 227.
Chatelus M., 13, 58, 70, 208.
Chaulet Cl., 165, 178, 227.
Chentouf T., 230.
Chevalier J., 189, 208.
Chevalier J.M., 62, 65 n, 74, 208.
Chiki S., 123, 124, 228.
Chonchol J., 152 n, 208.
Cipolla C.M., 37, 208.
Clastres P., 15, 208.
Cockcroft J.D., 57, 216.
Cohen Y., 233.
Collin F., 169 n, 208.
Colmenares F., 216.
Conniff M.L., 163, 169 n, 216.
Cordero S., 162, 169 n, 216.
Coriat B, 113, 208.
Cornelius W.A., 216.
Corten A., 58 n, 72, 74 n, 89, 90, 97-108, 111 n, 117-151, 177, 182 n, 193 n, 205, 208-212, 214, 216, 226-228.

D
Dahmani M., 163, 228.
Dagognet P., 46, 188, 209.
Dallacosta M., 54 n, 209.
Darbel A., 226.
de Gaudemar J.P., 209.
De Ipola E., 170 n, 209.
Deleuze G., 93, 209.
Delorme H., 21, 43, 44, 152 n, 228.
De Tapia V., 80, 217.
Deutsch K.W., 18, 209.
Diéz J., 100, 217.
Djeghoul A., 227.
Doña Gimenez A., 113, 115, 123, 126 n, 209.
Droz J., 221.

Duarte I., 58 n, 209.
Dubois P., 174, 209.
Dubet F., 175, 213.
Dumont L., 209.
Dumont R., 68, 209.
Duprat G., 150, 178, 228.
Durand C., 174, 209.

E
Echeverría L., 217.
Eftekhari N., 68, 70, 228.
Elaïdi A., 96, 228.
El Kenz A., 123, 124, 228.
Emmanuel A., 62, 80 n, 209.
Engels F., 12, 185, 186, 193 n, 209, 211.
Enriquez E., 85, 146, 152 n, 193 n, 209.
Entelis J.P., 160, 229.
Etienne B., 229, 230.
Evers T., 152 n, 189, 209.
Ewald F., 209.

F
Fanon F., 95, 229.
Faye J.P., 171 n, 209.
Fehér F., 85, 169 n, 186, 193 n, 210.
Fernández P., 117.
Field M., 58 n, 210.
Flichman G., 59 n, 62, 65 n, 75 n, 210.
Flores H., 162 n, 170, 217.
Foucault M., 12, 15, 82, 84, 91 n, 111 n, 116, 187, 188, 210.
Freitag M., 91 n, 210.
Freud S., 82, 85.
Freund J., 193 n, 210.
Fröbel F., 117, 210.

G
Gallissot R., 123, 126 n, 178, 229, 230, 232.
García B., 100, 104, 135, 217.
Garson J.P., 71, 112 n, 229.
Gauvreau D., 40 n, 210.
Germani G., 18, 163, 210.
Girard R., 46, 85, 210.
Goldmann L., 193 n, 211.
Goméz Tagle S., 182 n, 223.
González Casanova P., 162, 170 n, 183 n, 184 n, 217, 218.
González Chavez G., 153 n, 218.
Gourdon H., 165, 229.
Green R., 26, 210.
Gregory J., 40 n, 210.
Grindle M.S., 40 n, 161, 218.
Grosskoff S., 210.
Guattari, F., 80, 93, 209, 210.
Guerid D., 25, 115, 123, 124, 228.
Guevara González I., 184 n, 219.
Gutelman M., 44, 70, 75 n, 219.
Guzmán J.M., 40 n, 210.

H
Habermas J., 171 n, 193 n, 197, 210.
Haddab M., 230.
Hakiki-Talahite F., 30 n, 124, 229, 233.
Halbwachs M., 111 n, 193 n, 210.
Hamilton N., 163, 216, 219.
Haouchine A., 160, 178, 229.
Harbi M., 160, 165, 178, 182 n, 183 n, 230.
Harding T.F., 216, 219.
Haroun A., 72, 230.
Hector C., 153 n, 164, 170 n, 181, 219.
Hegedüs A., 210.
Hegel G.W.F., 90, 192.
Heinrichs J., 117, 210.
Heller A., 16, 39, 90, 103, 124, 129, 131, 132, 136, 140, 158, 166, 169 n, 175, 180, 186, 193 n, 210.
Helmet G., 170 n, 210.
Helmy N.F., 210.
Henni A., 42, 43, 230.
Herrero Alvarez J.M., 144, 219.
Hiernaux Nicolas D., 221.
Hill R., 169 n, 219.
Hobsbawm E., 35, 210.
Humbert H., 70, 152 n, 210.

I
Ikonikoff M., 21, 211.
Ilmane M.-Ch., 230.

J
Jacquemot P., 153 n, 168, 232.
James S., 54 n, 209.
Jalée P., 146, 210.
Jiménez Ornela R., 221.
Jurquet J., 182 n, 230.

K
Kempeneers M., 40 n, 210.
Karsenty J.Cl., 43, 230.
Kautsky K., 62, 211.
Kennouche T., 230.
Keynes J.M., 59 n.
Khelladi M., 124, 230.
Khenniche I., 230.
Kreye O., 117, 210.

L
Labbé D., 183, 211.
Labrecque M.F., 219.
Laclau E., 164, 170 n, 211.
Lacoste-Dujardin C., 95, 127 n, 230.
Lambert D.Cl.,54 n, 210.
Landé C., 193 n.
Lapierre J.W., 152 n, 210.
Laroui A., 147, 211.
Latouche, S., 65 n, 135, 211.
Lautier B., 58 n, 211.
Launay M., 230.
Leal J.F., 170 n, 182 n, 219.

Le Bon G., 82.
Leca J., 47 n, 96, 159, 160, 161, 163, 167, 169 n, 178, 189, 190, 193 n, 227, 229, 230.
Lechner N., 81, 189, 211.
Le Doaré H., 126 n, 219.
Leucate Ch., 225.
Lefebvre H., 211.
Legendre P., 12, 39, 156, 211.
Lemnouar L., 230.
Lenero E., 219.
Lénine V.I., 69.
León M., 219.
León S., 217, 218.
Lerin F., 29, 74, 147, 219.
Leucate Ch., 225.
Lévinas E., 11, 211.
Lévy D., 219.
Liabès D., 124, 168, 191, 230, 231.
Linhart R., 228.
Lipietz A., 54 n, 119, 211.
López Recendez R., 221.
Lukács G., 102 n, 149, 157, 192, 193 n, 211.
Lyotard J.F., 91, 211.

M
Malagamba F., 100, 216.
Malloy J., 190, 220, 222.
Malthus T.R., 11, 61, 64 n.
Marazzi Ch., 75 n, 211.
Margulis M., 69, 71, 75 n, 220.
Mariategui J.C., 40 n, 211.
Marini R.M., 58 n, 211.
Martínez Escamilla R., 170 n, 220.
Marvan I., 217, 218.
Marx K., 12, 17, 22, 35, 39, 58 n, 61, 62, 64 n, 69, 82, 90, 113, 130, 132, 136 n, 152 n, 157, 169 n, 174, 185, 193 n, 211.
Mathias G., 13, 21, 153 n, 212.
Mc Cullock J.R., 54 n, 212.
Mead M., 14, 212.
Mebtoul M, 114. 231.
Megateli A., 231.
Meillassoux Cl., 21, 143, 212.
Meister A., 96, 161, 220.
Meyer J., 96, 167, 170 n, 176, 220.
Miquet Fleury M., 182 n, 221, 223.
Mill J.S., 212.
Minces J., 112 n.
Minujin Zmud A., 221.
Miro C., 15, 220.
Mitchell B.R., 212.
Molina J., 41, 225.
Mommer B., 68, 80 n, 212.
Montejo M.E., 70, 71, 216.
Montes de Oca R.E., 164, 220.
Morelos J. B., 220.
Moscovici S., 82, 189, 220.
Moulin J.J., 225.
Mottin M.F., 68, 209.
Moulier Y., 127 n, 212.
Mouzelis N., 170 n, 212
Mummert G.R., 15, 220.
Muñoz M.E., 126 n, 220.
Muñoz H., 45, 47 n, 100, 104, 115, 135, 217, 220.
Musalem López O., 74 n, 220.
Mutin G., 21, 43, 71, 102 n, 152 n, 170 n, 231.

N
Naïr S.K., 189, 212.
Nasroui M., 135, 187, 231.
Navarro Benítez B., 184 n, 219.
Negri A., 80, 126 n, 180, 219.
Newell R.G., 163, 164, 220.
Niedergang M., 163, 212.
Nouschi A., 13, 37, 70, 96 n, 231.
Nún J., 58 n, 212.
Nurayama G.M, 126 n, 220.

O
O' Donnel G., 139, 212.
Oliveira (de) O., 45, 47 n, 100, 104, 115, 135, 217, 220.
Ollivier M., 229.
Ominani C.,.58 n, 69, 212.
Ordarica Mellado M., 111 n, 221.
Orléan A., 83, 85, 146, 152 n, 207.
Ortega y Gasset J., 82, 212.
Ossowski W., 192, 212.

P
Padilla Aragón E., 30 n, 221.
Palloix Ch., 28, 51, 78, 114, 123, 127 n, 151, 177, 212, 227, 231.
Paré L., 38, 75 n, 96, 102 n, 221.
Paris R., 178, 212, 221.
Peña (de la) S., 96, 217.
Peneff J., 191, 231.
Perlmutter A., 193 n, 212.
Perroux F., 212.
Perzabal C., 29 n, 221.
Piché V., 40 n, 210.
Piperno F., 175, 212.
Polanyi K., 212.
Postel-Vinay G., 62, 75 n, 212.
Poulantzas N., 212.
Prenant A., 115, 126 n, 232.
Prevôt-Schapira M.F., 101, 119, 181, 182 n, 221.
Préobrajensky E., 212.
Proudhon P.J., 152 n.

R
Radji B., 102 n, 165, 232.
Raffinot M., 153 n, 168, 232.
Rancière J., 212.
Rangeon F., 189, 208.
Ramonet I., 152 n, 169 n, 232.
Rassam A., 231.

Recchini de Lattes Z., 214.
Remili A., 147, 213.
Restrepo I., 221.
Revel-Mouroz J., 221.
Rey P. Ph., 62, 64, 75 n, 147, 213.
Reyna J.L., 182 n, 221, 222, 223.
Ricardo D., 61, 63, 64 n, 212.
Rivas Espejo M., 74 n, 222.
Rivera Castro R., 183 n, 222.
Rivet J.P., 226.
Ross A. M, 182 n, 213.
Rouquié A., 139, 140, 170 n, 213.
Rubio F., 163, 220.
Rudel C., 68, 170, 222.
Ruíz C., 100, 217.

S
Sachs I., 79, 213.
Sadria M., 34, 208, 211, 212, 213, 226.
Safir N., 120, 232.
Sahlins M., 12, 213.
Salama P., 13, 21, 117, 153 n, 212, 213, 214.
Sanson H., 96, 232.
Sari D., 61, 232.
Sartre J.P., 169 n, 213.
Sauvy A., 40 n, 213.
Sayad A., 94, 186, 226, 232.
Schemeil Y., 161, 190, 193 n, 231.
Schmidt S., 193 n.
Schmitter Ph., 169 n.
Schwartzman S., 190, 213.
Seibel Cl., 226.
Semmoud B., 115, 126 n, 227, 232.
Sennett R., 163, 193 n, 213.
Servolin Cl., 62, 213.
Si Ammour S., 102 n, 232.
Sid Ahmed A., 41, 73, 232.
Sigal S., 9, 211.
Sigmund P.E., 30 n, 215.
Singer P., 40 n, 213.
Slakta D., 141 n, 213.
Sloughi M., 69, 232.
Sonntag H.R., 189, 213.
Soria Murillo V.M., 51, 222.
Soufi F., 227, 230.
Sraïeb N., 182 n, 227, 232.
Stavenhagen R., 44, 47 n, 70, 74 n, 222.
Steiner Ph., 119, 213.
Stern C., 45, 47 n, 115, 220.
Stevens E.P.,.161, 222.
Suárez B., 21, 65 n, 74 n, 153 n, 215.
Szekely G., 219.

T
Tahon M.-Bl., 30, 31 n, 36, 59 n, 77, 90, 95, 97-100, 104-106, 110 n, 117, 119, 123, 124, 127 n, 132, 135, 136 n, 151, 160, 182 n, 186, 205, 209-212, 214, 226, 228, 232, 233.
Taleb-Bendiab A., 230.
Talha L., 71, 72, 233.
Tapinos G., 71, 112 n, 229.
Teguia M., 160, 233.
Thiéry S.P., 29 n, 30 n, 75 n, 125, 152 n, 233.
Tidafi T., 150, 233.
Tillon G., 15, 213.
Tirado M., 68, 222.
Tissier P., 117, 213.
Toledo A., 222.
Tönnies F., 39, 213.
Tortajada R., 58 n, 211.
Touati L., 227, 232.
Touraine A., 169 n, 175, 213.
Trejo Delarbre R., 179, 182 n, 222.
Tronti M., 126 n, 127 n, 175, 213.
Tubiana (Lebas) L., 29, 74 n, 147, 152 n, 219, 222.
Turin Y., 37, 233.

U
Urquidi V. L., 220.

V
Vaillancourt J.G., 65 n, 79, 213.
Valecillos H., 189, 213.
Vandevelde H., 95, 233.
Vatin J.-Cl., 96, 159, 160, 163, 167, 169 n, 178, 182 n, 193 n, 230, 233.
Vellinga M., 179, 222.
Vergopoulos K., 189, 213.
Verhaeren R.E., 112 n, 233.
Vernon R., 170 n, 223.
Veron E., 180, 213.
Vieille P., 13, 58, 70, 213.
Villers (de) G., 71, 228.
Virillo P., 45, 213.
Vizgunova I., 45, 223.
Vovelle M., 152 n, 213.

W
Wainerman C.H., 214.
Waterbury J., 160, 233.
Weber M., 82, 193 n, 214.
Weinert R. S., 222.
Weis F., 182 n, 233.
Welti Chanez C., 150, 223.
Werrebrouck J.Cl., 65 n, 74 n, 214.
Wieviorka M., 175, 213.

Y
Yonnet P., 83, 214.

Z
Zapata F., 79, 162, 181, 182 n, 221, 223.
Zghal A., 231.

Table des matières

Avant-propos 7

Introduction 11

1e partie: L'anomalie ou la puissance de la vie 19

1. Une demande alimentaire solvable 25
2. Production et mobilisation de la population 33
3. Villes/campagnes: le présupposé de la division du travail 41
4. Un fonds des salaires 49

2e partie: Population et Rente 55

1. La rente: une contre-valeur 61
2. Le cycle d'apparition de la rente 67
3. Rente et travail 77
4. Population et valeur 81

3e partie: Prolétarisations et objectivations 87

1. Le rapport au territoire 93
2. Le rapport aux aliments 103
3. Le rapport aux machines 113
4. Le rapport aux biens multipliables 129

4e partie: Etat et classement 137

1. La transformation du nombre 147
2. La formulation de la demande sociale 155
3. Syndicalisme officiel: la non-formation de la force ouvrière de travail 173
4. Immédiateté, Etat, classe sociale 185

Conclusion 195

Annexe I: Bref rappel historique 201

Annexe II: Indications méthodologiques 205

Bibliographie générale 207

Bibliographie sur le Mexique 215

Bibliographie sur l'Algérie 225

Index des auteurs cités 235

Table des matières 239

www.ingramcontent.com/pod-product-compliance
Lightning Source LLC
LaVergne TN
LVHW050658051026
849532LV00002B/682